JOHAN CRUYFF 14

A AUTOBIOGRAFIA

JOHAN CRUYFF 14

A AUTOBIOGRAFIA

1ª REIMPRESSÃO

TRADUÇÃO
LILIANA NEGRELLO
E CHRISTIAN SCHWARTZ

Copyright © 2016 Johan Cruyff
My Turn: A Life of Total Football

Copyright da edição brasileira © Editora Grande Área 2020

Tradução
Liliana Negrello e Christian Schwartz

Preparação
Andressa Bezerra Corrêa

Revisão
BR75 | Frederico Hartje

Capa e projeto gráfico
BR75 | Luiza Aché

Diagramação
BR75 | Luiza Aché

Produção editorial
BR75 | Clarisse Cintra e Silvia Rebello

Foto de capa
BNA Photographic / Alamy Stock Photo

Dados Internacionais de Catalogação na Publicação (CIP)
Angélica Ilacqua CRB-8/7057

C959j	Cruyff, Johan, 1947-2016
	Johan Cruyff 14 – a autobiografia/Johan Cruyff; tradução de Liliana Negrello e Christian Schwartz. – 1ª ed. – 1ª reimpressão. Campinas, SP: Editora Grande Área, 2023.
	328 p.: il.
	ISBN: 978-65-88727-02-7
	1. Jogadores de futebol - Holanda - Biografia 2. Cruyff, Johan, 1947-2016 - Autobiografia I. Título II. Negrello, Liliana III. Schwartz, Christian
20-3704	CDD 796.334092

Índices para catálogo sistemático:
1. Jogadores de futebol - Holanda - Biografia

SUMÁRIO

BIOGRAFIA _____ 7

LINHA DO TEMPO _____ 9

PREFÁCIO À EDIÇÃO BRASILEIRA _____ 17

PREFÁCIO DO AUTOR _____ 21

1. _____ 23

2. _____ 43

3. _____ 67

4. _____ 95

5. _____ 119

6. _____ 139

7. _____ 163

8. _____ 183

9. _____ 201
10. _____ 213
11. _____ 245
12. _____ 265
13. _____ 285
14. _____ 299
POSFÁCIO _____ 321
CRÉDITOS DAS IMAGENS _____ 325

BIOGRAFIA

Johan Cruyff foi uma das personalidades mais influentes da história do futebol. Na primeira parte de sua trajetória no esporte, no início dos anos 1970, liderou um Ajax inesquecível e conquistou três Copas dos Campeões da Europa, passando a ser considerado o melhor jogador de futebol do planeta, status com o qual conduziu a lendária seleção da Holanda à final da Copa do Mundo em 1974. No ano anterior, sua contratação pelo Barcelona contribuiu para que o clube catalão recuperasse o lugar na elite do futebol europeu — prestígio que os *culés* consolidariam quando, tendo exatamente Cruyff como treinador, conquistaram em 1992 a primeira Copa dos Campeões da Europa de sua história. Depois da consagração como jogador genial e técnico inovador, continuou sendo nos anos seguintes uma referência para os melhores treinadores do mundo e todos os amantes do esporte. Os êxitos mais recentes dos clubes e da seleção da Espanha foram considerados por muitos a maior prova de seu impacto sobre o futebol contemporâneo. Cruyff faleceu em março de 2016, vítima de câncer de pulmão.

LINHA DO TEMPO

COMO JOGADOR

CLUBES

1964-73
Ajax (319 partidas, 253 gols)

1973-78
Barcelona (184 partidas, 61 gols)

1979
Los Angeles Aztecs (27 partidas, 14 gols)

1980-81
Washington Diplomats (32 partidas, 12 gols)

1981
Levante (10 partidas, 2 gols)

1981-83
Ajax (52 partidas, 20 gols)

1983-84
Feyenoord (44 partidas, 13 gols)

SELEÇÃO
1966-84
Holanda (48 partidas, 33 gols)

TÍTULOS

> COM O AJAX

Campeonato Holandês/Eredivisie 1966, 67, 68, 70, 72, 73, 82, 83
Copa da Holanda/KNVB Cup 1967, 71, 72, 83;
Copa dos Campeões da Europa 1971, 72, 73;
Supercopa da Europa 1972, 73;
Mundial Interclubes 1972

> COM O BARCELONA

Campeonato Espanhol/La Liga 1974;
Copa do Rei da Espanha/Copa del Rey 1978

> COM O FEYENOORD

Campeonato Holandês/Eredivisie 1984;
Copa da Holanda/KNVB Cup 1984

COMO TREINADOR

1985-88
Ajax (Copa da Holanda/KNVB Cup 1986, 87;
Recopa Europeia 1987)

1988-96
Barcelona (Campeonato Espanhol/La Liga 1991, 92, 93,
94; Copa do Rei da Espanha/Copa del Rey 1990; Copa dos
Campeões da Europa 1992; Recopa Europeia 1989)

2009-13
Catalonia

PRÊMIOS INDIVIDUAIS

1971
Bola de Ouro

1973
Bola de Ouro

1974
Bola de Ouro e Melhor Jogador da Copa do Mundo
daquele ano

DATAS SIGNIFICATIVAS

1947 [25 DE ABRIL]
Nascimento, em Amsterdã

1957 [ABRIL]
Entrada no time juvenil do Ajax

1959 [8 DE JULHO]
Morte de seu pai

1964 [15 DE NOVEMBRO]
Estreia no primeiro time do Ajax e seu primeiro gol
na derrota por 3 a 1 para o GVAV

1965-66
Marca pela primeira vez três gols em um só jogo e contabiliza
25 gols em toda a temporada; o Ajax vence o Campeonato
Holandês

1966 [7 DE SETEMBRO]
Faz sua estreia e marca pela Holanda na fase de qualificação
para a Eurocopa de 1968 contra a Hungria (2 a 2)

1967 [6 DE NOVEMBRO]
Torna-se o primeiro jogador da seleção da Holanda a receber
um cartão vermelho

1966-67
Principal artilheiro do campeonato (33 gols); escolhido Jogador Holandês do Ano; Ajax ganha o Campeonato Holandês/Eredivisie e a Copa da Holanda/KNVB Cup

1967-68
Escolhido Jogador Holandês do Ano; o Ajax é campeão da Eredivisie pelo terceiro ano consecutivo

1968 [10 DE DEZEMBRO]
Casamento com Danny Coster

1969 [28 DE MAIO]
O Ajax perde a Copa do Campeões da Europa na final contra o Milan (4 a 1)

1970
Volta a campo depois de um período machucado vestindo a camisa 14; Cruyff usaria esse mesmo número até o final de sua carreira

1970 [29 DE NOVEMBRO]
Marca seis gols na vitória de 8 a 1 contra o AZ '67

1971
Escolhido o Melhor Jogador Holandês e Europeu do Ano; (2 de junho) Ajax vence a Copa dos Campeões da Europa pela primeira vez (2 a 0 contra o Panathinaikos); assina um contrato de sete anos com o Ajax

1972 [31 DE MAIO]
Marca os dois gols da vitória que levou o Ajax a ganhar a segunda Copa dos Campeões da Europa (2 a 0 contra a Inter); Ajax ganha o Mundial Interclubes

1973 [30 DE MAIO]
Ajax ganha a Copa dos Campeões da Europa pela terceira vez sucessiva (1 a 0 contra a Juventus)

1973 [19 DE AGOSTO]

Joga sua última partida pelo Ajax antes de se mudar para o Barcelona numa transferência de valor recorde (2 milhões de dólares, aproximadamente)

1974 [9 DE FEVEREIRO]

Nasce seu filho, Jordi; o menino foi registrado na Holanda, porque o nome "Jordi" era ilegal na Espanha de Franco

1974 [17 DE FEVEREIRO]

O Barcelona vence o Real Madrid por 5 a 0 no Bernabéu e ganha o Campeonato Espanhol pela primeira vez desde 1960

1974

Lidera o time da Holanda até a final da Copa do Mundo, perdendo de 2 a 1 para a Alemanha Ocidental; escolhido Melhor Jogador do Torneio; apresenta pela primeira vez o "Giro Cruyff" durante um jogo contra a Suécia

1974 [DEZEMBRO]

Escolhido Jogador Europeu do Ano

1977 [OUTUBRO]

Aposenta-se da seleção holandesa

1978 [19 DE ABRIL]

O Barcelona ganha a Copa do Rei da Espanha/Copa del Rey (3 a 1 contra o Las Palmas)

1978

A Holanda chega novamente a uma final de Copa do Mundo e perde de 3 a 1 para a Argentina na prorrogação; Cruyff não disputa o torneio

1979

A escola para jovens jogadores La Masia é fundada pelo Barcelona, a pedido de Cruyff

1979

Muda-se para o Los Angeles Aztecs; escolhido o Jogador da Liga Norte-Americana de Futebol (NASL) daquele ano

1980
Muda-se para o Washington Diplomats

1980 [NOVEMBRO]
Volta ao Ajax, então em oitavo na tabela, como conselheiro técnico; o Ajax termina a temporada em segundo

1981
Muda-se para o Levante depois que uma transferência para o Leicester City não é concluída

1981-82
Assina contrato como jogador do Ajax; o Ajax vence o Campeonato Holandês/Eredivisie

1982-83
O Ajax ganha o Campeonato Holandês/Eredivisie e a Copa da Holanda/KNVB Cup

1983
Muda-se para o rival Feyenoord depois de não renovar com o Ajax; o Feyenoord vence o Campeonato Holandês e a Copa da Holanda/KNVB Cup

1984
Escolhido o Jogador Holandês do Ano pela quinta vez

1984 [13 DE MAIO]
Aposenta-se do futebol profissional

1985 [JUNHO]
Volta ao Ajax como diretor técnico (técnico de facto)

1985-87
O Ajax vence a Copa da Holanda/KNVB Cup em duas temporadas consecutivas

1987 [13 DE MAIO]
O Ajax ganha a Recopa Europeia (1 a 0 contra o Lokomotive Leipzig)

1988 [VERÃO]
Estreia como técnico do Barcelona

1989 [10 DE MAIO]
O Barcelona vence a Recopa Europeia (2 a 0 contra a Sampdoria)

1990 [5 DE ABRIL]
O Barcelona ganha a Copa do Rei da Espanha/Copa del Rey

1991 [FEVEREIRO]
É submetido a uma dupla cirurgia cardíaca

1992 [20 DE MAIO]
O Barcelona vence a Copa dos Campeões da Europa (1 a 0 contra a Sampdoria)

1993 [FEVEREIRO/MARÇO]
O Barcelona vence a Supercopa da Europa (3 a 2 contra o Werder Bremen)

1991-94
O Barcelona vence o Campeonato Espanhol/La Liga quatro vezes seguidas

1996 [ABRIL]
É demitido como técnico do Barcelona

1997
Cria a Fundação Cruyff

1999
Escolhido Jogador Europeu do Século e fica em segundo lugar, logo atrás de Pelé, como Jogador do Século

1999
Funda a Fundação Cruyff

2004
Escolhido para a lista da Fifa de cem maiores jogadores vivos

2009
A centésima Quadra Cruyff é aberta

2015 [OUTUBRO]
Recebe o diagnóstico de câncer de pulmão

2016 [24 DE MARÇO]
Morre em Barcelona, aos 68 anos

PREFÁCIO À EDIÇÃO BRASILEIRA

Tostão

Durante a Copa do Mundo de 2010, na África do Sul, fui almoçar em um shopping, perto do hotel, em Joanesburgo, e vi Cruyff caminhando em minha direção, com alguns companheiros. Ele era comentarista de uma televisão espanhola.

Cruyff não foi o melhor jogador do mundo de todos os tempos — foi Pelé —, mas certamente está entre os dez melhores. E, entre os dez, é o mais importante para o futebol, pois foi também um treinador revolucionário que ajudou a mudar a maneira de se jogar o jogo. E ainda foi excepcional como comentarista e crítico.

Cruyff, avisado por seus companheiros, chegou perto e me disse: "Tostão, sou Cruyff". Batemos um papo rápido — ele falando em espanhol; e eu, em portunhol. Cruyff conhecia tudo e tinha grande admiração pela seleção brasileira de 1970, enquanto eu havia me encantado pela seleção holandesa de 1974. As duas somadas à seleção espanhola campeã do mundo de 2010, que sofreu enorme influência de Guardiola e de Cruyff, foram as mais revolucionárias dos últimos cinquenta anos. Muitos vão discordar e dizer que a seleção brasileira de 1982 foi superior à Espanha de 2010. Concordo, mas a espanhola ajudou a mudar o jeito como se joga futebol.

Tenho uma coleção de miniaturas de personagens de diversas áreas que encantaram a mim e ao mundo. Coincidentemente, eu havia procurado uma miniatura de Cruyff no mesmo shopping em que o encontrei. Não achei. Pensei em lhe pedir um autógrafo, mas fiquei com vergonha.

Cruyff conta que o lendário Rinus Michels, técnico da seleção holandesa que o inspirou, reuniu os jogadores quinze dias antes do Mundial de 1974 e disse: "Como não vamos ganhar a Copa, façamos algo diferente, surpreendente". Nascia o Carrossel Holandês, a Laranja Mecânica, comandada por Cruyff, que encantou e revolucionou o futebol.

Foi o início da marcação por pressão. Onde estava a bola, havia vários holandeses para tomá-la. Era a pelada organizada. Recuperavam a bola e chegavam com vários jogadores à área adversária. Zagueiros, armadores e atacantes se misturavam. Durante o Mundial, a Holanda se transformou em favorita, mas, na final, perdeu para a forte seleção alemã, que jogava em casa, por 2 a 1. A Holanda foi novamente vice-campeã mundial em 1978, mas já sem a presença de Cruyff.

Muitos times e seleções de todo o mundo tentaram repetir a marcação por pressão realizada pela Holanda de 1974, contudo as atuações e os resultados foram muito irregulares. Essas equipes pressionavam, mas quando não conseguiam recuperar a bola, deixavam enormes espaços na defesa. Além disso, os jogadores, na época, não tinham o preparo físico que têm hoje. Houve poucas exceções, times que brilharam — como o Milan dirigido pelo técnico italiano Arrigo Sacchi no final dos anos 1980, que contava com os magníficos holandeses Van Basten, Gullit e Rijkaard.

A marcação por pressão se tornou uma realidade mundial de fato a partir do Barcelona treinado por Guardiola — que havia sido jogador de Cruyff. A equipe encantou o mundo pela maneira agradável e ao mesmo tempo eficiente de jogar.

Além da marcação por pressão, com a qual se tentava a recuperação da bola onde ela havia sido perdida, o time era também compacto, com zagueiros adiantados e pouca distância entre o jogador mais recuado e o mais à frente. As trocas de passe e as triangulações, até a penetração de um jogador para receber dentro da área e fazer o gol, deslumbraram o mundo.

Com a melhora na condição física dos jogadores e o aperfeiçoamento da marcação por pressão, os times de futebol passaram a correr mais e a se cansar menos. A distância percorrida por quem recua quando perde a bola, para proteger a defesa, é muito maior que a distância a ser coberta por quem corre para recuperar a bola na mesma área em que ela foi perdida.

O Barcelona e a seleção espanhola campeã em 2010, que mantinha a base do time catalão, influenciaram bastante os técnicos de todo o mundo. Eles não repetiram na íntegra a maneira de jogar das duas equipes, pois cada país e cada técnico têm suas particularidades, mas incorporaram muitas coisas, como a troca de passes e o domínio da bola, sem afobação nem pressa para chegar ao gol. Todo o futebol, enfim, ficou mais agradável e eficiente.

Em campo, Cruyff já era um técnico. Tinha extraordinária inteligência espacial. Parecia jogar olhando a partida de cima, com um megacomputador instalado no corpo para medir a movimentação e a velocidade da bola, dos companheiros e dos adversários. Era perfeccionista, essencialmente técnico, sem firulas. Jogava com elegância, com a cabeça em pé, sem olhar para a bola, o símbolo do jogo coletivo. Foi brilhante como armador e como atacante.

Cruyff foi também um professor, um grande comentarista e um crítico perspicaz. Dizia aos técnicos que não bastava treinar muito: era necessário ensinar.

Nesta autobiografia, vamos conhecer os detalhes da vida e da carreira desse gênio do futebol. Cruyff infelizmente morreu cedo, com 68 anos, em consequência de um câncer de pulmão. Como diria João Guimarães Rosa, Cruyff não morreu, ficou encantado.

PREFÁCIO DO AUTOR

Não tenho diploma universitário. Tudo o que aprendi, aprendi na prática. Quando perdi meu pai aos doze anos, minha vida passou a ser definida pelo Ajax. Primeiro pelo meu segundo pai, que era jardineiro do clube, depois pelos meus treinadores, Jany van der Veen e Rinus Michels. Graças ao Ajax, não aprendi apenas a ser um jogador melhor; aprendi a me comportar também.

Com meu sogro, adquiri alguma experiência financeira. Quando comecei a atuar, não havia um único jogador de futebol no mundo que tivesse ouvido falar de marketing — e lidar com a parte dos negócios era algo completamente novo. Porém, meu sogro entrou na minha vida, me ajudou e me ensinou a respeito. Toda vez que eu julgava que podia resolver alguma coisa nessa área sozinho, tudo logo dava errado. Mas não importa. É parte da vida. No final, o importante é saber se você aprendeu com os erros ou não.

Quero enfatizar a importância da minha família. Não apenas dos meus pais, meus sogros, minha esposa, meus filhos e netos, mas também de todas as pessoas do Ajax que me ajudaram durante uma fase em que estive realmente fragilizado. O Ajax é, afinal, uma família para mim também. Minha família ajudou a definir quem sou hoje: um sujeito que tem um defeito quando se trata de futebol – sei estar no topo. Seja como jogador ou treinador, não sou capaz de fazer algo pensando pequeno. Só consigo pensar em uma direção, e é para cima. Tenho que ser o melhor possível. Foi por isso que tive que parar de jogar. Não tinha mais a condição física necessária para estar no topo e, quando esse é o caso, melhor abandonar o campo. Porém, como tinha cabeça boa, me tornei técnico.

O que quero dizer de mais relevante é que sempre tive como objetivo dar o meu melhor e ser o melhor. Deixei essa marca em tudo o que fiz.

Johan Cruyff
Março de 2016

1.

Tudo o que fiz na vida foi com vistas ao futuro, focando em progredir — o que significa que não sou uma pessoa que pensa muito no passado. Para mim, isso é completamente natural. Muita gente, de vários lugares, já escreveu bem e detalhadamente sobre jogos dos quais participei; o que me interessa é o futebol como ideia. Olhar constantemente para a frente permitiu que eu me desenvolvesse no que quer que estivesse fazendo, e eu realmente só olho para trás quando preciso avaliar o que posso aprender com os erros cometidos. Essas lições vêm em diferentes momentos da vida — e não é possível entender como tudo está conectado até que já se tenha passado algum tempo. Dessa forma, sigo em frente, não fico lembrando o que já passou, como uma linha do tempo. O que aprendi de mais importante sendo jogador é que, acima de tudo, você precisa de quatro coisas: boa grama, vestiários limpos, jogadores que limpam suas próprias chuteiras e redes bem colocadas no gol.

Todo o resto — habilidade e velocidade, técnica e objetivos — vem depois. Essa é a filosofia que define meu sentimento em relação ao futebol e à vida. Eu empreguei isso em tudo o que fiz, tanto em campo, com o Futebol Total, quanto com a minha família ou com a Fundação Cruyff; o objetivo sempre foi melhorar e nunca, jamais, deixar de progredir.

O futebol foi minha vida desde o começo. Meus pais tinham uma quitanda em Betondorp, a algumas centenas de metros do Meer Stadion do Ajax, em Amsterdã, então era inevitável. Meu pai nunca perdeu um jogo do Ajax. Embora eu possivelmente não tenha herdado dele o meu talento futebolístico, meu pai certamente me transmitiu seu amor incondicional pelo clube. Na verdade, a origem do meu talento é um mistério. É certo que não aprendi com meu pai nem com meu avô, já que nunca vi nenhum dos dois jogar. Meu tio, Gerrit Draaijer, irmão da minha mãe, jogou algumas partidas como lateral esquerdo no time principal do Ajax, mas isso ocorreu na década de 1950, quando o Ajax ainda não era um dos clubes mais conhecidos da Europa.

Meu pai me falava sobre jogadores como Alfredo Di Stéfano, que entendia tudo sobre como usar o espaço em campo, e Faas Wilkes, que era um driblador fenomenal com a bola. Ele saía do meio-campo e seguia driblando quatro ou cinco jogadores. Incrível. Wilkes jogou pelo Xerxes Rotterdam, antes de ir para Inter de Milão, Torino e Valência, retornando à Holanda mais perto do fim da carreira. Foi com ele que entendi o que um holandês é capaz de fazer em campo. O problema é que nós não tínhamos televisão e não víamos muitas equipes estrangeiras jogarem, de modo que só tive chance de observá-lo ocasionalmente durante a maior parte de sua carreira. Quanto a Di Stéfano, foi apenas em 1962, quando esteve em Amsterdã com o Real Madrid para a final da Copa dos Campeões da Europa, que pude vê-lo com meus próprios olhos.

Para mim, tudo começou na rua. A área onde eu morava era conhecida como "Concrete Village" [Vila de Concreto], um experimento de construção de moradias populares iniciado depois da Primeira Guerra Mundial. Eu fazia parte da classe trabalhadora e, quando criança, passava a maior parte do tempo fora de casa. Até onde a memória alcança, lembro-me de jogar futebol em todos os lugares possíveis. Foi na infância que aprendi a pensar em transformar desvantagens em vantagens. E isso aconteceu quando entendi que o meio-fio não precisava ser realmente um obstáculo, mas podia ser um companheiro de equipe para uma tabelinha. Então, graças ao meio-fio, pude trabalhar minha técnica. Quando a bola quica em superfícies diferentes e em ângulos estranhos, você tem que se ajustar em um instante. Ao longo da minha carreira, as pessoas costumavam se surpreender por eu chutar a gol ou passar a bola de um ângulo que elas não estavam esperando, e isso é resultado de como eu cresci. O mesmo se aplica ao equilíbrio. Quando você leva um tombo no concreto, dói — então, claro, você tenta não se machucar. Dessa forma, ao jogar futebol, você também precisa estar focado em não cair. Ao aprender a jogar da maneira como aprendi, tendo que estar alerta o tempo todo, é possível desenvolver várias habilidades como jogador de futebol. Por isso sou um grande defensor de que os jovens joguem futebol sem travas na chuteira. Porque falta a muitos deles essas horas que tive na rua, praticando para não cair. Dê solas planas a eles, para que aprendam a se equilibrar melhor.

Na minha casa, a vida era bem básica, mas nunca me importei. Cresci em um lar acolhedor. Eu dormia no mesmo quarto do meu irmão, Hennie, que é dois anos e meio mais velho que eu. Quando se é muito jovem, essa é uma grande diferença. Mas como eu ficava fora de casa jogando futebol sempre que possível, ele tinha sua própria vida; e eu, a minha.

Sou uma mistura dos meus pais. Puxei o lado social da minha mãe e a esperteza do meu pai — definitivamente, sou esperto. Estou sempre à procura da melhor chance, assim como meu pai, Manus. Meu pai era brincalhão. Como tinha um olho de vidro, ele apostava cinco centavos com as pessoas para ver quem aguentava olhar para o sol por mais tempo. Colocava a mão sobre o olho bom, olhava para o sol por um minuto e ganhava a aposta. Minha mãe, Nel, era muito sociável. Para ela, tudo girava em torno da família. Ela tinha nove irmãos e irmãs, portanto, além de nove tios e tias, eu também tinha dezenas de primos. O melhor nisso era que, se alguma coisa de ruim acontecia, sempre havia alguém para ajudar. Um entendia de fogões, outro sabia desenhar, enfim, sempre tinha a porta de um parente para bater se houvesse um problema. Só que quando se tratava de futebol, eu estava sozinho — o interesse que eu tinha pelo esporte não tocava mais nenhum deles.

Eu frequentei a escola Groen van Prinsterer, em Amsterdã, que era cristã, mesmo não tendo sido criado na fé cristã e mesmo havendo escolas seculares nas redondezas. A única vez que fui à igreja foi para entregar uma encomenda do meu pai; e, quando perguntei a ele por que eu tinha que ir para a escola com a Bíblia na bolsa, ele disse: "Johan, eles contam boas histórias nesse livro. Estou tentando lhe dar alguma informação, para depois você poder decidir sozinho o que fazer com isso".

Mesmo na escola, eu sempre queria jogar futebol e, desde muito cedo, fiquei conhecido como o guri da bola. Todo dia eu levava minha bola para a aula e a colocava embaixo da mesa para ficar passando-a entre os pés. Às vezes o professor me mandava para fora, quando eu estava incomodando demais. Eu fazia isso tão instintivamente que nem percebia que ficava passando a bola do pé esquerdo para o direito. Tirando isso, não aprendi muito no meu tempo na escola, mas me lembro bem de não ter desistido. Ainda que não gostasse de aprender, sabia que era algo que eu precisava fazer, e mantive esse propósito até que eu tivesse idade suficiente para decidir por conta própria que não queria mais estudar.

Por outro lado, lembro-me da primeira vez que fui ao Ajax como se fosse ontem. Acho que foi em 1952, então eu tinha uns cinco anos. Meu pai me perguntou se eu queria ir com ele entregar cestas de frutas para os jogadores que estavam doentes ou machucados, e o acompanhei de bicicleta até o clube — estava muito animado de poder entrar lá pela primeira vez em vez de me sentar nas arquibancadas. Foi aí que conheci Henk Angel, um amigo do meu pai que estava trabalhando como jardineiro do clube. Henk me perguntou se eu queria ajudá-lo, e eu comecei já no dia seguinte. Assim, aos cinco anos de idade, minha vida com o Ajax se iniciava. Penso na minha infância com muito carinho. Nela não havia nada além de amor. Em casa e também no Ajax. Graças ao tio Henk — que me deixava fazer todo tipo de pequenos trabalhos no estádio quando o campo tinha sido recém-aparado ou não apresentava condições para o jogo, durante o inverno — eu conseguia passar um bom tempo no clube. Como recompensa, podia bater bola no salão ou nas arquibancadas principais. Também passei um tempo, durante as férias de verão, na casa de Arend van der Wel, um atacante do Ajax que se tornou amigo da minha família. Ele tinha acabado de se mudar do Ajax para o Sportclub Enschede, e teve uma vida feliz no interior. Foi lá que tive minhas primeiras aulas de direção, com sete ou oito anos, sentado no colo de Arend atrás do volante. Foi também no Sportclub Enschede que conheci Abe Lenstra, o brilhante atacante que acabara de se mudar para lá vindo de Heerenveen. Ele era um ícone total naqueles dias. Cheguei até a bater bola com ele certa vez no treino, e isso foi especial. Mas o que mais me lembro de Abe é que ele sempre carregava uma bola consigo.

Durante minha infância, eu via muito o tio Henk, principalmente depois que sua esposa faleceu, já que ele costumava comer em nossa casa. Durante as refeições, eu o ouvia avidamente falar sobre o que estava acontecendo no Ajax. Também foi nessa época, quando eu era garoto, que Arend van der Wel se juntou a nós para as refeições. Naquela época, ele era um jovem jogador titular e morava no norte de Amsterdã, longe demais para que tivesse tempo de ir para casa depois do trabalho e voltar a tempo para o treinamento noturno, de modo que comia conosco. Assim, desde a mais tenra idade, eu não apenas passava todo o meu tempo livre no estádio do Ajax, como também tinha o clube presente na minha casa. E foi graças ao tio Henk — como continuamos a chamá-lo mesmo depois que meu pai morreu e ele se casou com minha mãe — e ao Arend que, desde os cinco anos, eu sabia de tudo o que estava acontecendo no clube, dos vestiários aos onze titulares. Ficava quieto ouvindo a conversa deles dia após dia, absorvendo tudo como uma esponja.

Assim que atingi idade suficiente, comecei a sair de casa por conta própria para jogar futebol na rua com meus amigos — a partir daí, o estádio do Ajax se tornou meu segundo lar. Se tinha um tempo livre, eu estava por lá, e nunca saía de casa sem uma bola. Desde os cinco anos, quando comecei a ajudar o tio Henk no estádio, sempre levava meu uniforme comigo. Nunca se sabe quando o time pode precisar de um homem a mais para o treino ou para um coletivo, e dei sorte muitas vezes, embora na maioria delas eu tenha sido chamado porque os jogadores sentiam pena de mim. Eu era um saco de ossos, parecia um camarão, e eles tinham compaixão, o que significava que, mesmo que eu não tivesse nada para fazer por lá, e mesmo sem fazer parte do time juvenil, pude jogar com a equipe do Ajax desde muito cedo. Este é outro exemplo da crença que tenho e tento passar adiante — você pode transformar uma desvantagem, como no caso minha aparência magricela, em uma vantagem.

Muitas vezes me perguntam qual a melhor lembrança que tenho como jogador. Honestamente, não me lembro muito de detalhes, nem mesmo de coisas como meu primeiro gol em casa pelo Ajax depois de me tornar profissional. O que me lembro, e com muita clareza, é da primeira vez que me deixaram entrar em campo com o estádio cheio. Não como jogador, mas para arejar a área de gol com um forcado. Meu pai ainda era vivo, eu tinha uns oitos anos e não constava como empregado formal, mas lá estava eu em campo, no meio de um estádio cheio, ajudando a torná-lo perfeito para o time principal. Esse é o tipo de coisa que você não esquece. Ao enfiar o forcado na grama, eu era responsável por oferecer a superfície perfeita para meus heróis jogarem. Como alguém que jogou, gerenciou, assistiu e pensou em futebol a vida toda, tenho certeza de que essas experiências infantis de ajudar a cuidar das coisas, de aprender a importância de certos padrões, pavimentaram a estrada para a pessoa que me tornei. Depois que me aposentei, tanto como jogador quanto como técnico, e criei a Fundação Cruyff para ajudar a dar às crianças uma chance de jogar futebol, elaboramos uma lista de catorze regras que as pessoas tinham de respeitar. A regra número dois da lista dizia respeito à responsabilidade e ao respeito pelo campo e pelas pessoas, e isso veio dessa época da minha vida. Como disse antes, todas as minhas lições de vida foram aprendidas no Ajax.

Mesmo sendo um estudante medíocre, desde cedo tinha afinidade com números. Tenho interesse por numerologia. Então, por exemplo, casei-me com Danny no segundo dia do décimo segundo mês, dezembro. Dois mais doze somados dão o número nas minhas costas: catorze. O ano era 1968, e seis mais oito também dá catorze. Não admira que ainda estejamos juntos depois de 48 anos. E que nosso casamento tenha sido tão bom. O mesmo vale para o meu filho Jordi. Ele nasceu em 74 e eu nasci em 47. Então, as duas datas têm como soma onze. E o aniversário dele é em 9 de fevereiro e o meu, 25 de abril: então, são nove mais dois e dois mais cinco mais quatro. Ambos, onze.

Sou bom até em lembrar números de telefone. Meus amigos só precisavam me falar o número deles uma vez e eu jamais esquecia. Talvez por isso eu também seja bom em fazer conta aritmética de cabeça. Não aprendi isso na escola, mas sim na quitanda dos meus pais. Quando meu pai precisava fazer entregas fora e minha mãe tinha que preparar as refeições, eu trabalhava atendendo os clientes; mas ainda era muito pequeno para alcançar a caixa registradora. Então, aprendi a fazer as contas de cabeça e, como desde cedo era bom nisso, acho que acabei me fascinando pela coisa. Talvez tenha sido em parte por causa dessa fascinação e pela facilidade com essas abstrações que comecei a pensar nos números aplicados ao futebol — como tirar vantagem do time oposto, como trabalhar melhor com o espaço, como Di Stéfano fazia. Portanto, embora meus pais não tenham contribuído para meus talentos como jogador, eles me ajudaram a desenvolver um jeito diferente de pensar o futebol.

Em termos do preparo físico exigido de um jogador, sempre tive uma terrível aversão à corrida ao ar livre e às bolas medicinais usadas nas sessões de ginástica. Quando era titular do Ajax, toda vez que Rinus Michels nos mandava correr na floresta, eu tentava sair o mais adiantado que podia para, então, me esconder atrás de uma árvore até o time voltar, torcendo para ninguém fazer uma contagem de atletas no caminho. Isso funcionou por um tempo, até Michels descobrir o que eu estava fazendo. Como punição, me mandou fazer uma sessão de treinos disciplinares na trilha da floresta às oito da manhã de um dos meus dias de folga. Michels chegou de carro exatamente no horário. Ainda estava de pijamas, então baixou o vidro do carro e disse: "Está muito frio para mim, vou voltar para a cama". E me deixou para trás, humilhado.

Eu me juntei à equipe de base do Ajax oficialmente em 1957, quando tinha dez anos. Era um garoto magricela quando comecei e, se isso acontecesse hoje, tenho certeza de que teriam me mandado seguir uma série de rotinas de exercício. Mas não precisei fazer nada disso, e teria odiado fazê-lo. O máximo que fiz foi pedir para minha mãe preparar mais grãos verdes e espinafre, por causa do ferro. Quanto ao resto, só precisei fazer o que vinha fazendo a vida inteira, que era usar todo o tempo livre para jogar futebol, no clube ou na rua com meus amigos. O importante era não apenas jogar futebol, mas gostar muito de fazê-lo.

Mais tarde, vivi uma situação parecida quando treinei o Frank Rijkaard, no Ajax, porque ele sempre fingia que precisava parar para tossir durante o circuito do treinamento de corrida cross-country. Os jogadores eram geralmente dividi-dos em dois grupos — e um saía antes do outro. Ele ficava no segundo grupo, deixava os colegas correrem na frente e se juntava ao primeiro grupo quando já se aproximavam para a segunda volta. Dessa forma, conseguia dar uma volta a menos que o resto. Nenhum outro treinador percebeu, mas eu sim. E achei divertido. Claro, acabei conversando com ele mais tarde, mas não sem antes dar umas boas risadas. Eu adoro esse tipo de astúcia, graças ao meu pai, embora eu também tenha muito da minha mãe em mim. Quando comecei a sair com Danny, às vezes eu queria ficar fora de casa mais tempo do que Michels permitia. Ele sempre dirigia por Amsterdã à noite para verifi-car se nossos carros estavam estacionados do lado de fora das nossas casas na hora certa. Uma vez, peguei emprestado o car-ro do meu padrasto e deixei o meu estacionado em casa. Mi-chels suspeitou que eu tinha feito isso e ameaçou me multar no dia seguinte. Eu ainda vivia na casa dos meus pais e falei: "É só ligar para a minha mãe. Eu estava em casa". Foi o que ele fez, e ela atuou perfeitamente. Michels teve que retirar a ameaça, e eu dei muita risada com minha mãe depois.

Quando eu estava na equipe jovem do Ajax, com doze anos, Jany van der Veen me treinou não apenas no futebol, mas também em normas e valores. Ele foi a primeira pessoa no Ajax a me ensinar a sempre escolher uma direção específica e segui-la. Ele foi outro exemplo de como a vida no Ajax aca-bou compensando a educação que eu não tive na escola. Jany sempre trabalhou com o time juvenil, e usava muitas ideias que tinha descoberto com Jack Reynolds — o inglês visionário que foi o primeiro técnico do time, na década de 1940, e que ajudou a estabelecer as bases sobre as quais o Futebol Total seria mais tarde construído — aplicadas a nós. Foi Jany quem nos ensinou a jogar trabalhando em cima dos erros, para que pudéssemos ser criativos. De Michels tínhamos a disciplina, mas foi com Jany que veio a diversão. Quando me tornei técnico, levei essas ideias para o Barcelona. Como sempre digo, se você trabalha com futebol, não é bem trabalho. Você tem que treinar duro, mas precisa se divertir bastante também.

Meus treinadores, enquanto estive no elenco juvenil, foram Vic Buckingham, que foi técnico do time principal antes de Michels, Keith Spurgeon, que também foi responsável pelo time principal durante uma temporada e, o mais importante, Jany van der Veen, o técnico da equipe juvenil. Van der Veen sempre insistia em treinamentos muito específicos, nos quais havia cinco fundamentos que ocupavam papel central. O lance era jogar sempre alternando entre manter e desenvolver um destes cinco fundamentos básicos do futebol: chute, cabeceio, drible, passe e controle da bola. Assim, estávamos sempre com a bola. Esse tipo de treinamento sempre se manteve como padrão para mim. Ele me levou a perceber que o simples é frequentemente o mais difícil de realizar. Para tocar a bola de primeira, é preciso uma técnica refinada. Porque, para tocar perfeitamente de primeira, você precisa ter feito isso centenas de milhares de vezes no treino — e era assim que passávamos nosso tempo.

Essa era a escola de pensamento do Ajax, que acabaria por produzir jogadores cuja técnica rivalizava com a dos melhores do mundo. Tudo graças ao treinamento aparentemente simples de pessoas como Van der Veen.

Mas ele não era o único. Devo algumas coisas também a Vic Buckingham, que mais tarde me colocou no time titular, quando eu tinha só dezessete anos. Ele tinha dois filhos da minha idade, que ainda não tinham encontrado seu caminho em Amsterdã, e como minha mãe fazia limpeza para a família Buckingham, eu costumava ir à casa deles, e foi assim que aprendi inglês. Não na escola, mas conversando muito com a família Buckingham. Este era o jeito Ajax de fazer as coisas: cuidar das crianças do time e fazer com que soubessem se comportar corretamente. Entre os jogadores, quando estreei no time titular, Piet Keizer me colocou sob sua asa.

Ele era quase quatro anos mais velho que eu e já tinha jogado três temporadas como titular na época em que fui escalado. O Ajax estava só começando a oferecer contratos profissionais, e Piet foi o primeiro a assinar um. Eu fui o segundo, e notei que Piet gostava de mim. Por exemplo, sempre se certificou de que eu estivesse em casa às nove e meia da noite, para que não levasse uma multa ou punição de Michels.

Embora tenha sido Buckingham quem me deu um lugar no time principal, foi com Michels — que assumiu o cargo em 1965 — que desenvolvi o vínculo mais especial. Foi Michels quem protegeu a equipe do resto da estrutura de administração do clube, que era completamente amadora. Quando Michels chegou, estávamos perto da zona de rebaixamento, e ele tentou nos proteger do que estava acontecendo fora do campo para garantir que estivéssemos focados em jogar melhor e pensar com clareza o jogo. Foi ele quem levou o Ajax ao topo. O vínculo que eu e ele criamos no Ajax é do tipo que é difícil colocar em palavras, porque ele se tornou parte da minha vida fora do clube também. Muito mais tarde, quando eu já tinha meus próprios filhos, ele se vestiu de Papai Noel em uma festa em nossa casa. Mas minha filha Chantal o reconheceu. Ainda posso ouvi-la dizer: "Ei, você não é Papai Noel, você é o tio Rinus!".

Eu tinha dezoito anos quando Michels assumiu, era o jogador mais jovem do time, mas ele sempre me puxava de lado para falar sobre as táticas do jogo. Não fazia isso com mais ninguém, e foi por meio dessas conversas que formamos um vínculo. Conversávamos sobre como poderíamos melhorar o desempenho e, percebo agora, foi nessas conversas que desenvolvemos as ideias que moldariam a maneira única como o Ajax passou a jogar no final dos anos 1960, enquanto todos os outros clubes estavam jogando da mesma forma que sempre fizeram. Ele me explicava como queria jogar e o que precisava ser feito se algo desse errado. Henk Angel, Jany van der Veen, Arend van der Wel, Rinus Michels, Piet Keizer e muitos outros ajudaram a definir o que me tornei. Em momentos importantes da minha vida, todos me ajudaram fora do campo também. Mas foi Michels que veio me buscar para ir ao médico porque, depois que meu pai faleceu, não tínhamos mais um carro em casa. Coisas chatas aconteceram entre mim e Michels mais tarde, mas elas nunca mancharam a imagem que eu tinha do homem que sempre me defendeu quando, ainda jovem, eu realmente precisava dele.

Meu pai morreu em 1959, quando ele tinha 45 anos e eu tinha doze. Foi no dia em que recebi meu certificado de conclusão do ano letivo. Fiquei sabendo que ele havia falecido durante a festa de encerramento escolar. Depois disso, o Ajax começou a desempenhar um papel ainda maior na minha vida, porque eu não podia recorrer mais ao meu pai. Descobrimos que ele tinha morrido de ataque cardíaco porque seu colesterol estava muito alto. Sempre carreguei sua morte comigo e, à medida que envelhecia, comecei a ter, cada vez mais forte, a sensação de que o destino dele também acabaria por ser o meu. Durante muito tempo pensei que não chegaria aos cinquenta. Então não fiquei exatamente surpreso quando desenvolvi problemas cardíacos com a mesma idade do meu pai, enquanto estava treinando o Barcelona, pois tinha me preparado para isso. Exceto por uma grande diferença: trinta anos depois, a ciência médica pôde me salvar.

Meu pai está, como minha mãe, enterrado em Amsterdã, no cemitério oriental que fica ao lado do antigo estádio do Ajax. Pouco depois de ele ser enterrado, comecei a conversar com meu pai toda vez que passava andando ou de bicicleta pelo cemitério. Fiz isso por muito tempo. No começo, conversava sobre a escola; mais tarde, quando estava jogando no Ajax, principalmente sobre futebol: que idiota o árbitro tinha sido, como eu tinha marcado meus gols, esse tipo de coisa. Com o passar dos anos, nossas conversas mudaram, mas nunca cessaram. Sempre falava com ele para pedir conselhos quando precisava tomar uma decisão difícil na vida.

"Então, o que acha, pai?" Aí, acordava na manhã seguinte já sabendo o que fazer. Não sei dizer como funcionava, só sei que ele esteve lá todas as vezes que precisei tomar uma decisão e que, depois de falar com meu pai, eu sempre soube exatamente o que fazer.

Certa vez, eu devia ter uns vinte e poucos anos — porque ainda estava morando em Amsterdã, tinha acabado de me casar e jogava regularmente com o time titular —, as coisas iam bem, mas havia muitas discussões no Ajax, e eu vivia cheio de dúvidas sobre certas coisas, até mesmo sobre a ajuda que meu falecido pai parecia me dar. É que não sou muito religioso e comecei a me perguntar como aquilo estava acontecendo. Afinal, ninguém volta do mundo dos mortos. Então, coloquei meu pai meio que à prova. Pedi a ele que fizesse meu relógio parar de algum jeito quando estivesse por perto, para provar que estava realmente lá e que podia ouvir o que eu estava dizendo. Pode ter sido coincidência, mas na manhã seguinte meu relógio parou. Meu sogro tinha uma relojoaria e um dos relojoeiros deu uma olhada no meu relógio naquele mesmo dia, não encontrou nada de errado e logo o relógio voltou a funcionar. Na manhã seguinte, a mesma história — meu relógio parou de novo. Mais uma vez voltei à relojoaria e, novamente, não encontraram nada errado. Naquela noite, disse a meu pai que estava convencido de que ele tinha ouvido tudo que eu havia dito e, no dia seguinte, meu relógio voltou a funcionar normalmente e não parou de funcionar desde então. Eu o uso todos os dias.

Nos meses após a morte de meu pai, minha mãe precisava ganhar algum dinheiro e, devido à estreita conexão com o clube, por conta de meu pai e do tio Henk, bem como pelo fato de eu andar por lá o tempo todo, o Ajax cuidou da nossa família. Uma das coisas que eles fizeram foi encontrar um trabalho para ela como faxineira dos treinadores ingleses que o Ajax tinha na época, o que me levou a conhecer a família Buckingham. O clube também a contratou para limpar os vestiários. Alguns anos depois, quando minha mãe se casou com o tio Henk, que se tornou meu segundo pai e ainda trabalhava no clube, minha conexão com o Ajax ficou completa.

Mesmo que minha mãe já estivesse ganhando mais dinheiro, não havia o suficiente para pagar viagens de férias, de modo que eu passava o ano todo no De Meer, mesmo depois de a temporada ter terminado. Fosse qual fosse o mês, eu sempre estava por lá jogando futebol. No verão, quando a temporada de futebol tinha terminado, havia partidas de beisebol no Ajax, e eu era muito bom nisso também. Como apanhador, fui do time nacional holandês até os quinze anos. Também joguei como primeiro rebatedor, mas era tão pequeno que o adversário nunca conseguia três strikes. Geralmente eram quatro bolas arremessadas fora da zona de strike e eu seguia direto para a base.

O beisebol me permitiu focar em muitos detalhes que mais tarde seriam úteis para mim no futebol. Como apanhador, é você quem determina o tipo de arremesso do arremessador, porque ele não tem uma visão geral de todo o campo, mas você tem. Aprendi que é preciso saber onde ele vai arremessar a bola antes de recebê-la, o que significava que você precisa ter uma ideia de todo o espaço ao seu redor e onde cada jogador está antes da jogada. Nenhum técnico de futebol jamais me disse que era preciso saber para onde eu ia passar a bola antes mesmo de recebê-la, porém, mais tarde, quando estava jogando profissionalmente, as lições do beisebol — como focar em uma visão geral do jogo — me serviram e se tornaram uma vantagem. O beisebol é um dos esportes que podem fazer emergir um talento de futebol em seus treinos, porque existem muitos paralelos entre os dois jogos. No arranque, no carrinho, na noção de espaço, em aprender a pensar num movimento antecipadamente e muito mais. Foram princípios desse tipo que o Barcelona desenvolveu com seus exercícios de controle próximo da bola, as rodas de bobinho, os quais foram os alicerces do estilo *tiquitaca* do clube.

O que sei é que essas lições funcionaram para mim, porque continuei a mergulhar no beisebol mais tarde, o que me ajudou a, como treinador, transferir muitos ensinamentos do beisebol para o futebol com muito sucesso. O mesmo aconteceu com a capacidade de pensar à frente — que também veio do beisebol. O tempo todo a gente tem que tomar decisões entre espaço e risco em frações de segundos. Para ser bom no beisebol, é preciso, no arremesso, vencer a distância entre o corredor e a base, fazendo a bola chegar a esta antes da chegada daquele. A modalidade também me ensinou sobre insights táticos — tomar a decisão certa e executá-la de maneira tecnicamente adequada. Só mais tarde fui capaz de juntar tudo isso e criar minha visão de como o futebol deve ser jogado. Eu absorvi todas essas lições sem me dar conta, na época. Era apenas uma criança que brincava com bola todos os minutos de todos os dias.

Meu período na equipe juvenil do Ajax — dos dez aos dezessete anos — foi uma época bonita, porque não havia grandes responsabilidades. Todos me ajudavam a melhorar, e eu ainda não tinha chegado ao topo. Só mais tarde, quando comecei a falar sobre táticas — primeiro como jogador, depois como técnico —, compreendi a importância das experiências a que tinha sido exposto e fiz a conexão entre o que estava acontecendo na minha frente, digamos em um jogo contra o Real Madrid, e o que eu tinha experimentado quando criança. Como tinha absorvido tudo inconscientemente — sempre assistindo, ouvindo — me desenvolvi muito rapidamente como jogador de futebol. Também ajudou o fato de, por muito tempo, eu ter jogado em dois times diferentes. Mesmo depois de fazer minha estreia no time dos titulares do Ajax como ponta, quando tinha dezessete anos, em 15 de novembro 1964, continuei jogando no gol para o terceiro time. Eu gostava muito disso. E também era muito bom goleiro. Certa vez cheguei a ser goleiro reserva, quando o Ajax jogou na Copa dos Campeões da Europa, porque naquele tempo só era permitido um substituto no banco.

JOHAN CRUYFF 14 A AUTOBIOGRAFIA

Michels e Jany também nos ensinaram a nos tornar psicologicamente fortes. Ainda me lembro do primeiro truque mental que Jany usou comigo, quando eu tinha apenas quinze ou dezesseis anos, mas que continuou funcionando quando eu estava jogando no time titular com Vic Buckingham, e mais tarde com Rinus Michels. Van der Veen fez com que eu fosse obrigado a jogar meio tempo com o time juvenil e, no dia seguinte, como substituto no time principal, com alguns minutos em campo. Isso me fazia achar que, porque eu estava jogando na equipe principal, era moralmente obrigado a ser o melhor do time juvenil. Eu acreditava nisso e pensava em como cada jogo devia ser jogado — e a cada partida, tentava ficar mais próximo de ser o melhor, em qualquer dos times em que jogava. As pessoas costumavam dizer que eu falava demais, ficavam irritadas comigo e me mandavam calar a boca o tempo todo. Eu ficava no estádio todos os dias, o dia inteiro, então, quando enfim tive a chance de jogar, não foi estranho para mim, porque eu já conhecia todos os jogadores por mais da metade da minha vida. Eu era como uma criança se divertindo e, pela primeira vez em quinze anos de vida, não havia filosofia nem análise. Só diversão. Não tinha medo de fracassar. Só queria aproveitar tudo — e adorei cada momento.

Em 1965, alguns meses após minha estreia, o Ajax me ofereceu meu primeiro contrato. Como já disse antes, eu era apenas o segundo jogador a assinar em tempo integral com o Ajax, depois de Piet — o resto do time trabalhava meio expediente —, mas eu ainda fazia bicos e seguia vivendo minha vida. Passava a maior parte do tempo na rua com a bola no pé, e foi só quando conheci Danny que abri uma conta bancária e comecei a me planejar. Assinei o contrato com o Ajax na presença da minha mãe e, assim que saímos do escritório, imediatamente falei para ela que o dia anterior tinha sido o último em que ela havia limpado os vestiários. Não queria que ela tivesse que trabalhar no vestiário que eu havia acabado de sujar. Porém, ela ainda lavou meu uniforme em casa por um tempo, porque não tínhamos dinheiro para uma máquina de lavar e tive que economizar alguns meses para comprar uma.

Hoje em dia pode ser difícil imaginar que um chamado "jogador estelar" tivesse que levar seu uniforme para casa para ser lavado, mas uma experiência desse tipo molda o caráter. Molda em termos de cuidado com suas coisas, molda em termos de limpar seus próprios sapatos e molda como pessoa mesmo. Como técnico, tentei passar isso aos jovens jogadores. A mensagem subjacente era a de que se você limpa sua própria chuteira, sabe que tipo de pregos tem debaixo dela e conhece melhor o chão que pisa. No papel de técnico a gente espera dar aos jogadores uma boa base social também. Quando era técnico no Ajax e no Barcelona, e achava que as coisas não estavam funcionando, colocava dois ou três jogadores para limpar os vestiários, como forma de fortalecer seu senso de responsabilidade. Descobri que isso é importante no futebol porque coloca em prática, fora do campo, o que a gente aprende dentro dele. Mas essa descoberta veio muito depois. Embora eu tenha transformado a prática de lavar as próprias roupas em uma virtude, o fato de eu ter que lavar meu uniforme em casa diz muito sobre como o Ajax era pouco profissional por volta de 1965, meu segundo ano na equipe principal.

Como Piet Keizer e eu éramos os únicos jogadores profissionais em período integral, só podíamos treinar com a equipe completa à noite, porque todo mundo tinha outros empregos — como dono de uma tabacaria ou o que fosse. Durante o dia, costumávamos ser uns sete no estádio e, à noite, os outros vinham treinar por algumas horas, se estivessem no clima. Mas essa situação não durou muito. Especialmente quando o segundo período de Vic Buckingham como técnico acabou, em janeiro de 1965, e Rinus Michels assumiu.

2.

O período de crescimento profissional do clube durou nove anos, do início da minha primeira temporada no Campeonato Holandês, a Eredivisie, em 1965, até a final da Copa do Mundo em Munique, em 1974. Em menos de dez anos, transformamos o Ajax de um clube desconhecido no clube do Futebol Total de que o mundo ainda hoje fala. Uma pergunta frequente é se esse tipo de revolução ainda é possível. Eu acho que sim. Na verdade, tenho certeza. A prova foi o Ajax nas décadas de 1980 e 1990 e, mais recentemente, também o Barcelona e o Bayern de Munique.

A base do grande crescimento do Ajax foi uma combinação de talento, técnica e disciplina. Como já disse, Jany van der Veen e Rinus Michels tiveram um papel importante nisso. Van der Veen não só nos ensinou o amor pelo futebol e pelo clube, como também foi capaz de trabalhar nossa técnica de uma maneira muito refinada. Ele também tinha um bom olho para os truques de campo, que nós absorvemos em nosso jogo de posição. O que eu aprendi é que o futebol é um processo de cometer erros e depois analisar para aprender lições, não para se frustrar. Estávamos melhorando a cada ano, e eu não olhava para trás. Ao fim de cada jogo, já estava pensando no próximo e no que eu poderia fazer melhor. Depois dos avanços com Van der Veen, desenvolvemos ainda mais nossas habilidades no futebol com Michels. A profissionalização do time nos permitiu treinar em conjunto durante o dia e nos tornamos muito melhores, tanto na técnica como fisicamente. Isso alcançado, ele trabalhou nossa mentalidade. O mais especial foi que seguir as instruções de Michels nunca criou uma atmosfera de obediência rígida.

Dentro do Ajax, sempre havia espaço para brincadeira e humor. Acho que essa combinação foi de vital importância no desenvolvimento da aura que construímos como time. A gente sabia o que estava fazendo, e o fazia com prazer. Isso era muitas vezes o aspecto mais intimidador para nossos oponentes. Como estive imerso nesse ambiente do clube desde muito jovem, nunca senti medo do fracasso ou fiquei preocupado com a próxima partida. Eu estava no De Meer quase todos os dias desde os cinco anos, conhecia todos os titulares quando fui colocado no time principal, o que significou que a saída do juvenil não foi nada assustadora para mim. Era assim em todos os jogos. A única coisa que me interessava, além de jogar, era analisar a tática que tínhamos usado. Antes de me casar, eu nunca pensava no futuro, vivia a vida um dia de cada vez, me divertindo. Não estava interessado no próximo passo. Era louco por futebol e achava que jogar era ótimo, não me importava se com o time juvenil, no terceiro time ou no primeiro.

Isso nunca mudou, mesmo mais tarde, quando joguei grandes partidas, incluindo a minha estreia na seleção nacional holandesa, em 1966, e depois no meu primeiro jogo da Copa dos Campeões da Europa. Fui lá e joguei, como sempre. Naquele tempo, Michels me chamava de diamante bruto, mas sempre fazia questão de que eu estivesse envolvido em tudo e mantinha conversas particulares comigo antes das partidas sobre os nossos oponentes e as nossas táticas. Dessa forma, me ensinou muito cedo a pensar no jogo de equipe. Mais tarde, adaptei o mesmo método com jogadores como Marco van Basten e Pep Guardiola. É uma via de mão dupla: é bom para a equipe e é bom para o jogador em questão.

Claro, você comete erros quando jovem. Mas isso faz parte do processo de aprendizado em que está envolvido. Como a primeira vez que fui expulso do campo. Foi durante a minha segunda partida com a seleção holandesa, contra a Tchecoslováquia em 1967. Eu estava sendo constantemente chutado, desde o apito inicial, e o árbitro Rudi Glöckner, da Alemanha Oriental, não fazia nada a respeito. No final das contas, acabei perguntando por que ele estava deixando os defensores se safarem, mas ele apenas me disse para calar a boca. Quando recebi um chute forte bem debaixo do nariz dele pouco depois e ele não apitou, toquei no assunto novamente. Fui expulso e proibido de jogar pela seleção nacional por um ano. Fiz um escarcéu e, provavelmente, foi a primeira vez que a discussão sobre o direito de um jogador de protestar foi acionada, mas eu sabia que estava dentro dos meus limites. Os tchecos se ocuparam em me expulsar da partida aos chutes e o árbitro deixou acontecer. No fim, ainda me atacou porque eu insistia em dizer que ele não estava tomando uma atitude. Hoje em dia, os jogadores e o árbitro são igualmente responsáveis por garantir que o público seja mantido o mais feliz possível, mas em 1967 esse ainda não era o caso. O juiz era o chefe, ninguém questionava sua autoridade — isso sem mencionar a enorme diferença social entre mim, um jovem esportista ocidental na era da Beatlemania, e um alemão oriental que tinha que estar em campo uma vez por semana durante noventa minutos e depois voltar para sua jaula fechada na República Democrática Alemã.

No Ajax, onde me foi permitido continuar jogando, apesar da proibição em relação à equipe nacional, também houve vantagens e desvantagens com as quais tivemos que lidar. Depois que fomos coroados campeões na minha primeira temporada, 1965-66, fomos selecionados para jogar contra o Liverpool na segunda rodada da Copa dos Campeões da Europa de 1966-67. Naquela época, o Liverpool não era apenas o melhor clube da Inglaterra, mas também uma das equipes mais fortes do mundo. Embora, em geral, não me lembre muito de jogos, partidas e eventos, ainda me recordo do lendário *mistwedstrijd* ("o jogo da neblina") no Estádio Olímpico de Amsterdã, e do jogo de volta no Anfield, em Liverpool. Vale ter em mente que a Inglaterra tinha acabado de ganhar a Copa do Mundo, de modo que todo mundo estava falando deles, e o time do Liverpool incluía jogadores como Ron Yeats, Ian St. John, Tommy Lawrence e Peter Thompson — de quem todos já tínhamos ouvido falar. Todo mundo apostava que íamos perder, porém, no intervalo, já estávamos em 4 a 0. O jogo quase teve de ser adiado por causa do forte nevoeiro — e ninguém estava feliz com as condições de visibilidade, mas as duas equipes tiveram que jogar assim mesmo. O principal motivo que me faz lembrar tão bem da ocasião é que naqueles jogos contra o Liverpool tivemos a confirmação de que éramos tecnicamente superiores, e de que tudo o que Michels estava propondo funcionava. Na parte técnica, os campeões ingleses ficaram surpresos. Em Amsterdã, o placar final foi de 5 a 1 para o Ajax, e ainda me lembro do técnico deles, Bill Shankly, dizendo, após o final do jogo, que tinha sido um resultado estranho e que dariam de 7 a 0 no nosso time lá em Liverpool.

Uma semana depois, alcançamos outro tipo de conquista. Quando entrei em campo no Anfield, fiquei todo arrepiado. Não porque estivesse com medo de nossos oponentes, mas por causa da atmosfera. A enorme arquibancada do estádio e o canto dos torcedores mais fanáticos: Anfield era incrivelmente impressionante. De fato, adorei jogar os noventa minutos, e foi um jogo magnífico. Mesmo tendo sido um empate em 2 a 2, estivemos no controle completo da partida. Minha alegria pelo nosso progresso e por estar na próxima rodada só encontrava paralelo na impressão que o Anfield deixou em mim; naquela noite, o futebol inglês conquistou meu coração. Eu só tinha jogado futebol em alto nível por algumas temporadas e nunca tinha visto nada como aquilo — a paixão pelo jogo e o quanto os torcedores queriam que seu time vencesse me fizeram pensar que um dia eu gostaria de jogar na Inglaterra. Infelizmente esse sonho não se realizou, porque naquele tempo as fronteiras ainda estavam fechadas para jogadores estrangeiros. Ainda hoje penso que foi uma pena.

Depois da eliminação do Liverpool, todos estavam dizendo que tínhamos a chance de ganhar a Copa dos Campeões da Europa, porém, nas quartas de final, fomos eliminados pelo Dukla Prague por 3 a 2. Injusta e infelizmente, o gol veio no final da partida, mas aconteceu. E é claro que aprendi com isso mais uma vez — porque era essa a filosofia que moldava a forma como pensávamos e conversávamos sobre futebol. Estávamos melhores a cada jogo, e a cada jogo mais próximos do que Michels queria para nós. Queríamos ganhar, mas também queríamos entreter os torcedores e mandá-los para casa felizes. Isso não é fácil de fazer, mas a vitória sobre o Liverpool nos mostrou que o Ajax estava na direção certa. O jogo do Liverpool foi ainda mais importante para nós por causa da piada de Shankly, que disse que nunca tinha ouvido falar do Ajax (o que ainda assim não foi tão ruim quanto Max Merkel, do Nürnberg, que declarou que achava que éramos um produto de limpeza). Até o jogo do Liverpool, ninguém nos conhecia internacionalmente, mas tudo isso mudou.

No ano seguinte, tivemos que pegar o Real Madrid, a grande equipe da época, já na primeira rodada, porém, ainda assim avançamos mais um passo em nossa escalada de sucessos ao segurar um empate até a prorrogação, sofrendo uma derrota apertada. No ano seguinte, 1969, avançamos ainda mais ao chegar à final da Copa dos Campeões da Europa, quando perdemos para o Milan por 4 a 1. Foi quando Michels trouxe seis ou sete novos jogadores para o time. Vasović foi trazido para jogar de líbero — o último homem na defesa, e ele era bom para nos dar segurança. Mais tarde, Horst Blankenburg assumiu a posição de Vasović, porque era um jogador com perfil de atacante, com mais habilidade, enquanto Vasović trazia mais força ao time. Ninguém ousava mexer com o Vasović. Se você era atacante, sabia que ia se dar mal com ele. Ele era fisicamente forte e mentalmente forte, e conhecia o futebol europeu. Com essa mudança, estávamos dando mais um passo rumo ao Futebol Total.

Então, em 1971, vencemos a Copa dos Campeões da Europa pela primeira vez, e ganhamos os dois anos seguintes também. Assim, em seis anos, o Ajax passou de um clube mediano para o melhor time do mundo. E qual foi o segredo? Simples: uma combinação de talento, técnica e disciplina, coisas em que já estávamos trabalhando no Ajax mesmo antes da chegada de Michels. Essas coisas eram o que significava ser parte do clube. O que Michels trouxe, e nós conversávamos o tempo todo sobre isso, foi a importância da organização em campo. E aqui meu amor pela aritmética mental veio à tona, ajudando a entender como poderíamos tirar o máximo proveito do campo para vencer o outro time. Depois que se consegue entender completamente como organizar um time, você sabe quais são as possibilidades. Foi o que alcançamos no Ajax antes de qualquer outra equipe.

Por exemplo, no Ajax tínhamos o que chamávamos de "lado *tutti frutti*" à esquerda e de "lado sério" à direita. À direita, com Wim Suurbier, Johan Neeskens e Sjaak Swart, tínhamos segurança; à esquerda, ninguém nunca sabia o que podia acontecer com Ruud Krol, Gerrie Mühren e Piet Keizer. De modo que tínhamos uma mistura perfeita de técnica, tática, desempenho e estilo de futebol que ganharia jogos, mas, tão importante quanto, deixaria as multidões felizes — e sempre soube que essa era uma parte vital do meu trabalho. Os torcedores trabalhavam a semana toda; nós tínhamos que entretê-los em seu dia de folga com um bom futebol e, ao mesmo tempo, obter um bom resultado.

O bom jogador é aquele que toca a bola apenas uma vez e sabe para onde correr, e isso é o futebol holandês. Sempre disse que o futebol deveria ser jogado com beleza e com foco no ataque. Deve ser um espetáculo. No Ajax, o que nós amávamos era a parte técnica e tática. Todo técnico fala sobre se movimentar em campo, sobre correr bastante e dar duro em campo. Já eu digo: não corra tanto. Futebol é um jogo para ser jogado com o cérebro. Você tem que estar no lugar certo na hora certa, não pode chegar nem muito cedo nem muito tarde.

Olhando em retrospecto, tudo veio completamente à tona naquele jogo contra o Brasil na Copa do Mundo de 1974, quando Michels já tinha assumido a seleção holandesa. Até então, ninguém sabia realmente o quanto éramos bons, e o jogo contra o Brasil provavelmente foi o momento em que as pessoas descobriram o Futebol Total. Quando entramos no campo, estávamos nervosos, porque a gente achava que ainda estava jogando com o time de 1970, que venceu a Copa do Mundo. Não demorou mais de trinta minutos para entendermos que éramos realmente mais habilidosos do que eles. Ainda estávamos descobrindo nossas próprias habilidades e, então, nos demos conta de que poderíamos vencer. Vencer foi a consequência do processo em que estávamos concentrados. Nosso primeiro passo era trazer diversão para a multidão; o seguinte, a vitória. Eu não tinha ideia da relevância de tudo isso naquela época e foi só quando fiquei doente que tive uma ideia da importância do que tínhamos feito como equipe. Foi muito especial, o que conquistamos.

De 1968 em diante, as coisas que aprendi com Michels foram deixando uma marca indelével na forma como eu entendia o jogo. Como a crença de que defender é questão de dar o menor tempo possível ao seu oponente; ou a de que, se você tiver a posse da bola, precisa garantir o maior espaço possível; além de que, quando você perde a bola, deve minimizar o espaço do seu rival. De fato, tudo no futebol é uma questão de distância. E, claro, existem as 10 mil horas de treinamento gastas no lado prático das coisas. Em campo, eu ficava atento a todas as opções, mas só conseguia observá-las da minha própria perspectiva. E estava interessado no processo. Se você é capaz de analisar o seu próximo passo, há uma chance de ele dar certo. Quando olho para trás, vejo que estávamos fazendo progresso. Não acho que fui ensinado em muita coisa, porque as maiores lições vieram de cair e de cometer erros. Era uma questão de aceitar as coisas, aprender com isso e seguir frente. Nunca fiquei remoendo o que acontecia em campo. Quando fechava a porta de casa atrás de mim, mesmo quando a gente perdia, eu conseguia deixar tudo para lá e esquecer a coisa toda. Por isso nunca fui bom em lembrar detalhes dos jogos, ou até mesmo os gols que marquei. Eu estava sempre bem mais interessado no processo. A forma como eu analisava as coisas funcionava como um sexto sentido. Eu não precisava rever os jogos para saber o que precisávamos fazer.

Ao final de meu tempo no Ajax, tinha vencido a Copa dos Campões da Europa três vezes e havia sido nomeado jogador europeu do ano em 1971 e 1972, o que é legal, mas, se você pensar bem, troféus e medalhas não são mais do que lembranças do passado. Na minha casa, não tenho nada de futebol nas paredes. Quando recebi uma medalha de honra, ela desapareceu na caixa de brinquedos dos meus netos. O futebol é um jogo de erros. O que eu mais amo é a matemática do jogo, a análise, a possibilidade de melhorar. As pessoas muitas vezes me perguntam como fizemos tudo aquilo, o que acontecia no vestiário e como criamos o Futebol Total, mas para mim isso não é o importante. Não era só uma questão de instinto. Vínhamos jogando juntos fazia anos e nos conhecíamos muito bem, isso é que é o importante. É claro que dinheiro é um fator — embora, como já disse antes, nunca tenha visto um saco de dinheiro marcar gol — mas o fundamental é o trabalho em equipe: chegar como equipe, jogar como equipe e voltar para casa como equipe.

Tivemos alguns bons resultados naqueles anos no Ajax, e jogamos um bom futebol também, mas espero poder ser lembrado não apenas como jogador, mas como alguém que tentava se desenvolver o tempo todo. Por exemplo, a decisão da Copa dos Campeões da Europa que vencemos em Wembley em 1971 contra o Panathinaikos não foi um bom jogo, porque muitos dos jogadores tiveram problemas com a pressão. A final de 1972, contra a Inter de Milão, foi uma expressão muito melhor do Futebol Total.

Muitas pessoas se lembram do meu gol contra o ADO den Haag, em 1969, o chamado "gol de curva". Para mim, aquilo foi pura intuição, mas é legal que as pessoas ainda falem a respeito. A técnica foi acertada, sim, mas eu não tinha outra opção. De qualquer forma, isso deixou as pessoas felizes e vencemos o jogo. Só mais tarde, percebi o quanto o gol tinha sido importante e o impacto que tinha causado. Eu estava do lado esquerdo do campo, arrumando o meião, e ainda segurava o cordão que prendia as meias quando veio um chutão da defesa e dominei com o pé direito, ajeitando para finalizar. A bola pegou uma curva que encobriu o goleiro. Como eu disse, foi pura intuição. Como qualquer truque que fiz na vida, fiz sem pensar, simplesmente tive aquela ideia no ato. Só mais tarde a coisa toda ganhou um significado.

Durante a primeira parte da minha vida, eu não seguia nenhuma filosofia, apenas absorvia o máximo que podia e vivia um dia após o outro. Nessa época, tive experiências que me levariam a um insight mais para a frente, quando as sementes plantadas tivessem dado frutos e fosse hora da colheita. Foi só mais tarde que percebi que os fundamentos de tudo que criei foram estabelecidos naqueles dias. Embora meu desenvolvimento como jogador de futebol estivesse perfeitamente normal, fora de campo as coisas não iam bem. Minha mãe esteve comigo na minha primeira negociação de contrato, mas, depois disso, tudo pareceu sair dos eixos. Especialmente no que se refere à mídia e aos negócios. Acho que as coisas foram acontecendo muito rapidamente. Fui o primeiro jogador de futebol a ter o casamento nas primeiras páginas dos jornais. Sempre gostei da publicidade, mas às vezes era demais. Eu acabava topando tudo, só que, na realidade, não tinha a menor ideia do que estava fazendo. Por isso a chegada de Cor Coster na minha vida foi um presente de Deus. O pai de Danny era negociante de diamantes em Amsterdã e um empresário obstinado. Na primeira vez que visitei meus sogros, ele me perguntou se eu tinha uma poupança. Eu não tinha, e expliquei isso a ele. Na verdade, a única coisa que eu sabia fazer era jogar futebol. Cor ficou abismado, e começou a cuidar da parte financeira da minha vida.

Dali para a frente, eu disse ao Ajax: "Falem com ele, ele está aqui para me ajudar". No começo, o pessoal do Ajax não gostou nada. Em 1968, três anos depois de assinar meu primeiro contrato com o time, trouxe Cor comigo para negociar. O fato de um jogador ter qualquer tipo de representação era totalmente inédito na época, e o conselho ficou estupefato, insistindo que ele não tinha que estar lá. Então eu disse: "Mas tem seis de vocês sentados aqui, por que não posso ter alguém comigo?". Eles se mantiveram firmes e abandonamos o recinto. Mais tarde, permitiram que Cor negociasse em meu nome. O clube não estava feliz, mas no final das contas Cor ajudou muito — não apenas a mim, mas a todos os jogadores holandeses, estabelecendo um plano de aposentadoria numa época em que não havia absolutamente nenhum acordo financeiro para apoiar os jogadores quando suas carreiras terminavam.

Nossa parceria logo se tornou um trabalho de período integral para Cor. Ninguém conseguia enganá-lo, e ele sempre me mantinha longe de problemas. Por isso sua morte, em 2008, teve um impacto tão grande para mim. Ele foi extremamente importante na minha vida, não apenas para o meu lado jogador de futebol, mas também como figura paterna, sogro, avô de nossos filhos e, simplesmente, ser humano.

Cor também me orientou socialmente. A coisa mais importante que ele me ensinou foi ter respeito próprio, e me ensinou isso de maneira bem particular. Para um jogador de futebol muito conhecido, o mundo ganha contornos meio irreais e tudo é meio anormal — o salário, o interesse da mídia. Num ambiente assim, é preciso que seu representante não desperdice seu talento dando tiro para todo lado. Com os anos, o risco para os jogadores de futebol só aumentou. Muito por causa das mídias sociais. Vários jogadores gostam de mostrar quantos seguidores têm... mas quem eles seguem? Ninguém, pelo que percebo. Isso não é ser forte, isso é uma limitação. Cor entendia essa situação melhor do que ninguém; ele garantiu que eu me desenvolvesse não apenas como jogador, mas também como uma pessoa que deveria seguir em frente quando não pudesse mais jogar. Infelizmente, são tão poucos os agentes hoje em dia que entendem isso que às vezes me pergunto a quem realmente eles estão servindo. Se aos interesses do jogador ou a seus próprios. E vou ainda mais longe. Um agente realmente comprometido deveria manter os olhos abertos não apenas para os interesses do jogador, mas também para os do clube. Ou seja, deveria levar em conta o que o clube pode ou não oferecer, como meu sogro fez durante as negociações com o Ajax e, mais tarde, com o Feyenoord.

No meu ponto de vista, o dinheiro é muito importante no futebol, mas deveria sempre vir em segundo lugar. Se o dinheiro vem em primeiro, a coisa não está certa. No que concerne a esse assunto, cito grandes times da história: Ajax, Real Madrid, Barcelona, Bayern de Munique, Milan e Manchester United. Todos tinham grupos coesos que se formaram em suas equipes de base, e jogadores que têm o DNA do clube em si sempre trazem aquele algo mais. Por isso, não entendo por que a primeira divisão do Campeonato Inglês faz tão pouco pelo desenvolvimento dos jogadores. O nível do jogo aumentou tanto assim com o gasto de tantos milhões? Não mesmo. É um fato que o processo que iniciamos no Ajax em 1965 ainda funciona hoje em dia. Treinamento de qualidade e uma liderança forte, combinados a talento, técnica e disciplina.

Em 1973, o Ajax era imbatível. Por três anos, ganhamos tudo o que havia para ganhar. Nas duas últimas temporadas, isso aconteceu sem Rinus Michels, que se mudou para o Barcelona depois da nossa primeira vitória na Copa dos Campeões da Europa, em 1971. Ele foi sucedido no Ajax pelo romeno Ştefan Kovács. Um cara legal, mas bem menos disciplinado. E se você tem menos disciplina por parte do treinador, acaba com muitas opiniões diferentes dentro da equipe. Kovács era o tipo de treinador que dizia: "Certo, pessoal, essas são as regras. Pensem nisso, façam isso, façam isso e desenvolvam-se". As coisas correram bem no início. Apesar das inevitáveis diferenças de opiniões no vestiário, conforme os jogadores se desenvolviam individualmente, nossa disciplina de grupo ainda se mantinha. Depois de ganharmos nossa segunda Copa dos Campeões da Europa, em 1972, no entanto, as rachaduras começaram a aparecer. A final contra a Inter de Milão foi o melhor dos três jogos decisivos, de longe. Vencemos por 2 a 0, depois de manter a pressão sobre os italianos do primeiro ao último minuto. Eu fiz um bom jogo, marquei os dois gols. O mundo inteiro adorou a partida. Era o futebol no seu melhor, e estávamos mais uma vez na final. Porém, dentro do clube, as pessoas começaram a ter ideias que não lhes cabiam. Tudo começou por conta da visão de Kovács: ele incentivava o autodesenvolvimento entre os jogadores, mas não aplicava o mesmo princípio para si mesmo.

Permitir que os jogadores tenham rédea livre cria dificuldades nos relacionamentos dentro da equipe. Se todos tiverem suas próprias opiniões, mas colocarem o bem coletivo da equipe em primeiro lugar, isso não importa tanto. Mas não foi o que aconteceu. E isso não foi tudo. Alguns jogadores começaram a se sentir isolados, porque não entendiam o que deviam fazer, ou se recusavam a aceitar o fato de que o que estavam fazendo não dava o resultado desejado.

Foi por isso que deixei o Ajax e fui para o Barcelona em agosto de 1973. A mudança foi inesperada, principalmente para mim. O clube tinha acabado de ganhar sua terceira Copa dos Campeões da Europa consecutiva, pouco tempo antes eu tinha estendido meu contrato por mais sete anos, tinha me tornado pai e pensava em criar meus filhos na Holanda, porque era um ambiente familiar. Achei que já tinha garantido o futuro, meu e da minha família, em todos os aspectos possíveis. Logo entendi que não havia feito isso. Sob Kovács, eu sentia que a situação no Ajax ia rapidamente de mal a pior — a ponto de eu não conseguir ficar lá. Enquanto Michels sempre planejava nossas sessões de treinamento, o estilo de autodesenvolvimento de Kovács minava a disciplina tanto nos treinos quanto nos dias de jogos.

Como eu era possivelmente o melhor jogador do clube e com certeza o mais famoso, os métodos de Kovács tendiam a fazer de mim o centro das atenções. Mas as pessoas muitas vezes esquecem que meus companheiros de equipe também eram muito bons, certamente melhores em seus papéis individuais — zagueiro, meio-campo, lateral esquerdo, ou fosse lá o que fosse — do que eu jamais poderia ser. Assim, por que eu tinha que estar no centro das atenções? Infelizmente, deve ter parecido para muitos da equipe que eu estava querendo atenção.

A gota d'água foi a votação para capitão do time. Ela aconteceu no treinamento em campo, pouco antes do início da temporada de 1973-74. Kovács tinha deixado o clube durante o verão, e fora substituído por George Knobel, mas o estrago já estava feito. Para mim era estranho até que a gente precisasse votar. Sugeri ficar como capitão e soube que tinha um candidato rival, Piet Keizer, então haveria uma votação. Havia jogadores reclamando de que eu era muito egoísta. Era uma reação de ciúmes que eu nunca tinha experimentado antes.

No fim, os jogadores escolheram Piet. Foi um choque terrível. Fui imediatamente para o vestiário e liguei para Cor

Coster, pedindo que achasse um novo clube para mim imediatamente. E foi isso. Sofri o tipo de lesão que não se pode ver a olho nu. O golpe foi particularmente duro porque não éramos apenas colegas, éramos também amigos íntimos. Por isso foi tão surpreendente para mim. E isso aconteceu com outras pessoas também. Pessoas com quem você pensa que tem um vínculo especial, mas que, no final, o decepcionam.

Mais tarde, pensei muito sobre aquela votação. Ficava me perguntando o que eu tinha feito de errado. Como capitão, eu era sociável, mas às vezes também tinha que não ser tão sociável assim. A abordagem "não sujo as mãos" de Kovács tinha me obrigado a agir com mais força quando nosso desempenho começou a ser prejudicado. Eu tinha que ser crítico, tanto em relação ao time quanto aos jogadores em particular. Talvez não tenha sido inteligente fazer isso numa época em que todos da nossa equipe eram admirados, mas me senti profissionalmente obrigado a fazê-lo, como capitão. No entanto, sempre agi com o objetivo de melhorar as coisas, nunca de modo destrutivo.

Foi isto que levou aos maiores conflitos: dizer a alguns jogadores que eles precisavam melhorar seu comportamento, deixar claro que a vitória do dia anterior tinha sido boa, ótima, mas nada garantia que venceríamos novamente o jogo seguinte se não nos esforçássemos. As discussões eram cada vez mais frequentes. Fiquei ainda mais ferido porque sentia que tinha feito muito pelos outros jogadores, como ao ter criado de forma pioneira o Sindicato Holandês de Jogadores de Futebol Profissional (*Vereniging van Contractpelers* — vvcs), a associação sindical da nossa profissão. Isso levaria a que fosse criado mais tarde o *Contractspelers Fonds* (cfk), que é, até onde sei, o único esquema de aposentadoria para jogadores de futebol do mundo.

No fim, meu sogro e Karel Jansen encabeçaram o vvcs, embora eu nunca tenha me afiliado. Muita gente me criticou por ajudar a criar a entidade e depois não me filiar a ela. E tive que explicar que a organização não era para atender jogadores como eu. Eu ganhava um salário alto e tinha condições de me ajeitar sozinho. Mas essa não era a situação de vários outros jogadores, sobretudo nos clubes regionais. Para eles, o vvcs foi uma benção. Mas não servia para mim. Por isso não me associei, e porque assim eu ainda mantinha a possibilidade de dar apoio aos jogadores ou à administração conforme fosse o caso. Também considero que não é boa ideia misturar os salários altos aos médios. A organização representaria todos, e não era boa ideia.

Aconteceu uma coisa similar no Ajax. O clube ganhou muito dinheiro jogando na Copa dos Campões da Europa e, como antes a gente sempre era eliminado nas primeiras rodadas, o dinheiro nunca era dividido entre os jogadores. No final, sugeri que 70% deveriam ir para o time. Efetivamente, isso não custaria nada ao clube, porque o prêmio da competição da Uefa não estava incluído no orçamento anual. O conselho não quis se envolver, mesmo que fosse uma sugestão honesta, uma transação que dependia da performance do time. Na minha opinião, não há qualquer problema em pagar um bônus para quem se sai bem. Por fim, consegui que a coisa fosse feita do meu jeito, e o time e o clube dividiram o dinheiro.

Com tudo isso, talvez dê para entender por que a votação de capitão foi um golpe tão forte. É claro que ir para o Barcelona foi uma excelente guinada para minha carreira, mas ela nunca teria ocorrido se não fosse por aquele incidente.

E por que o Barcelona? A Espanha tinha acabado de abrir suas fronteiras para jogadores estrangeiros, Rinus Michels se mudara para lá, saído do Ajax, dois anos antes, e eu estivera na cidade de férias. Também tinha encontrado Carles Rexach, em Maiorca, algumas vezes. Ele tinha jogado pelo Barcelona e contava ótimas histórias sobre o clube e a cidade. Era um clube orgulhoso, que estava no centro da vida local — só que, quando me fizeram uma oferta, não ganhavam um título da liga fazia mais de uma década.

Eu estava me sentindo inquieto e indesejado no Ajax e, nessas circunstâncias, se um clube como o Barcelona lhe faz uma proposta, é preciso considerar. Especialmente quando o que vão pagar pela transferência vai ser um recorde mundial.

Uma feliz coincidência era que Vic Buckingham, o homem responsável por minha estreia quando era treinador no Ajax, havia trabalhado no Barcelona antes de abrir caminho para Michels. Armand Carabén, um cara muito legal que tinha uma esposa holandesa, também era membro do conselho do clube. E havia mais um par de coincidências que não considero coincidências, na verdade. Sem contar que o salário oferecido era gigantesco. No Ajax, naquela época, eu estava ganhando 1 milhão de florins, e pagava 72% de imposto sobre meu salário. Em Barcelona, não apenas receberia o dobro, mas pagaria apenas 30% ou 35% para o fisco espanhol. Não estava apenas ganhando muito mais; também tinha condições de ficar com uma parte maior do dinheiro.

Quanto mais eu pensava a respeito, mais a coisa toda fazia sentido. Eu estaria jogando futebol em um país mais ao sul, participando de competições difíceis com clubes como o Real Madrid, que fora a casa de grandes nomes, como Ferenc Puskás e meu antigo herói Alfredo Di Stéfano. No final, a decisão foi fácil. O general Franco estava no poder na Espanha na época, portanto, é óbvio que fui criticado por ir jogar futebol sob uma ditadura. Quando ficou claro que eu estava saindo do Ajax, recebi todo tipo de mensagens venenosas com esse tipo de bobagem. Mas o pior de tudo foi que o Ajax deu à minha mãe, que sempre tinha feito o melhor pelo clube, um assento inferior no estádio. Atrás de um poste. Aquilo me arrasou.

Em 2 de dezembro de 1968 me casei com Danny. Acostumado com uma vida em que eu só tinha de pensar em mim e no meu futebol, de repente passei a ter de compartilhar coisas e me envolver com as pessoas ao meu redor. Minhas novas responsabilidades como homem de família foram transferidas para o campo. Quase imediatamente, comecei a pensar mais nos direitos dos outros jogadores, tanto quanto nos meus. Comecei a me envolver com coisas como os sistemas de bônus.

Não me surpreendi com a velocidade da mudança; nunca fui de deixar para amanhã o que podia fazer hoje. Quando as circunstâncias mudaram, fui rápido em me adaptar e olhar para o futuro. Em casa, recebi muito apoio de Danny, que me ajudou a fazer essa transição. Quanto mais penso nisso, mais chego à conclusão de que formar minha família teve um papel importante nas origens do Futebol Total. Esse era um estilo que só podia ser conduzido por jogadores que soubessem jogar não só para si mesmos, mas também para o resto da equipe. Só seria possível se dez jogadores estivessem constantemente cientes do que o homem com a bola estava fazendo para antecipar o que aconteceria em seguida.

É exatamente o que acontece numa família, sobretudo se houver filhos. Tudo o que uma pessoa da família faz afeta as outras, e minha experiência como marido e pai se provou inestimável quando saí do Ajax. Chantal nasceu em 1970 e Susila, dois anos depois. Então, quando nos mudamos para Barcelona, em 1973, eu estava bem no meio do meu processo de aprendizado doméstico e preparado para lidar com toda a comoção em torno da minha transferência. Começou assim que pousamos no aeroporto de Barcelona. Tantas pessoas, tanto entusiasmo! Por um lado, fiquei intimidado, por outro, foi incrivelmente inspirador. Depois de todo aquele período negativo com o Ajax, enfim eu estava absorvendo boas energias de novo.

Ainda ganhei uma surpresinha a mais da KNVB [Confederação Real de Futebol da Holanda], órgão responsável pelo esporte no país. Na Holanda, a janela para transferências terminava em julho, enquanto na Espanha permanecia aberta até o final de agosto. A KNVB se recusou a conceder permissão para que eu jogasse, e tive que esperar dois meses até o Barcelona poder me escalar para uma partida competitiva. Porém, o clube tomou a decisão de organizar alguns amistosos para que os torcedores pelo menos tivessem a chance de me ver em ação. E foi um grande sucesso. Todos os jogos tiveram lotação máxima e, depois de apenas três partidas, o clube já tinha recuperado o que investira em minha transferência.

É claro que a KNVB não ficou feliz quando os amistosos foram organizados, por isso ameacei me retirar da seleção holandesa. Com a Copa do Mundo da Alemanha se aproximando, havia uma partida eliminatória agendada para novembro, na Bélgica, e eu tinha mais alguns amistosos internacionais com o Barcelona planejados antes disso. Argumentei que, sem prática de jogo, não poderia me colocar à disposição da seleção. Como esperar que alguém forçado a ficar no banco por dois meses estivesse apto a jogar em nível de Copa do Mundo?

A pressão funcionou e, em 5 de setembro de 1973, fiz minha estreia pelo Barcelona em um amistoso contra o Cercle Brugge. O resultado foi 6 a 0 e eu marquei três gols — e bem ali, naquele momento, o recorde mundial atingido no valor da minha transferência já tinha sido justificado. Depois disso, jogamos mais três amistosos — contra Kickers, Arsenal e Orense — e ganhamos todos. Na superfície tudo ia bem, e o impacto desses resultados foi muito mais profundo do que parecia, por conta do péssimo começo de temporada que o clube tinha tido até então. Quando estreei no Campeonato Espanhol, La Liga, num jogo em casa contra o Granada, em 28 de outubro, o time só tinha ganhado uma única partida e estava bem na rabeira da tabela.

Por sorte, a partida contra o Granada mudou o rumo de tudo. O resultado final foi de 4 a 0, marquei dois gols e, depois disso, não perdemos um único jogo, acabando em primeiro no campeonato com uma folga de oito pontos. Naquela temporada eu estava no auge. O entusiasmo das pessoas do clube era muito inspirador, mas, ao mesmo tempo, eu percebia que as expectativas iam ficando mais altas a cada ano. Ainda assim, desde que conseguisse continuar jogando, tudo estaria bem. Porém, desde o primeiro momento, sempre houve situações complicadas de enfrentar no Barcelona. Um exemplo foi o nascimento do meu filho, Jordi, em 1974. Quando chegou a data de ele nascer, em 17 de fevereiro, havia um jogo contra o Real Madrid no campo oponente. O problema é que tínhamos decidido ter o bebê em Amsterdã, como nos outros partos, com o mesmo ginecologista que tinha acompanhando Chantal e Susila, novamente por meio de uma cesárea. E eu queria estar junto com minha mulher, como tinha estado nas outras duas vezes.

Eu achava minha reivindicação a coisa mais natural do mundo, porém, pelas minhas costas, todo mundo estava surtando. Por fim, Rinus Michels me perguntou se a operação não podia ser adiantada em uma semana. Tenho total certeza de que, a essa altura, ele já tinha conversado com o médico sem eu saber. Ainda assim, Danny e eu concordamos: Jordi nasceu no dia 9 de fevereiro e, uma semana depois, pude jogar contra o Real Madrid. Mas a história se arrastou por um tempo, já que Danny teve que esperar dez dias depois da cesárea até poder ir para casa. Então, depois da partida contra o Real, que ganhamos de 5 a 0, eu imediatamente voei de volta para a Holanda para buscar Danny, enquanto todo mundo na Catalunha estava celebrando.

Quando descemos no aeroporto de Barcelona com o bebê, alguns dias depois, houve outra grande celebração, porque os torcedores ainda não tinham parado de festejar. O resultado no Bernabéu teve um impacto incrível não apenas no clube, mas em toda a Catalunha. A região estava sofrendo nas mãos do regime do ditador Franco, em Madri, de modo que a vitória teve um significado político enorme. Descobri isso quando fui registrar Jordi em Barcelona.

Enquanto Danny se recuperava no hospital, na Holanda, fui registrar o nascimento de Jordi em Amsterdã. (Oficialmente, o nome completo do meu filho é Johan Jordi, mas todos o conhecem por Jordi.) Quando saíamos da Holanda, trouxe a certidão para Barcelona para poder registrá-lo também na Espanha, como era obrigado a fazer. Porém, ao chegar ao cartório espanhol, me disseram que Jordi, que é um nome catalão (São Jordi é o santo padroeiro da Catalunha), não era permitido, e que meu filho seria registrado com o nome de Jorge, que é a versão espanhola.

"Então temos um problema", falei para o funcionário. "O nome dele é Jordi, e é Jordi que vai ser. Se você não registrar meu filho, vou levar isso adiante. E, se eu fizer isso, você vai ter um problema."

Minha insistência tinha menos a ver com política do que com o direito de determinar como nossa criança deveria se chamar. Como não sabíamos o sexo durante a gravidez, no mês de dezembro anterior tínhamos escolhido dois nomes: Nuria, se fosse menina; Jordi, se fosse menino. Esses nomes não eram conhecidos na Holanda, porém Danny e eu os considerávamos muito especiais.

Conforme o nascimento do meu filho se aproximava, compartilhamos nossas escolhas de nome com outras pessoas na Espanha, e todos nos disseram que era melhor esquecer o Jordi catalão. Eu reagia imediatamente, dizendo que Danny e eu é que decidiríamos como nosso filho se chamaria, e que isso não era da conta de mais ninguém. Escolhemos esses nomes porque gostávamos deles, não porque tínhamos parentes chamados assim. Já tínhamos dado o nome de Chantal, que é francês, a nossa primeira filha. E Susila, que é um nome indiano, para a segunda. Isso tinha um pouco a ver com o espírito da nossa geração. Algumas vezes temos necessidade de desafiar as regras de gerações anteriores.

E foi isso que eu disse também ao funcionário do cartório em Barcelona. Primeiro, ele me disse que seria impossível. Repliquei que era péssimo que fosse. Porém, as emoções nacionalistas afloradas pelo jogo contra o Real Madrid devem ter mexido com o cara porque, no fim, acabei achando uma desculpa que ele poderia usar para me atender. Como tinha registrado Jordi na Holanda, mostrei a ele a certidão holandesa e argumentei que ninguém podia passar por cima de um documento oficial. Porque fosse lá o que ele decidisse escrever no papel, aquela certidão ainda seria válida em qualquer lugar do mundo. Isso o deixou mais tranquilo, e ele registrou Jordi sem mais delongas. Considero que a vitória de 5 a 0 não teve apenas grande valor sentimental para as pessoas da Catalunha, mas que meu filho também se beneficiou dela. Duvido que aquele funcionário mudasse de ideia se a gente tivesse perdido a partida ou se estivéssemos mais abaixo na tabela.

Rinus Michels criou um novo sistema para a partida contra o Real, e tudo correu como planejado naquela noite no Santiago Bernabéu. As táticas que Michels havia planejado funcionaram perfeitamente. Nesse jogo, não atuei como atacante e fiquei mais recuado, o que significou que os outros jogadores puderam avançar no espaço que foi criado. Foi um movimento tático impressionante, que nunca havia sido usado antes — e só anos mais tarde descobri como Michels o tinha bolado. Naquela época, um amigo de Michels, Theo de Groot, com quem ele jogara no Ajax, estava morando em Madri. Theo, pai do jornalista esportivo Jaap de Groot, morava ao lado do zagueiro do Real, Gregorio Benito, que muitas vezes atravessava o corredor para visitar seus vizinhos holandeses. Ele não sabia sobre o relacionamento entre Groot e Michels, pois, antes da partida contra o Barcelona, revelou todo o plano de jogo do Real. A estratégia principal era que eu não seria marcado individualmente; em vez disso, seria marcado por zona pelos caras da linha de fundo do Real Madrid.

Quando Michels soube disso, me pediu para jogar recuado. Assim, os quatro defensores, sem nada para cobrir, ficariam confusos, e nossos meios-campistas avançados aproveitariam o espaço. O plano deu certo, nossos meias pegaram o Real completamente de surpresa. É impressionante como eventos aleatórios podem ter grandes consequências. Depois dessa vitória por 5 a 0, jogamos uma série de partidas sem paralelo. Três meses depois, o Barcelona foi campeão nacional pela primeira vez em catorze anos. Foi uma experiência inesquecível que ainda me deixa feliz. Ao contrário do que aconteceu no Ajax, minha liderança como capitão foi bem aceita no Barcelona. O papel do líder é sempre assumir a responsabilidade. Sempre repito que o fato de ter uma família me ajudou muito nisso. Me ensinou a estar mais envolvido com outras pessoas. Esse envolvimento também é parte do Futebol Total.

Durante aquela agitada primeira temporada em Barcelona, fiquei cada vez melhor em lidar com muita pressão, dentro e fora do campo. Isso fazia parte do papel do capitão, claro. Michels ajudou muito com isso. Mais tarde foi dito que eu fiz dele um bom treinador, mas Michels foi fundamental no meu desenvolvimento como jogador, sempre me dando o conselho certo na hora certa. Desde quando eu tinha dezoito anos, no Ajax, e ele me escolheu para pensar nas táticas do jogo, Michels sempre trouxe um enorme profissionalismo para todos os contextos em que tive que atuar. Ele determinava o ritmo e prestava atenção constante a todos os detalhes do nosso desenvolvimento. Mais tarde, quando me tornei técnico e consultor, descobri o quanto é difícil trabalhar se os jogadores não foram devidamente inspirados a dar seu máximo. Quando isso não acontece, por mais que você queira, por mais que tente, nunca vai ter sucesso. Michels criou as posições avançadas de que eu precisava ao meu redor. Fez isso no Ajax, no Barcelona e também na seleção holandesa. Isso não quer dizer que minha colaboração não tenha elevado o nível, mas para chegar lá foram necessárias outras pessoas, porque não é possível conquistar isso tudo por conta própria.

A nomeação de Michels para substituir František Fadrhonc como técnico da seleção holandesa para a disputa da Copa do Mundo da Alemanha, em 1974, foi muito importante para mim. Mais que isso, foi crucial. Eu não tinha me esquecido da forma como fora chutado do Ajax, claro. Já havia me encontrado várias vezes com ex-colegas de equipe na seleção e, em princípio, tinha sido problemático. Eles ainda reclamavam de mim. Por que eu sempre parecia chegar mais tarde para os jogos internacionais? Eles simplesmente não se davam conta de quanto tempo levava para viajar a partir da Espanha naquele tempo. Não havia o número de voos que existem hoje em dia.

Numa ocasião, joguei uma partida no norte da Espanha, de modo que primeiro tive que pegar o ônibus de volta para Barcelona para depois voar para Amsterdã, de onde peguei um voo de conexão para alguma localidade do bloco oriental, onde deveríamos jogar uma partida eliminatória da Copa do Mundo. Tudo muito complicado: parti no domingo e cheguei na terça-feira para o jogo de quarta à noite. Mais tarde, descobri que alguns jogadores estavam aborrecidos por eu não ter viajado com o resto da equipe. Mas como eu poderia fazer isso?

Fadrhonc não me dava cobertura, e essa foi uma pílula amarga que tive de engolir. Às vezes eu me perguntava se valia o esforço, porém, dado que se tratava de participar da Copa do Mundo pelo meu país, não havia outra opção realista. Mas, então, a KNVB decidiu nomear Michels como técnico dos holandeses. Quando ele chegou, todos os atacantes foram instruídos a jogar de uma forma que ficaria conhecida como Futebol Total. O Futebol Total depende de indivíduos talentosos que atuem em grupo de modo disciplinado. Alguém que reclama demais ou não presta suficiente atenção é um obstáculo para os demais, e é preciso um cara como Michels para manter essa atitude entre os jogadores. Não sei quem apareceu com a expressão "Futebol Total", mas ela capta bem o que acontece em campo. O Futebol Total é, deixando de lado a qualidade individual dos jogadores, sobretudo uma questão de distância e posicionamento. Isso é a base de todo o pensamento tático. Quando você tem as distâncias e a formação correta, tudo funciona. Muita disciplina também é necessária. Você não pode ter alguém atacando por conta própria, senão não funciona. Se algum jogador começa a pressionar o adversário, toda a equipe precisa trocar de posição.

Vou explicar com um exemplo. Ao pressionar um zagueiro destro, eu o fecharia à direita, forçando-o a passar a bola com o pé esquerdo, o mais fraco. Enquanto isso, Johan Neeskens viria do meio-campo à esquerda, forçando o jogador a fazer o passe rapidamente. Isso aumentava a dificuldade para o atleta do outro time. Porém, para fazer isso, Neeskens tinha que deixar sozinho o cara que ele estava marcando. Ou seja, o oponente ficaria livre, mas, da nossa defesa, Wim Suurbier já teria vindo para preencher a posição de Neeskens. De forma rápida e eficaz, criávamos uma situação de três contra dois. Então, para resumir a história: eu pressiono o lado mais forte do oponente, Neeskens faz o mesmo com o lado mais fraco dele e Suurbier garante que o marcador de Neeskens seja forçado a manter a posição. Tudo isso acontece dentro de um raio de cinco a dez metros.

Isso sempre foi, de fato, a essência do Futebol Total — você joga levando em conta o que tem no momento, sem querer adivinhar nada. Em outras palavras, precisa ter uma visão geral do jogo e sempre estar de olho na bola.

Pegue o exemplo do rúgbi. Os jogadores têm que passar a bola para trás para poder avançar. Assim, conseguem ter uma visão geral melhor do que está acontecendo na frente. A mesma teoria pode ser aplicada ao futebol, mas muitas pessoas não pensam dessa maneira. Eles acham que é preciso jogar a bola para a frente, quando, na verdade, o homem que avança de trás é o jogador que deve estar com a bola. Ele está mais afastado e, justamente por isso, tem uma visão geral do campo.

Em resumo, o Futebol Total tem tudo a ver com as distâncias no campo e entre as linhas. Se você joga dessa forma, até o goleiro conta como linha. Como o goleiro não pode pegar com as mãos um passe recuado, ele tem que saber jogar também com os pés. Tem que ser um cara que sabe a hora certa de passar a bola para os zagueiros. Nosso goleiro frequentemente se posicionava nos limites da área de pênaltis, para servir como opção aos companheiros de equipe. No estilo de jogo que desenvolvemos para a Copa do Mundo da Alemanha, não havia espaço para um goleiro que não jogasse com os pés.

Por isso Jan Jongbloed foi escolhido em vez de Jan van Beveren — até então nosso goleiro titular. O mais interessante era que, em sua juventude, Jongbloed havia sido um atacante. Então, ele não era apenas um goleiro que gostava de jogar com os pés, mas também era bom nisso — e muitas vezes evitou a perda da bola do nosso time, porque era capaz de pensar como um atacante. À frente de Jongbloed, nossa defesa tinha apenas um verdadeiro zagueiro, Wim Rijsbergen. Arie Haan era meio-campista, e os laterais Ruud Krol e Wim Suurbier antes jogavam mais no ataque. Quase todos eram jogadores que pensavam em termos de uma visão mais geral do jogo. Eram muito bons no posicionamento em campo e ainda melhores na parte técnica.

Transformar um meio-campista ou atacante em um zagueiro, claro, remonta à filosofia de Michels no Ajax. Era dado como certo que um jogador que já tivesse atuado como ponta entre a idade de oito a dezoito anos pudesse sempre pensar no que acontecia à sua frente, avançando, sempre que possível, até o gol, mesmo que posicionado um pouco mais atrás. Esse mesmo jogador preferiria não voltar correndo para a defesa, usando, ao contrário, a redução do campo em seu benefício. Há também o fato de que, em geral, meias e atacantes têm mais habilidade com a bola que um zagueiro. Isso também é uma vantagem caso sejam convertidos para a nova posição.

Já ouvi e li em vários lugares que as pessoas que assistiram à Copa do Mundo da Alemanha pensavam que nossa maneira de jogar era fruto do acaso. Isso é um total absurdo. Naquela época, a seleção holandesa contava com um grupo de jogadores incrivelmente bons, não só medianos. Excepcionalmente bons. À esquerda, no meio-campo, não havia apenas Gerrie Mühren, do Ajax, mas também Willem van Hanegem, do Feyenoord. Tínhamos jogadores de expressão mundial competindo pelas posições. À direita, estavam Wim Jansen, também do Feyenoord, e Johan Neeskens, que logo deixaria o Ajax para se juntar a mim no Barça. O que mais você poderia querer? Me diga quem é o melhor ponta-esquerda: Piet Keizer ou Rob Rensenbrink? Para onde quer que você olhasse, havia jogadores de primeira classe que tinham ganhado troféus em todos os países por onde haviam passado. Era só escolher, qualquer um.

Era talento de expressão mundial combinado com profissionalismo. Tome como exemplo alguém como Ruud Krol, um zagueiro versátil que sempre admirei muito. Ele sabia jogar em qualquer lugar na linha de defesa e no meio-campo.

Era o tipo do cara que decidiu chegar ao topo e fez a lição de casa. Voltava para o campo todos os dias depois do treino a fim de melhorar seu passe longo. Incrível.

Nossos onze titulares tinham muita qualidade, mas havia pelo menos quinze jogadores extremamente competentes em várias posições. De modo que o lateral direito poderia também jogar no meio-campo, e tanto Johnny Rep quanto René van de Kerkhof poderiam ser deslocados para a ponta-direita. Havia jogadores talentosos por toda parte. E todos tinham potencial para oferecer algo mais à equipe.

A Copa do Mundo de 1974 foi a culminação de cinco anos de sucesso das equipes holandesas em nível europeu. Tudo começou em 1970, quando o Feyenoord de Roterdã venceu o Glasgow Celtic na final da Copa dos Campeões da Europa — depois disso, o Ajax venceu três vezes seguidas. O avanço da seleção nacional holandesa para as finais de 1974, a primeira vez desde 1934, foi a cereja no bolo. Com uma equipe formada principalmente por homens do Ajax e do Feyenoord, os melhores jogadores de dois dos gigantes do futebol estavam, enfim, reunidos. A mistura ideal.

Foi o último grande passo para o reconhecimento da Holanda como uma grande nação do futebol. Naquele verão, na Alemanha, eu descobri o tamanho da Copa do Mundo. Com o Feyenoord e, em especial, com o Ajax, o futebol holandês vinha dominando as competições de clubes fazia quatro anos, mas isso não era páreo para a aura de uma Copa do Mundo. Só o tamanho da competição já parecia influenciar tudo. Para começar, pegue o impacto do "Wilhelmus", nosso hino nacional. Eu nunca tinha ouvido ele ser cantado com tanto entusiasmo e por tantas pessoas antes de cada jogo. E todos aqueles torcedores vestidos de laranja! Foi a primeira vez que vi tantos deles reunidos em um só lugar. A sensação de que você estava realmente representando seu país aumentava a cada dia. O orgulho de jogar pelo seu país! Dos jogadores aos torcedores, todos pareciam honrados de poder fazer parte do espetáculo.

E a coisa só melhorou quando, de repente, passamos a ter o mundo inteiro ao nosso lado. Não havia celular nem internet naqueles dias, de modo que o apoio à equipe não foi algo que "viralizou", mas sentíamos a torcida crescendo passo a passo, aos poucos se constituindo numa força quase irresistível.

A preparação da equipe para a Copa do Mundo, por outro lado, tinha sido tudo menos suave. Houve uma grande confusão em relação a finanças e patrocinadores. Não é de admirar que isso tenha acontecido, já que tudo era novidade tanto para os jogadores quanto para a KNVB, afinal, nenhum de nós tinha tido uma experiência de Copa do Mundo. Como as coisas estavam realmente muito confusas, um comitê de jogadores foi criado, com representantes do Ajax e do Feyenoord, para garantir que fecharíamos um acordo justo. Sempre fomos rivais em campo, mas então passamos a trabalhar juntos para encontrar uma solução.

Graças ao meu sogro, eu sabia muito mais sobre esse tipo de negociação do que o resto dos jogadores. Cor e eu já estávamos bem treinados. O comitê de jogadores também foi uma boa oportunidade para compartilharmos nossas experiências com os colegas. Logo concordamos em não negociar individualmente, mas em grupo, como um todo, um por todos e todos por um. Todos receberiam o mesmo valor fixo, e os que tivessem entrado em campo receberiam um bônus por partida. Quem jogasse mais partidas receberia mais dinheiro. Foi um esquema pioneiro, mas, no final, todos fomos beneficiados como grupo.

Então surgiu um problema. Eu tinha um contrato de patrocínio com a empresa de materiais esportivas Puma, o que significava que não podia usar nada fornecido pela concorrente, Adidas, durante a Copa do Mundo. Até então, o uniforme da seleção holandesa não exibia nenhum logotipo. No entanto, para a Copa do Mundo, as camisetas passaram a ter as três listras que eram a marca registrada da Adidas. A KNVB assinou um contrato com a Adidas sem avisar aos jogadores. Acharam que não era necessário avisar. "Quem pode se encrencar sou eu", falei para eles. No fim, tiramos uma das listras da minha camiseta, o que me fez ficar neutro novamente.

Demoramos um tempo para nos acostumarmos com a organização de todas essas coisas que ocorriam fora de campo, porque elas eram completamente novas, mas aquele também foi um período fantástico. Não apenas porque, no fim, tudo acabou dando certo, mas também porque encontrar nosso próprio caminho nos fez mais fortes. À medida que o torneio se aproximava, e também depois que começou, percebemos que estávamos cada vez mais sólidos como grupo. Embora fôssemos todos jogadores internacionais de diferentes clubes, nos tornamos um time. Isso ficou claro na primeira partida, contra o Uruguai. O espírito de equipe era óbvio. É claro que a gente acreditava que podia fazer algo muito bom, mas não esperávamos que um time de um país sul-americano, considerado uma nação mais estabelecida em relação ao futebol, não fosse capaz de nos acompanhar. De fato, ficamos surpresos com a nossa própria qualidade. Em casa, estávamos habituados a enfrentar equipes que sabiam exatamente como o Ajax ou o Feyenoord jogavam. Mas era a Copa do Mundo, e nossos rivais pareciam não ter a mínima ideia do que estávamos fazendo. Eles ainda estavam jogando como nós jogávamos cinco ou seis anos antes.

A maneira como a gente jogava era totalmente natural para nós, e começamos a atrair admiração mundial por nosso Futebol Total. Nosso estilo de jogo, poderoso e dinâmico, era focado em forçar a equipe adversária a se retrair, da maneira mais eficiente possível, com ou sem a bola. Os zagueiros podiam atacar e os atacantes podiam defender. O objetivo era que qualquer jogador fosse capaz de levar a bola até a metade de ataque do campo. As pessoas adoravam assistir ao nosso jogo, que melhorava a cada partida, o que reforçava a sensação de que poderíamos ser campeões do mundo.

Dezesseis equipes disputaram a Copa do Mundo daquele ano. Os times foram divididos em quatro grupos de quatro, com os primeiros e segundos colocados de cada grupo passando para uma segunda etapa que se dividia novamente em mais dois grupos, A e B. Os vencedores dos dois grupos disputariam a final e os dois segundos colocados, o terceiro lugar.

Com exceção do jogo da primeira fase contra a Suécia, vencemos todas as partidas dos nossos grupos com alguma folga. Uruguai, Bulgária, Alemanha Oriental e Argentina, nenhum deles teve chance. O jogo da Suécia foi um empate em 0 a 0. Como declarei imediatamente após a partida, foi uma pena que não tivéssemos produzido um resultado melhor depois de jogarmos tão bem. Após o jogo, todo mundo só falava de um drible que fiz na partida: o chamado "giro Cruyff", no qual, marcado por um adversário no ataque, ameacei um cruzamento, puxei a bola por trás da minha perna de apoio e girei o corpo imediatamente, voltando a correr com ela.

Não era um drible que eu já tivesse feito nos treinos ou que viesse praticando. A ideia me veio em um piscar de olhos, porque, naquele momento particular, era a melhor solução para a situação. Esses impulsos surgem quando seu conhecimento técnico e tático se torna tão grande que suas pernas são capazes de responder imediatamente ao que sua cabeça quer. Mesmo que isso signifique apenas um *flash* no cérebro. Sempre usei os dribles assim. Nunca para fazer o rival parecer um bobo; somente como a melhor solução para um problema. Sim, às vezes eu jogava a bola entre as pernas de alguém, mas só se não houvesse outro jeito de passar. Isso é completamente diferente de passar a bola entre as pernas do adversário por diversão. Me irrita muito quando outros jogadores fazem isso.

Tanto a Holanda quanto o Brasil — campeão da Copa anterior — tinham vencido sua primeira partida de segunda fase no Grupo A, então o último jogo, entre nós, equivalia à semifinal da Copa do Mundo. Para mim, esse jogo foi o ponto mais alto do torneio. Lembro-me dele com mais clareza do que da final. Superamos os campeões mundiais em todas as frentes. Em termos de técnica, em termos de velocidade, em termos de criatividade. Éramos melhores em todos os sentidos.

A vitória por 2 a 0 foi um triunfo tanto para a equipe da Holanda quanto para mim pessoalmente. Além de o meu gol, que sacramentou o 2 a 0, ter sido escolhido mais tarde o melhor do torneio, também simbolizou tudo o que o Futebol Total representava. O ponta-esquerda Rob Rensenbrink correu para receber a bola de Ruud Krol, nosso lateral esquerdo. Rensenbrink, então, liberou espaço para Krol que, avançando ao ataque, chegou antes da marcação e cruzou para que eu marcasse de voleio, no canto direito do gol. A construção da jogada e sua conclusão ainda são fantásticas de assistir.

Embora muitas pessoas vejam esse jogo como um dos mais empolgantes da história das Copas do Mundo, no começo da partida, sabíamos que não estávamos no nosso melhor. Afinal, o Brasil era o nosso adversário. Os campeões mundiais e, tecnicamente falando, uns caras tão bons quanto é possível ser no futebol. Havia todos aqueles famosos: Jairzinho, Rivelino, Paulo Cézar... Na primeira parte da partida, ficamos um pouco intimidados — até que entramos de fato no ritmo e os superamos em seu próprio jogo. Tecnicamente, ambos os times eram bons, mas só a gente conseguia acelerar o ritmo de jogo. Essa foi a diferença. Nossa capacidade de jogar em velocidade era muito, muito maior.

O campo também foi um detalhe importante. A grama brasileira era completamente diferente da europeia. Sabíamos disso. Dá para reparar a diferença que isso faz especialmente quando algum jogador está conduzindo a bola pelo chão. Na Alemanha, a grama era curta, fina e seca, enquanto no Brasil era mais alta, mais fofa e mais espessa. Isso influencia na velocidade da bola; pode fazer uma grande diferença. Para nossa sorte, estávamos jogando na Alemanha e não na América do Sul, o que significava que a superfície do campo contava a nosso favor.

JOHAN CRUYFF 14 A AUTOBIOGRAFIA

A equipe brasileira também estava passando por uma fase de transição. Vinha tentando abandonar a técnica pura e optar por uma mistura de técnica e força física. Já a nossa base era técnica, e todo o resto era questão de posicionamento e jogo coletivo. Um bom jogo posicional faz com que você não precise correr tanto, assim, fica mais fácil para a técnica aparecer. Apesar de, na fase inicial do jogo, estarmos um pouco abaixo do nosso nível, saímos para o intervalo com um 0 a 0. Já mencionei que estávamos ansiosos por jogar contra o Brasil — e no segundo tempo mostramos o porquê. Tivemos sorte de não levar um gol algumas vezes no início do primeiro tempo, porém, depois do susto, nosso time se encontrou para jogar o melhor futebol possível.

Infelizmente, o exato oposto aconteceu na final contra a Alemanha, que reinava como campeã europeia e tinha Franz Beckenbauer, Gerd Müller e Paul Breitner na equipe. Esses três e mais alguns outros jogavam pelo Bayern de Munique, que era o melhor time da Europa na época e tinha acabado de ganhar a primeira de três Copas da Europa consecutivas. Se tivéssemos nos preparado para mostrar a eles nosso melhor, como tínhamos feito contra o Brasil, poderia ter funcionado. Mas depois do 2 a 0 contra os campeões do mundo, estávamos tão relaxados e satisfeitos que a partida seguinte parecia não importar.

Foi um caso clássico de vaidade que antecede a queda. Quando você entra num estado de excesso de confiança, é muito difícil sair dele. Contra a Alemanha, nosso gol saiu rápido, já no começo, num lance em que passamos a bola entre nós dezesseis vezes sem que os alemães tocassem nela, até nos cederem um pênalti. Depois, foi a vez deles de ganhar um pênalti e igualar o placar, já na metade do jogo. No fim, não houve nada que pudéssemos fazer para evitar o gol de Gerd Müller, que selou o 2 a 1. Tínhamos como certo que iríamos vencer, só que não importava o quanto a gente tentasse, não conseguimos balançar a rede novamente.

Durante a partida, todos estavam sempre um pouco adiantados ou atrasados — nunca no tempo certo. Não estávamos cem por cento. Claro que você ainda pode jogar muito bem com 95%, porém, se os seus adversários estiverem jogando no seu melhor, você corre o risco de ficar para trás.

Às vezes acontece de você perder um jogo no psicológico. É só olhar como os gols foram marcados. Wim Jansen arriscando um carrinho na área, o que acabou em pênalti, e Ruud Krol abrindo as pernas ao tentar bloquear o chute adversário. Esse último lance, em particular, mostra bem como estávamos no jogo. Muitas pessoas pensam que quando você é um zagueiro defendendo, precisa tentar afastar a bola a qualquer custo. Mas a arte de defender também inclui entender quando é preciso dar ao goleiro a chance de defender a bola.

Como zagueiro, o que você nunca pode fazer é deixar um chute a gol passar por entre suas pernas. Porque daí não há nada que o goleiro possa fazer. É um erro que acontece o tempo todo. O goleiro só pode defender cinco dos sete metros da largura do gol, então, como defensor, é sua responsabilidade cobrir os outros dois metros restantes. Assim, se você deixar descobertos os dois metros, o goleiro fica na mão. Os atacantes geralmente esperam que o zagueiro lhes dê uma oportunidade de chutar entre suas pernas. Quatro vezes em cinco acabarão marcando, porque o goleiro está contando com o zagueiro para cobrir uma parte do gol. É por isso que você nunca deve conceder esse espaço. Este é um aspecto da arte de defender ainda muito fraco em muitas equipes. Em nenhum momento conseguimos realmente entrar no jogo, e o gol de Müller se provou fatal. Quando tudo acabou, claro, ficamos muito decepcionados. Sabíamos que éramos os melhores do mundo, mas não levamos o prêmio.

Isso dito, superei a decepção rapidamente. Na verdade, não foi um golpe tão grande assim. Porque o mais importante foram a enorme reação positiva e a admiração pelo nosso jogo, geradas no mundo todo. Quase todos os que não eram alemães acharam que deveríamos ter vencido. Não estivemos no melhor de nossa forma na final, mas tínhamos mostrado como se faz futebol para bilhões de pessoas. Também tínhamos dado esperança a jogadores que, como eu, não eram grandes ou fortes. Toda a filosofia de como o futebol devia ser jogado foi ajustada durante esse torneio.

Essa filosofia era realmente muito simples e permanece a mesma até hoje. O jogo tem uma bola e, ou você fica com ela, ou ela estará com o time adversário. Se você tem a bola, o outro time não tem como marcar gols. Se você souber como usar bem a bola, a chance de o resultado ser bom para você é maior. Esse conceito mudou o foco do jogo para a qualidade e a técnica, quando antes se tratava de esforço e treinos pesados.

Fui à Copa do Mundo quando estava em alta. Os holofotes estavam todos voltados para mim, de modo que precisei assumir maior responsabilidade. Felizmente, recebi o apoio de todos e, para ser honesto, tudo correu tranquilamente. As coletivas de imprensa e toda a falação em torno das partidas nunca foram um incômodo para mim nem eram cansativas. Para colocar um fim a essas sessões, eram os caras do time que me diziam, espontaneamente: "Tenta resumir para a gente poder dar o fora daqui de uma vez".

Então todas as histórias sobre eu ter dito que seria minha última Copa do Mundo porque era uma experiência muito difícil — foi tudo bobagem. Essa decisão veio depois, e por uma razão totalmente diferente. Durante aquela Copa, vivi uma espécie de fluxo constante de adrenalina, o que significava que não senti muito estresse. Vale lembrar que estávamos ganhando muitos jogos, praticamente sem contratempos. Mesmo dentro da equipe tudo ia bem, e tudo que conquistamos foi resultado do prazer que sentíamos com o futebol.

Tivemos que lidar com o lado negro da imprensa pela primeira vez pouco antes da final. O jornal alemão *Bild Zeitung* publicou uma matéria com fotografias mostrando jogadores holandeses e mulheres alemãs nuas na piscina do hotel.

1. Equipe juvenil do Ajax por volta de 1960. Cruyff está agachado, é o segundo da direita para a esquerda.

2. Expulso no jogo da Holanda contra a Tchecoslováquia em 1967 — o árbitro ignorou o fato de que Cruyff fora chutado a noite toda pelos adversários.

3. No casamento com Danny em 1968. A família sempre foi a parte mais importante de sua vida.

4. Com Danny e os sogros em 1968.
Cor Coster seria o guia financeiro de Cruyff durante toda a sua carreira esportiva.

5. Jogando pelo Ajax em 1970. O Futebol Total ainda não era um artigo finalizado.

6. Em 1973, o Ajax bateu a Juventus por 1 a 0 e conquistou a Copa dos Campeões da Europa pela terceira vez seguida. O futebol holandês estava se transformando em referência quanto ao modo como o esporte deveria ser jogado.

7. Em 1973, Cruyff assinou com o Barcelona numa transferência de valor recorde. Quando ele chegou, o clube estava perto da zona de rebaixamento; ao final da temporada, o Barça conquistou a La Liga pela primeira vez depois de catorze anos e Cruyff foi coroado o melhor jogador do ano na Europa.

8. No Barcelona, Cruyff reencontrou Rinus Michels, seu antigo técnico no Ajax e um dos principais artífices do Futebol Total. Cruyff jogou pelo Barcelona de 1973 a 1978.

9. A vitória por 2 a 0 sobre o Brasil na semifinal da Copa do Mundo de 1974 resumiu bem a filosofia do Futebol Total.

10. O orgulho antes da queda: na final da Copa do Mundo de 1974, a Holanda trocou dezesseis passes desde o pontapé inicial para marcar o primeiro gol do jogo. Mas a Alemanha Ocidental ganhou a partida final por 2 a 1.

11. Em novembro de 1978, Cruyff disse adeus ao futebol europeu no Ajax antes de iniciar uma nova vida nos Estados Unidos, aos 32 anos. Ele foi eleito o melhor jogador da Europa por três vezes, mais do que qualquer outro antes de Lionel Messi.

12. Em 1978, depois que um desastroso investimento na criação de porcos quase o levou à ruína financeira, Cruyff se mudou para os Estados Unidos a fim de retomar a carreira e assinou com o Los Angeles Aztecs. Na foto, está abraçado a Pelé, e atrás deles estão Franz Beckenbauer e Carlos Alberto Torres.

13. Do Los Angeles Aztecs, Cruyff se mudou para o Washington Diplomats, onde pela primeira vez pensou em criar a Fundação Cruyff. Na foto, está treinando um garoto em uma das clínicas de futebol do clube.

Supostamente eu estava lá, e Danny teria ficado sabendo da história. Eles também conseguiram aspas de alguns dos nossos jogadores reservas que disseram que, antes da final, passei horas com minha esposa furiosa ao telefone. Isso era uma coisa completamente nova para mim no futebol profissional, a mídia tentando manipular uma situação. Mas a coisa toda não me incomodou. Mais tarde, como treinador, raramente deixei a mídia me influenciar, então não me abalei com isso antes de jogar a final da Copa do Mundo. As acusações de que jogamos mal porque eu estava distraído com essa história são bobagens. Um disparate completo. Quanto à história do telefonema, Danny estava em nossa segunda casa nas montanhas, perto de Andorra, em um lugar que ainda não tinha telefone, de modo que não havia como termos nos falado, muito menos discutido. Foi só depois da final que consegui falar com ela, para explicar como esse tipo de fofoca ganha vida própria.

A cobertura sensacionalista e imprecisa da imprensa está hoje estabelecida como uma triste parte do jogo, mas ela não afetou a maneira como jogamos. As verdadeiras razões pelas quais perdemos a final são simples. Deixamos escapar muitas oportunidades, Sepp Maier jogou a partida de sua vida à frente do gol alemão e não deveríamos ter dado um pênalti para a Alemanha. Apesar da derrota na final, e apesar das mentiras da imprensa, a Copa do Mundo ainda é uma bela lembrança para mim. Às vezes, mesmo que você não levante o troféu, no final das contas, ainda é visto como vencedor. Por onde quer que eu passe, as pessoas sempre querem conversar sobre nossa equipe daquela época. Acho que ganhamos mais elogios e respeito durante a competição do que a maioria dos campeões mundiais antes ou depois. Tenho orgulho disso.

A Copa do Mundo nos transformou em figuras cultuadas em todo o mundo. As pessoas se entusiasmavam com a nossa imagem de destemor. Nossa força estava em nossa honestidade. E não era encenação; aquilo era o que realmente éramos: holandeses de nascimento, criados em Amsterdã.

Aparentemente, virei um antecipador de tendências. Mais e mais pessoas se preocupavam com minha aparência, com que eu usava, como cortava o cabelo. Essa parte era toda influência de Danny. Ela era a pessoa com quem eu passava a maior parte do meu tempo. E só para deixar claro, nunca comprei minhas próprias roupas. Não tenho ideia de como fazer esse tipo de coisa. Não sei combinar cores, não entendo nada no que se refere a roupas. Apenas pego o que está mais à mão no guarda-roupa. Nem sei se as peças que estou vestindo combinam ou não. Um zero à esquerda. Por isso nunca dei muita importância para isso. O mesmo vale para meu cabelo. Deixei crescer porque a Danny gostava mais comprido; eu não estava nem aí. Embora tivesse participado de muitos times vencedores, foi somente depois da Copa do Mundo que alcancei o verdadeiro estrelato. Tudo o que eu dizia e pensava, de repente, era superimportante. Não apenas na Holanda, mas no mundo todo. Foi impactante e, às vezes, ainda me surpreende.

A Copa do Mundo de 1974 não foi especial só para mim; foi também um ponto alto para a nação holandesa. Uma experiência que tinha sido iniciada no Ajax, em 1965, estava sendo coroada, em 1974, com o melhor futebol que a Holanda já jogara. Infelizmente, e por definição, depois de atingir o ponto mais alto, as coisas só podem ir ladeira abaixo.

Apesar da experiência fantástica de 1974, e de meu futebol nas temporadas seguintes no Barcelona seguir sendo de alto padrão, optei por não ir à Copa do Mundo de 1978. Primeiro, fiquei em dúvida, ainda que sempre tivesse acreditado que me aposentaria do futebol em 1978. Por quê? Não tenho a menor ideia. Só sei que, desde menino, tinha na cabeça essa ideia de que ia parar quando tivesse 31. Por isso, eu achava que não estava psicologicamente preparado para merecer um lugar na seleção holandesa para a Copa do Mundo, sabendo que ia deixar os campos logo depois. Após a decepção na Eurocopa em 1976, quando perdemos para a Tchecoslováquia em uma semifinal terrível, essas dúvidas começaram a aumentar. Voltei a me sentir bem, por pouco tempo, em 1977. A seleção holandesa jogou algumas partidas brilhantes contra Inglaterra e Bélgica, e comecei a considerar seriamente se deveria aproveitar a oportunidade de ir para a Argentina no verão seguinte com uma equipe tão forte.

Foi então que algo horrível aconteceu. Era 17 de setembro e eu estava em casa, no nosso condomínio em Barcelona, assistindo a um jogo de basquete na televisão, quando alguém, que parecia o cara do correio, tocou a campainha para fazer uma entrega. Quando abri a porta, porém, me deparei com uma arma apontada contra a minha cabeça e me foi ordenado que deitasse de bruços. Todo mundo estava em casa. As crianças estavam no quarto delas, e o homem mandou Danny deitar no chão também.

Tentei falar com ele: "Você quer dinheiro? O que você quer?" O cara atou minhas mãos e me amarrou a um móvel. Para fazer isso, teve que abaixar a arma brevemente. Nesse momento, Danny se levantou e saiu correndo para a rua. O bandido saiu correndo atrás dela. Consegui me libertar, peguei a arma dele para garantir que ele não a tivesse novamente. A gritaria foi tanta que os vizinhos começaram a abrir as portas para ver o que estava acontecendo, o homem foi rapidamente rendido.

Um furgão com um colchão dentro foi descoberto mais tarde do lado de fora, portanto, tudo apontava para um sequestro, ocorrência comum na Espanha na época. Não faço ideia do motivo e nunca me interessei em descobrir. Apenas uma coisa importava: o cara estava fora de nossas vidas.

Os seis meses seguintes foram terríveis. Tínhamos que viver acompanhados de policiamento permanente. Quando viajava, quando levava as crianças para a escola, quando saía para treinar ou jogar pelo Barcelona. Sempre havia pessoas comigo, andando ao meu redor. Havia sempre um carro da polícia por perto ou dirigindo atrás de mim. Policiais dormiam em nossa sala de estar todas as noites. O clima era insuportável. Impossível. A tensão era tanta que eu não podia mais aguentar. Não conseguia sentir alívio nem mesmo falando sobre o fato. E a polícia tinha me alertado, várias vezes: "Por favor, não fale sobre isso ou você pode dar a ideia para outros lunáticos".

Numa situação como essa, não dá para viajar para o outro lado do mundo e deixar sua família por conta própria por até oito semanas, de modo que não pude ir para a Argentina com o time holandês. Para jogar uma Copa do Mundo, é preciso estar totalmente focado. Se você não está, se tem distrações ou dúvidas, melhor não ir. Não vai dar certo.

O técnico da Holanda, Ernst Happel, foi a Barcelona para discutir minha saída da seleção, mas não hesitei nem um segundo. Como tinham me pedido para ficar calado sobre a tentativa de sequestro, disse a Happel que não estava num estado físico e mental adequado para jogar um torneio tão importante. Não acho que ele tenha se convencido, porque a Copa do Mundo é outro nível. Um grande esportista como Happel simplesmente não entendia como eu podia perder essa oportunidade, e eu não podia lhe contar a história completa. Depois veio a campanha nacional "Vamos Convencer o Cruyff". Recebi sacolas de cartas com pedidos de torcedores holandeses que queriam me ver jogando com a Laranja Mecânica e que me imploravam para mudar de ideia. Mas a segurança da minha família tinha que vir primeiro, então não foi difícil manter minha posição. Após a tentativa de sequestro, eu nunca tive nenhum momento de dúvida sobre a Argentina. Estava fora de questão. Uma pessoa que deixa sua família para trás nessas circunstâncias só pode estar fora de si.

Infelizmente, as repercussões daquela tentativa de sequestro continuaram a se fazer sentir e ficamos inseguros por um longo período. Uma garota foi sequestrada em Valência, e eu e Danny ficamos sabendo que os culpados sabiam que tínhamos filhos e estavam vindo nos fazer uma visita. Então, nós compramos dois Dobermann Pinschers para nossa segurança e toda a família foi treinada para lidar com os cães. A polícia nos aconselhou a nos livrar dos animais, porque poderia haver problemas caso eles atacassem um intruso. Respondi que esse era precisamente o objetivo.

Fiquei fora da Copa do Mundo por várias razões. Olhando em retrospectiva, acho que perdi a chance de terminar minha carreira no topo. Quando a Holanda chegou à final novamente, contra os anfitriões, a BBC me convidou para participar como comentarista no jogo. Passei um mau bocado no estúdio.

Estávamos perdendo o jogo desde o trigésimo oitavo minuto, por conta de uma jogada que foi falta de sorte. Tivemos um pênalti não marcado no segundo tempo, mas conseguimos o empate na parte final do jogo. No último minuto, ainda mandamos uma bola na trave, mas acabamos perdendo por 3 a 1 na prorrogação.

Assistindo a um jogo desses, não tem como não pensar que, se você estivesse lá, talvez sua carreira terminasse com um título mundial. Se eu tivesse feito isso, se eu tivesse feito aquilo... Esse tipo de pensamento não acontece comigo com muita frequência, mas naquela ocasião, realmente me pegou. Um sentimento de dúvida sobre o que eu poderia ter conquistado se tivesse estado lá, misturado ao sentimento de que eu não podia abandonar minha família. Não poderia ter feito isso.

Teríamos vencido se eu estivesse lá? Acho, honestamente, que sim. Porque minhas qualidades, mesmo naquele momento, ainda teriam agregado valor ao time. Provamos isso no ano anterior, em Wembley, quando derrotamos a Inglaterra por 2 a 0 e a manchete do dia seguinte foi: "Um prazer ver como o futebol deve ser jogado". Uma frase fantástica que nunca esqueci. Até tive a sensação de que estávamos mais fortes como equipe, do que em 1974. Eu poderia ter estado lá, mas escolhi não estar. Então, na BBC, me peguei pensando: "Droga, eu realmente queria estar lá. Foi tudo muito estranho e bastante triste".

Como a história do que tinha acontecido com minha família tinha que ficar em segredo, minha esposa passou novamente por uma fase difícil. Aquela matéria ridícula sobre os telefonemas antes da final de 1974 foi seguida, em 1978, de acusações de que Danny era o gênio do mal por trás da minha recusa de jogar na Argentina. É realmente incrível. Não há esposa de jogador de futebol mais discreta do que Danny. Ela levou a culpa por quase tudo. Fiquei quieto sobre isso por décadas, mas os rumores e as acusações continuavam sendo produzidos regularmente. Era como se nossa família estivesse constantemente recebendo tapas na cara. Depois de quase trinta anos, quando todas as crianças já tinham saído de casa, decidi revelar a verdade. E essa é a verdade. Mas mesmo depois de todos esses anos ainda estou sempre alerta, onde quer que esteja, caso a imprensa esteja bisbilhotando. Desenvolvi uma fobia de abrir a boca até dentro da minha própria casa. Tive que aprender a lidar com esse tipo de coisa, é assim que funciona.

4.

Joguei no Barcelona por cinco anos, de 1973 a 1978. Isso me fez criar um vínculo com o clube e também com os catalães. Esse vínculo foi reforçado dez anos depois, quando me tornei técnico do Barcelona e minha família se mudou para a Catalunha para sempre. Minha primeira temporada como jogador do clube, como já descrevi, foi espetacular. A enorme comoção com a minha chegada, a vitória por 5 a 0 sobre o Real Madrid, o título no campeonato e, depois, para mim, a Copa do Mundo da Alemanha. As expectativas, em Barcelona e nos arredores, em relação ao time sempre foram altas, porém, depois de 1974 não voltamos a vencer o campeonato. E só conseguimos ganhar a Copa do Rei em minha última temporada no clube.

Quanto mais eu jogava na Espanha, mais entendia o quanto a política pesava no jogo. No começo, eu não pisava em ovos como os outros jogadores. Afinal, era nascido e criado em Amsterdã e estava acostumado a falar as coisas francamente. Durante o regime do general Franco, e na época imediatamente posterior, isso ainda era bastante incomum na Espanha. Armand Carabén, um nacionalista catalão membro do conselho do Barcelona na época, achava minha atitude ótima. Só que eu não me dava conta, e só mais tarde entendi, que ele deliberadamente usava minha personalidade como parte da contribuição do clube para a crescente escalada, na Catalunha, por liberdade contra os poderes estabelecidos em Madri. Como jogador estrangeiro, internacionalmente famoso, eu era intocável, o que significava que Franco podia ser provocado de tempos em tempos.

No começo, eu não tinha consciência de tudo que acontecia; só jogava futebol, não fazia política. Porém, a partir de certo momento, notei que as coisas não estavam funcionando tão bem quanto deveriam. Obviamente, é estranho que eu tenha feito parte do time vencedor do campeonato apenas uma vez em cinco anos. Em 1977, em especial, fomos roubados. Eu estava na melhor forma da minha vida e tudo indicava que ganharíamos o título. Então, sem qualquer motivo razoável, fui subitamente expulso em uma partida contra o Málaga. De acordo com o juiz, eu o chamei de *hijo de puta*. Mas até hoje nunca disse tal coisa em campo — nem naquela ocasião nem depois. Sempre falei muito durante o jogo, sobretudo quando estava motivando ou chamando a atenção dos colegas de time. Claro, no calor da ação, às vezes falava coisas que não eram exatamente educadas, mas estávamos jogando futebol de alto nível e, por vezes, é preciso ser duro para ser claro. Mesmo assim, nunca abusei das pessoas com insultos como "filho da puta". Acho que "tá maluco!" foi o mais pesado que cheguei a dizer.

Na partida contra o Málaga, eu gritei com alguns colegas de time que estavam se perdendo na marcação. Algo como "Você tem que cobrir aquele jogador". Quando o juiz veio até mim e me mandou para fora do campo, fiquei perplexo. Não era justo. Porém, infelizmente, foi o que aconteceu. Mais tarde, em frente ao comitê disciplinar de Madri, foi a palavra do árbitro contra a minha. Não tinha a menor esperança de ser ouvido, e fui suspenso por três partidas, das quais duas acabamos perdendo e uma empatando. Depois disso, não tinha mais como almejar o título. O Atlético de Madrid venceu o Campeonato Espanhol na temporada, interrompendo uma sequência de vitórias do rival da cidade, o Real. Até hoje acho que minha expulsão foi a prova mais clara de como a política influenciava as competições naqueles dias. Por sorte, muitas coisas mudaram na Espanha, e desde a transição para a democracia, por volta de 1980, até 2016, o Barcelona conquistou quinze títulos contra doze do Real Madrid.

A vida como jogador do Barcelona era incrível. A cidade era uma maravilha. Simplesmente fantástica. E havia a presença de Rinus Michels e Johan Neeskens, que tinha sido comprado do Ajax depois de mim, o que garantia um reforço de toque holandês no clube. Infelizmente, nunca consegui aproveitar muito meu tempo na Espanha com minha família, porque o futebol ocupava todas as horas do meu dia. Para mim, o mais difícil eram os jogos fora de casa, para os quais tínhamos que ir de ônibus ou trem, às vezes à noite — o que significava que tínhamos que dormir na viagem. Eu viajava muito e quase nunca parava em casa. Isso era cansativo.

Rinus Michels era o técnico quando fui para o Barcelona, mas não foi ele que me trouxe para o clube. Armand Carabén me contou mais tarde que o goleador do Campeonato Alemão, a Bundesliga, Gerd Müller, era a primeira escolha de Michels. Nunca conversei com ele a respeito, e ele também nunca me tratou como segunda opção. Assim como fazia no Ajax, também no Barça ele discutia tudo comigo com antecedência, e no campo sempre me deixou no comando. Isso não aconteceu com Hennes Weisweiler, que substituiu Michels como técnico na temporada de 1975-76. Raramente discuti com um técnico, mas com esse eu não conseguia trabalhar. O problema com Weisweiler era, em suma, que ele estava sempre dizendo aos jogadores o que tinham que fazer, a despeito da capacidade deles de fazê-lo. Isso até funciona se o jogador tiver as habilidades necessárias, mas Weisweiler parecia não levar isso em consideração. Alguns jogadores chegavam a ficar paralisados.

Por fim, eu disse a ele: "O que você está fazendo? Está mandando os jogadores fazerem coisas das quais eles não são capazes". Weisweiler ficou furioso e não entendeu minha atitude. Era o típico abismo entre os métodos alemão e holandês.

Naqueles dias, na Alemanha, o técnico tomava as decisões e todo mundo obedecia. Na Holanda, era um esforço colaborativo. Quando todos concordavam com algo, colocávamos em prática; se não tinha acordo, acabava ali. Naquela temporada, terminamos em segundo, atrás do Real Madrid. Antes do final do campeonato, Weisweiler foi demitido e me culpou por isso. Porém, se olhasse no espelho, saberia que eu não era o único que não conseguia trabalhar segundo os métodos dele — aquilo não funcionava para ninguém na equipe. Weisweiler e o Barcelona eram uma combinação fadada ao fracasso. Como acontece com frequência, era o caso do técnico errado no clube errado.

Quando decidi me aposentar, em 1978, minhas duas últimas partidas foram um presságio a indicar que minha carreira não podia estar destinada a terminar naquele momento. Em Barcelona, perdemos de 3 a 1 para o Ajax e, num jogo organizado em Amsterdã contra o Bayern de Munique, fomos massacrados e perdemos por 8 a 0. Não é exatamente uma despedida dos sonhos. Depois disso, me tornei empresário. Essa decisão levou a uma das lições mais importantes da minha vida, talvez a mais importante.

Tudo aconteceu numa época em que as coisas estavam meio confusas. Eu só via meu sogro três ou quatro vezes por ano. Quando eu ainda jogava futebol, Cor não tinha mais muito a fazer como meu agente. Meus contratos duravam vários anos, os termos já estavam acordados, e eu gastava 80% ou mais do meu tempo treinando ou jogando. Porém, quando parei de atuar, esses 80% ficaram livres para outras coisas. Comecei a usar a teimosia que tinha me servido tão bem no futebol da maneira errada.

Não vou citar nomes, basta dizer que no decorrer de minha carreira entrei em contato com um círculo de conhecidos e que um deles me sugeriu um investimento que parecia ótimo. Infelizmente, era uma área de negócios que eu não dominava, além disso — e essa é a pior parte — uma coisa com a qual não tinha absolutamente nenhuma conexão. Minha ignorância foi explorada. Eu tinha dinheiro e, onde há dinheiro, há oportunistas. Você já deve saber disso e, hoje, eu também sei. Mas na época, não sabia.

Acredite ou não, investi em um empreendimento de criação de porcos. Como diabos me envolvi *nisso*? Se você gosta de uma coisa, ou tem interesse em uma coisa, é razoável que invista naquilo. Mas, no meu caso, não havia explicação. Simplesmente mergulhei no negócio. Nem sequer contei a Danny o que estava fazendo. Às vezes você não percebe o quanto está sendo tolo até que alguém diga com todas as palavras que você está se iludindo. E aí vem a pergunta: "Que raios você está fazendo? Esse é o seu futuro? É assim que quer passar o resto da vida?". E é preciso ser honesto e admitir o erro. Que você realmente não está interessado em porcos. Que está dando murro em ponta de faca. E isso é tão óbvio que não existem mais justificativas.

Por algum tempo, pensei que estivesse fazendo algo de bom, até meu sogro nos visitar novamente em Barcelona. "O que você fez?", perguntou. Contei que tinha comprado três lotes de terra nos quais poderíamos construir. Cor imediatamente pediu para ver as escrituras. Então rasgou os papéis. Eu tinha pagado pelas terras, mas nunca tinha pedido para ver os documentos. Não estava acostumado a esse tipo de coisa.

Para resumir, não havia escrituras. Cor me disse que eu tinha sido enganado. "Você pagou por isso, mas há nada em seu nome." Não havia o que fazer. Cor foi muito firme e me disse: "Tire esse negócio da cabeça. Aceite as perdas e vá fazer o que você sabe fazer".

Como se a situação já não estivesse ruim o suficiente, veio Josep Lluís Núñez. Em 1978, ele se tornou presidente do Barcelona e imediatamente me puxou o tapete. Durante anos, os clubes da Espanha pagaram os impostos dos jogadores. Em determinado momento, a lei foi mudada e todos tiveram de pagar retroativamente. O clube disse que honraria sua responsabilidade com todos os jogadores — exceto comigo. Eu estava prestes a sair de Barcelona e Núñez se recusou a pagar em meu nome, mesmo eu tendo ganhado o dinheiro enquanto era jogador do clube. Como precisava do resto da equipe para a nova temporada, resolveu o problema de todos eles, mas eu não interessava mais, então tive que me defender sozinho.

Não sei quanto dinheiro perdi naquela época. Não tenho a menor ideia. Só sei que perdi a maior parte do que tinha. Em março de 1979, nosso apartamento foi reclamado judicialmente e tivemos que arrumar nossos pertences e sair. Os artigos de jornal estimavam minhas perdas em uns 6 milhões de dólares, mas não sei se foi bem isso. O que eu sei é que foi muito dinheiro.

Porém, logo me recompus. Não foi tão difícil quanto poderia ter sido, porque nunca me preocupei com dinheiro. Meu sogro sempre cuidava das finanças. Quando ele morreu, em 2008, tive que ir a um banco pela primeira vez em trinta anos. Nem sabia em qual banco eu tinha conta. Sempre evitei o contato com o mundo dos negócios.

Se você me perguntar quanto dinheiro tenho, não sou capaz de responder. Não sei. Só peço que me avisem se estiver faltando. Eu não vivo nesse mundo, não é o meu lance. Depois daquele erro, nunca mais investi em nada. Nenhum apartamento, nenhum terreno, nada. Eu sei que tenho dinheiro e que ele está no banco há anos, mas não tenho ideia de quanto ele rende ou se tenho retorno. Isso pode parecer meio idiota, mas eu realmente não estou interessado. Hoje em dia, um sobrinho cuida dos meus assuntos bancários e me informa se acontece alguma coisa que ele acha que eu deva saber.

Sendo do jeito que sou, os erros que cometi naquela época foram logo esquecidos. Acredito que todas as pessoas têm um destino. O meu provavelmente era deixar o futebol ainda jovem, fazer algo bastante estúpido e depois encontrar meu caminho novamente. Na verdade, essa é a história da minha carreira em três linhas.

Tendo me aposentado aos 31, ainda era jovem o suficiente para colocar a casa em ordem jogando futebol mais uma vez. Se tivesse cometido o mesmo erro aos 36, não seria capaz de voltar aos campos. Mas, aos 31, estava em perfeitas condições de fazê-lo se necessário. E algumas das melhores experiências da minha vida vieram depois do meu trigésimo segundo aniversário. Se eu não tivesse cometido esses erros, teria perdido algumas oportunidades fantásticas.

Por isso acredito que o que aconteceu estava predeterminado. Descobri meu erro quando era tarde demais para salvar meu dinheiro, mas bem a tempo de continuar jogando. Sempre fui muito prático no que diz respeito a problemas. Se não posso retificá-los, esqueço e sigo. Começo de novo, página em branco. Deixo os contratempos para trás. Fosse ter perdido a chance de ir à final da Copa do Mundo ou ter desperdiçado milhões de dólares, minha reação era sempre buscar algo de positivo. Não sei se é autoproteção, mas é assim que eu sou. Algumas pessoas veem isso como miopia; outros, como um instinto de sobrevivência. Para mim, toda e qualquer experiência, boa ou ruim, é uma oportunidade fantástica. Ninguém começa nada com o objetivo de errar. Voltar ao passado pode ser uma coisa maravilhosa, mas não muda nada. É melhor aprender com os erros. Minha breve carreira como empresário foi pontual. Depois da primeira experiência, pensei: "Ótimo, pessoal, ficamos por aqui, tchau, hora de partir para a próxima".

Essa situação toda também me deu um excelente motivo para reconsiderar minha decisão de parar de jogar futebol. De que outra forma eu poderia ter reconsiderado? No final das contas, percebi que talvez não fosse uma boa ideia abandonar o talento único que me fora dado desde uma idade tão precoce. Eu não era mais tão novo, mas tive a chance de fazer as pazes com o futebol. Desde então, sei a quem pertenço: ao futebol, e a nada mais.

Sempre digo que, se é preciso começar de novo, você tem que dar o seu melhor — e foi o que tentei fazer. Depois que perdemos nosso apartamento em Barcelona, decidimos reiniciar nossas vidas nos Estados Unidos. Durante os seis meses em que desisti de jogar, todo tipo de coisa passou pela minha cabeça. Todas as razões pelas quais eu tinha jogado futebol — orgulho, paixão, camaradagem — tinham, de repente, desaparecido. Mas isso não causou tensão em casa. Porque Danny sempre participou da solução de nossos problemas. Mesmo quando fiz aqueles investimentos sem ela ter conhecimento, ou enquanto criávamos nossos três filhos, ou quando nossas vidas se tornaram inseguras pela constante ameaça de sequestro.

Além disso, ela era melhor em lidar com Cor do que eu. Claro, cometi grandes erros, mas Cor tendia a exagerar um pouco os problemas. Durante esse tipo de discussão, Danny tentava dar o peso certo às coisas. Esse é o jeito dela. Danny também é ótima em organizar tudo, e eu sempre tento me envolver. E tem uma coisa em especial na qual sempre fomos praticamente iguais: ambos abandonamos o passado e não olhamos para trás.

Escolhi os Estados Unidos com o intuito de começar algo totalmente novo. Queria abandonar o passado — e o país me parecia ideal para construir algo grande a partir de uma situação na qual tinha ido de cem a zero. Foi uma das melhores decisões que tomei na vida. Nos Estados Unidos descobri novas ambições e como desenvolvê-las. Assinei um contrato com o Los Angeles Aztecs na Liga Norte-Americana de Futebol (NASL). Houve diversos burburinhos de que eu estaria em negociação com o New York Cosmos, mas isso nunca aconteceu de fato — ou pelo menos não chegou até mim — porque eu não tinha intenção de jogar em campo de grama artificial. Esse tipo de grama servia para o beisebol e para o futebol americano, jogos em que os jogadores usam as mãos. A grama artificial americana servia para correr, mas não para jogar futebol de verdade.

Porém, de fato joguei uma partida de demonstração pelo Cosmos na qual Franz Beckenbauer, que tinha assinado com eles, também jogou. E falei com os irmãos Ertegün, Ahmet e Nesuhi, chefões da Atlantic Records e donos do clube. Conversamos, mas nunca chegamos a negociar nada. O estádio dos Giants era lindo e impressionante, mas depois de jogar uma vez sobre o AstroTurf, já tinha experimentado o suficiente.

A grama artificial da época não tinha nada a ver com a grama artificial de hoje em dia. Era uma espécie de carpete, o que significava que às vezes você ficava com bolhas enormes nas solas dos pés. A bola também ricocheteava de uma maneira com a qual eu não estava acostumado. Os americanos achavam tudo fantástico, mas para mim estava fora de questão jogar futebol em um tapete. Eu queria jogar profissionalmente nos Estados Unidos, mas num time que tivesse um gramado. Encontrei meu lugar nos Aztecs, que tinham um gramado verde magnífico no Rose Bowl. O mesmo aconteceu com o Washington Diplomats, outro clube da Liga Norte-americana de Futebol pelo qual joguei. O fato de Rinus Michels ser o treinador dos Aztecs também pesou em minha escolha. Então, depois de sete meses de ociosidade, comecei a jogar de novo.

As negociações foram realizadas de um jeito tipicamente americano: numa rapidez fantástica. Tudo foi acertado em um único dia, e recebi uma passagem aérea para deixar a Espanha cinco horas depois, porque eles me queriam em campo já naquela noite. Parece inacreditável, mas é verdade. Após um voo de doze horas, entrei em campo quatro horas depois de aterrissar. Não falei com meu novo técnico, Michels, sobre minha transferência, até encontrá-lo no vestiário.

No final das contas, joguei uns três quartos da partida. Fiz dois gols, e isso foi suficiente para justificar minha contratação. O próprio Michels veio até meu hotel depois da partida, para me fazer uma massagem. Eu não conseguia mais correr e ele percebeu isso. Aparentemente, durante seu treinamento para se formar como técnico, ele tinha aprendido a fazer massagem, e era excelente nisso. Essa era uma coisa estranha do Michels: ele era extremamente exigente, mas, ao mesmo tempo, cuidava muito dos jogadores.

Os Estados Unidos eram de fato uma folha em branco. Todos que tinham rido dos meus infortúnios estavam muito longe, na Europa, e eu encontrei meu lugar num país completamente diferente. Mas não tão diferente assim, afinal as expectativas eram as mesmas. Havia muitas coisas acontecendo ao mesmo tempo, de modo que nunca me senti entediado. E, claro, havia os feriados maravilhosos no Havaí, que estava a apenas cinco horas de Los Angeles. O que não foi tão legal foi a venda dos Aztecs para investidores mexicanos da Televisa Corp. De uma hora para outra, os mexicanos decidiram transformar o time num enclave latino-americano, de modo que eu não servia mais à nova missão do clube. O dono dos Washington Diplomats veio bater à porta e, quase que imediatamente, eu fui vendido.

Não pedi para ser transferido, não me perguntaram se eu estava interessado ou se queria ir. Era assim que as coisas funcionavam na liga americana de futebol. Eu não tinha um contrato com o clube, só com a NASL. A liga em si. O cara podia chegar para treinar e descobrir que tinha sido vendido para outro clube e que precisava viajar para o outro lado do país em 48 horas. Aí, era pegar o avião, não importando quem você fosse. Naquele tempo, não existiam os agentes dos jogadores. Havia uma regra que permitia demissões e contratações no meio da temporada. Se você se machucasse no meio desse processo, havia a chance de o seu contrato ser cancelado. O lance clube-família que tínhamos na Europa não existia. Eram negócios. A mentalidade era muito diferente do que estávamos acostumados. Ou você era razoavelmente bom no jogo, ou estava fora, e eles achavam alguém para substituí-lo.

Minha ideia de como um acordo de cavalheiros no futebol deveria funcionar também se originou das minhas experiências nos Estados Unidos — como fazer os clubes concordarem em limitar o número de jogadores estrangeiros no time, como chegar a um consenso para desenvolver jovens jogadores coletivamente, de forma que isso pudesse ser selado com um aperto de mão, garantindo, assim, um equilíbrio melhor entre os times. Isso ajudaria a manter um nível mais alto nas performances em campo. Nos esportes nos Estados Unidos, mais do que em qualquer outro lugar, há um entendimento de que a colaboração entre os times é importante. E há ainda outras grandes diferenças entre as equipes americanas e muitos dos clubes da Europa. Na Europa, é cada um por si; ninguém tem a mentalidade de elevar o nível do jogo ao máximo possível, enquanto nos Estados Unidos isso é um pré-requisito. Os americanos querem e esperam o melhor.

Então, depois que os mexicanos vieram para os Aztecs, eu me mudei para o outro lado dos Estados Unidos. Não fiquei empolgado com a ideia. Estávamos em março e eu andava por Los Angeles de shorts, enquanto em Washington havia dez centímetros de neve. Mas a costa leste me ganhou já na minha primeira visita. Pude ver coisas fantásticas e, no final das contas, fiquei feliz com a mudança. Em retrospecto, tive dois anos incríveis por lá. Washington é única. Todo mundo que chega à cidade está meio que de passagem, e todos que conheci tinham nascido em outro lugar. Tudo por lá gira em torno da política. Como o presidente dos Diplomats era democrata, acabei me aproximando do partido. As viúvas dos Kennedy tentaram encontrar uma casa para mim — ainda não tinha entendido, mas eu era uma pessoa famosa.

Meu vizinho era Robert McNamara, que tinha sido Secretário de Defesa no governo de John F. Kennedy, e o presidente do Banco Mundial torcia para o meu time. Era um homem com uma reputação incrível no mundo da política. Eu o via correndo de shorts no parque às cinco da manhã e, às sete, uma limusine com a bandeira americana ficava esperando do lado de fora de sua casa. Ele era um cara ótimo, que nos deu todo tipo de dicas úteis sobre a vizinhança. A melhor escola para as crianças e os melhores lugares para comprar pão e vegetais. Eu ia de bicicleta para o treino, porque o caminho era muito bonito, e porque pedalar era muito gostoso.

Washington é um mundo de extremos, mas é também um lugar muito bacana. E instrutivo. Por exemplo, os Washington Diplomats eram parte de uma companhia que também era dona do Madison Square Garden, em Nova York. Andy Dolich, nosso administrador geral, tinha sido formado no Garden, e a forma como gerenciava os Diplomats foi uma revelação para mim. Não me surpreendi quando, mais tarde, Andy ganhou a *World Series* com o time de beisebol Oaklands A's, ou quando também se saiu bem com os Golden State Warriors, os Memphis Grizzlies e os San Francisco 49ers. Era um cara capaz de trabalhar em altíssimo nível com beisebol, basquete e futebol americano e se transformou no meu mentor no Washington Diplomats. Graças a minha experiência com caras como Dolich, conheço o futebol de cabo a rabo. Sei o que se passa pela cabeça dos jogadores, sei o que se passa na cabeça dos técnicos, sei como pensa um patrocinador e conheço todos os prós e os contras desses três elementos quando misturados.

Em Washington tive mais uma vez a chance de ver como funcionam os esportes em altíssimo nível, porque nos Estados Unidos o nível é sempre dos mais elevados. Esse jeito de só querer estar no topo está no gene dos americanos. A grande diferença entre a América do Norte e a Europa é que, nos Estados Unidos, o esporte faz parte do sistema escolar, ao passo que na Europa ele é construído via clubes associativos. Na Europa, você primeiro tem que ser aceito num clube para só então progredir, enquanto nos Estados Unidos o esporte é tão importante que ocupa lugar central nos currículos. Todo mundo frequenta escola, então todo mundo tem uma chance.

Existe um grande contraste com a situação na Europa, onde esporte e esporte profissional são coisas completamente separadas. Na Europa, a escola é uma coisa e o esporte profissional é outra. Isso está errado. São duas coisas semelhantes, só que na área do esporte você aprende de maneira diferente. Nos Estados Unidos, eles resolveram isso muito bem. Uma criança pode ser educada para se tornar um médico, um advogado ou um jogador de futebol. Não são carreiras separadas uma das outras, são habilidades que se desenvolvem juntas. Entre os americanos, estudar e praticar esportes são dois lados da mesma moeda. Nós os separamos, eles juntam tudo. É por isso que nos Estados Unidos um verdadeiro Einstein entende de esportes e um verdadeiro atleta entende Einstein.

Na Europa, os atletas são muitas vezes vistos como caras meio burros. E isso é uma besteira. Você não chega a ser uma atleta de elite se não for inteligente. É impossível. Recentemente, ouvi uma história ótima de um amigo sobre uma conversa que ele teve com o astro chinês do basquete Yao Ming, que costumava jogar para o Houston Rockets. Em determinado momento, começaram a falar sobre quem tinha sido o maior jogador contra quem Yao Ming havia jogado. Yao disse que tinha sido Shaquille O'Neal.

Achei a explicação dele para o fato ao mesmo tempo bonita e especial. Yao Ming e O'Neal tinham físico similar. Mesma altura, mesma força. Yao Ming ganhou dele nas duas primeiras ocasiões em que jogaram, mas, depois disso, não chegou nem perto de vencer. De acordo com Yao, todo jogador de basquete tem uma centena de situações que já experimentou embaixo da cesta, todas estocadas na cabeça como se mantivesse uma lista de números de um a cem. O resultado disso é que, durante a partida, o jogador intuitivamente sabe o que fazer recorrendo à determinada situação já vivida.

Só que O'Neal trazia algo novo para Yao Ming, que nunca tinha visto um jogador assim. O'Neal parecia capaz de analisar todas as possibilidades quase que instantaneamente e acrescentar novos dados a seu repertório na hora. Então, em minutos, acrescentava as variantes 101 e 102 às combinações prévias e estava sempre um passo à frente de Yao Ming. Atletas burros não são capazes de fazer isso, apenas os muito inteligentes. Eu sempre disse que futebol se joga com a cabeça, não apenas com as pernas.

Ao pensar o esporte e a inteligência nesses termos, você tem uma visão muito mais ampla de como o esporte e a sociedade interagem. E se vê resistindo à mentalidade estreita que persiste no esporte europeu. Claro, os Estados Unidos oferecem muito mais oportunidades nos esportes, mas também é muito mais difícil se destacar, justamente por isso. Onde na Europa há cinco jogadores competindo por uma posição, eles têm quinhentos. Então, a luta interna é bem mais difícil e, como é inevitável, cria uma mentalidade diferente.

Os americanos também dão grande importância a dados e estatísticas. Porcentagens relacionadas ao que aconteceu na partida. Um jogador de basquete que acerta 80% dos seus arremessos pode ser considerado ruim, e um que marca 90% é bom. Acho uma maneira discutível de avaliar o desempenho. Tenho certeza de que as conclusões que eu tiraria das performances dos atletas seria bem diferente daquelas baseadas apenas nesses números. Se Lionel Messi marca três gols a cada dez tentativas, ele pode ser criticado por alguém que vê apenas as estatísticas por ser apenas 30% eficaz. Mas eu diria: tente imitá-lo para ver se consegue chegar ao nível dele. É praticamente impossível.

Billy Beane foi o primeiro a ver isso. O homem responsável pelo Oakland Athletics no beisebol resolveu olhar para as estatísticas de maneira diferente e registrou sucessos surpreendentes. Ele entendeu que o xis da questão provavelmente está nos detalhes, para os quais é necessário ter um olhar clínico. De modo que não se deve confiar apenas nos grandes números — 70% dos jogos vencidos, por exemplo — mas é preciso estar atento também ao 1% ou 2% de brilho ou de erro, que podem fazer toda a diferença. A questão é como você vê a coisa. Raramente os grandes erros ou momentos de gênio são decisivos — na maior parte das vezes, a partida é ganha em pequenos deslizes ou em toques de simplicidade. São esses que têm de ser minimizados ou aproveitados ao máximo. Então, no que me diz respeito, dados e estatísticas nunca podem ter precedência sobre o desempenho. Eles ajudam, mas é preciso observá-los muito de perto. Beane foi o primeiro a entender isso — e ele foi inspirado pelo Futebol Total jogado pelo time holandês na Copa do Mundo de 1974. Beane ficou fascinado pelo fato de que o lateral esquerdo também era capaz de jogar como meio-campista pelo lado direito e de que os chamados "especialistas" também eram bons em outras posições. Como resultado, começou a analisar os jogadores de beisebol de maneira diferente.

Nos Estados Unidos, também observei que o objetivo principal do esporte de alto nível é entreter o público. Eu sempre disse que é assim que deve ser, e foi ótimo ter essa confirmação vinda do que talvez seja o maior país esportivo do mundo. Os espectadores trabalham duro a semana toda. Quando saem do estádio após a partida, precisam ir para casa felizes e satisfeitos com o que viram. Isso pode acontecer de várias maneiras. O time pode ganhar ou pode mostrar comprometimento, já que não é possível ter sucesso sempre. É preciso aprender a relativizar. É um clichê, mas vencer não é tudo. Sempre acreditei piamente nisso. Claro, você sempre tenta vencer, mas o mais importante é a qualidade da tentativa. É preciso ter uma boa ideia do que o público espera e se adaptar a ela. Nos Estados Unidos, eles sabem disso melhor do que ninguém. Sabem o que os torcedores querem ver em campo, sabem o que eles querem comprar, sabem o que querem beber, sabem o que querem comer, sabem tudo.

Isso se aplica ao futebol também, embora naquela época, na Liga Norte-Americana de Futebol, eu tenha encontrado um ambiente de extremos. Se por um lado tinha que me apresentar em alto nível numa organização gerida muito profissionalmente, por outro, tinha um programa de televisão no qual precisava explicar aos espectadores qual era o tamanho do campo, que ele era verde e para que serviam as linhas. O futebol ainda era novidade e precisava ser explicado do zero a muitos americanos. No programa, eu explicava como chutar uma bola e onde estariam os pontos importantes do campo durante a partida. Na verdade, era muito engraçado: ao mesmo tempo em que estava jogando em alto nível, era como se eu estivesse num parquinho infantil. E funcionou. Washington estava cheia de italianos, a maioria dos quais apaixonados por futebol. Os ingleses que moravam por lá também contagiavam os locais com seu entusiasmo pelo jogo. Na verdade, há muitas pessoas nos Estados Unidos que têm ou tiveram algum envolvimento com o futebol, e elas precisavam de alguém que pudesse falar sobre o assunto na televisão.

Por que eu? Simplesmente porque, nos Estados Unidos, se você é famoso, encontra todo tipo de oportunidade — a que se apresentou para mim foi ter meu próprio programa de televisão. Eu estava no lugar certo na hora certa. Os técnicos italianos e ingleses ficaram muito felizes. De uma hora para outra, o futebol estava na televisão — e se alguma coisa aparece na TV é porque deve ser importante. Havia até treinos televisionados. Cada vez mais pessoas se envolviam, e a popularidade do jogo disparou. Foi ótimo fazer parte disso.

Também em Washington, vivi as primeiras experiências que mais tarde me levariam a ter minha própria fundação. Como mencionei antes, o dono do clube era do partido democrata e, por meio dele, entrei em contato com a família Kennedy. A certa altura, a irmã de John F. Kennedy, Eunice Kennedy Shriver, pediu que eu me tornasse embaixador das Paralimpíadas. Ela tinha criado uma organização para atletas com necessidades especiais, que agora é internacionalmente famosa. Também me senti honrado quando fui convidado a abrir as Paralimpíadas na Polônia junto com ela alguns anos atrás.

A semente da minha fundação foi plantada em minha primeira temporada com o Washington Diplomats. Como parte do meu trabalho, acabei fazendo uma dessas coisas que, de tão valiosas, no fim das contas você faria de graça. Mas, para ser honesto, não posso me gabar. Quando entrei para o Washington Diplomats, me disseram que, em todos os jogos fora, eu teria que fazer uma sessão de treinamento para crianças com necessidades especiais. No começo, achei isso muito difícil. Depois de alguns meses, comuniquei-lhes que queria desistir, porque sentia que meu esforço era absolutamente inútil. Toda vez que eu pedia que chutassem a bola para um lado, as crianças mandavam na direção oposta.

Quando disse isso aos organizadores, eles me pediram que assistisse a um vídeo de uma das minhas aulas. Disseram para eu esquecer a direção da bola e prestar atenção nos olhos das crianças, nos olhos das mães, nos olhos dos pais. E ver a alegria que eu estava proporcionando por simplesmente ensiná-los a chutar a bola, coisa que eles nunca tinham conseguido fazer antes. É claro que levaria muito tempo para que se tornassem um pouco melhores no futebol, mas não se tratava disso. O que importava era que tentassem chutar a bola para melhorar a coordenação. Os organizadores acrescentaram: "Quando você voltar na próxima aula, vai ver uma criança diferente e uma pessoa diferente. Vai focar na alegria deles de conseguir simplesmente tocar a bola com os pés".

Essa explicação me abriu olhos. De repente, descobri a alegria que eu podia proporcionar. Comecei a gostar das aulas, a ver as coisas de maneira diferente e a pensar de maneira diferente também. Em vez de frustração, agora estava experimentando uma enorme satisfação pelo que estava fazendo. Eu não fazia muito, mas os resultados eram enormes. Por exemplo, o filho de um vizinho tinha Síndrome de Down. Um dia, ele veio até o meu jardim com uma bola. Eu o ensinei a chutar, a cabecear, um pouquinho de cada coisa. Isso durou um mês ou dois. Um dia voltei de uma viagem e ele estava jogando futebol com as outras crianças na rua. Quando me viu, correu, pulou nos meus braços e me deu dois beijos. Estava muito feliz de poder se juntar aos outros no jogo. Claro, os outros garotos é que o deixavam jogar. Mas o simples fato de ele ter conseguido participar me deu uma incrível confiança de que eu estava fazendo algo bom.

E a coisa foi além do futebol. Quando fazia calor, a família desse menino sempre precisava ficar muito atenta. Eles tinham uma piscina e morriam de medo de que um dia o menino, que não sabia nadar, caísse nela. Certo dia, eu estava na minha piscina e o menino me viu, veio correndo e pulou na água. Tinha perdido o medo. A confiança que ganhou ao jogar futebol o ajudou a superar o medo da água: ele pôde então aprender a nadar.

Aprendi que ajudando um pouquinho, uma dica aqui e outra ali, você pode mudar a vida de uma criança. E que o retorno é enorme para um esforço tão pequeno. Levei essa lição de vida também para as Paralimpíadas. Por isso tenho um problema com as pessoas que acham que vencer é o Santo Graal do esporte profissional. Obviamente, vencer é importante, mas o mais importante é a torcida: as pessoas que sentem o clube fluir em seu sangue. Você tem que fazer essa gente se sentir bem também. Alguns podem discordar, mas sou um profissional idealista que sabe bem do que está falando. Eu cresci com o Ajax. Deixei o clube três vezes, cada uma depois de uma briga diferente, mas, como torcedor, sempre fico feliz quando o clube se sai bem. Está no meu no sangue. É completamente indefinível, porém é a melhor coisa que existe.

Quase 35 anos depois, os Estados Unidos estão classificados entre as 25 melhores seleções do mundo e os estádios estão ficando cada vez mais cheios nos campeonatos nacionais. Isso não me surpreende. Os americanos sabem buscar o sucesso. São capazes de reconhecer suas deficiências e se esforçar para corrigi-las, porque querem estar no topo. Obviamente, há desvantagens nessa mentalidade. Jürgen Klinsmann, treinador da seleção nacional americana desde 2011, muitas vezes não conseguia selecionar os melhores jogadores para a seleção porque era obrigado a pegar um de cada time. Não podia selecionar quatro jogadores de um mesmo clube, por exemplo. Como os clubes contribuem para o orçamento nacional, todos devem poder participar de um jogo internacional para agradar seus torcedores. Não sei se ainda é assim, mas sei que é um esquema muito restritivo se você é o técnico, e é algo que pode atrasar o desenvolvimento da seleção nacional.

Nos Estados Unidos, os esportes são parte do sistema educacional. Isso estimula ainda mais as crianças a jogar — e implica uma maior participação geral, que, por consequência, aumenta a base de onde se pode selecionar os atletas. Atualmente, todos os times americanos de futebol são muito fortes. Tanto a seleção nacional quanto os maiores clubes da liga dariam trabalho a qualquer outro time do mundo que os enfrentasse. Não faltam bons jogadores. Isso dito, eles ainda não são uma potência. Ainda não são excepcionais. Ainda não têm o tipo de talento que faz a diferença.

Isso tem a ver com a forma como as coisas são organizadas no alto escalão. Tem a ver com os treinos, com os técnicos e com as táticas de campo. É que esse tipo especial de talento, que aparece vez ou outra, tem que ser nutrido. Acho que isto é o que mais faz falta no sistema americano: que as exceções ainda não são regra. E não apenas no futebol. Se você olha para o golfe ou para o hipismo, todo mundo está fazendo a mesma coisa. Eles seguem o esquema ao pé da letra. E há prova disso também no dia a dia. Tantas regras e regulamentos, mas onde está o seu Einstein? Seu visionário? Se o futebol nos Estados Unidos pudesse flexibilizar um pouco essas coisas, um importante obstáculo para o sucesso seria superado.

No geral, aprendi muito nos Estados Unidos. Foram lições que mais tarde pude trazer para minha vida pessoal. Tínhamos acabado de mudar para nossa casa em Washington quando uma pessoa do clube ligou, ansiosa para saber que tipo de seguro de responsabilidade jurídica nós tínhamos contratado. Pensei: responsabilidade jurídica pelo quê? Descobri que você tem que ter um seguro até para a soleira da porta. Porque se alguém escorregar nela, você vai parar diante de um juiz e vai ter problemas. Eu não conseguia acreditar no que estava ouvindo. Me disseram que alguém podia reclamar que havia uma casca de banana no meu degrau, mesmo que eu não soubesse nada a respeito. E a pessoa podia tirar uma foto de uma banana que ela própria tinha colocado ali. "Você realmente precisa ter tudo isso em mente", a pessoa me disse.

Com situações como essa, você começa a mudar sua maneira de pensar. Não dei de ombros nem me recusei a levar a sério essa conversa louca; preferi mudar meu sistema mental e aceitar a situação como ela se apresentava. No final da conversa, eu disse ao homem: "Tudo bem, seria ótimo se você pudesse resolver isso para nós". Eu poderia ter feito algum comentário engraçadinho sobre o sistema jurídico do país, mas o que eu senti foi que era muito especial que o clube se preocupasse e antecipasse possíveis problemas, ainda que naquele nível. Não dá para rir deles, apenas ter muito respeito.

Esse também é o tipo de coisa que não é bem regulamentada na Europa. Os europeus raramente ou nunca gastam tempo antecipando problemas. Daí toda a confusão com jogadores de futebol que vêm de famílias pobres, jogam bem, ficam ricos e saem dos trilhos. É só se colocar na posição deles. Tentar digerir isso. De fato, quase nenhum clube europeu olha para esse tipo de questão. Porque são mundos muito distantes. O conselho, os diretores e os técnicos que deveriam estar de olho nessas situações não entendem a cultura dos jogadores que vêm desse tipo de background. Não têm essa experiência de vida para se imaginar nessa situação. Quem vai orientar esses jogadores, quem irá colocá-los nos trilhos? Ainda há um longo caminho a percorrer na Europa no que diz respeito a esse assunto.

Os Estados Unidos me deram três temporadas maravilhosas e instrutivas com os Aztecs e os Diplomats, durante as quais pude fazer um balanço da minha vida. Também tive momentos extremamente gratificantes. Recebi do prefeito Tom Bradley a honraria de ser cidadão honorário de Los Angeles e me tornei membro honorário do Conselho das Paralimpíadas dos Estados Unidos. Ao mesmo tempo, aprendi muito sobre como gerenciar uma organização profissional. Trabalhando com especialistas, num ambiente em que o objetivo de todos é melhorar o desempenho da equipe, dos vendedores de ingressos aos gerentes dos equipamentos.

Foi também nos Estados Unidos que comecei a pensar em montar o que mais tarde se tornariam minha fundação e minhas escolas. E lá comecei a prestar atenção em coisas que colocaria em ação quinze anos depois, graças à minha experiência com as Paralimpíadas e à maneira como o estudo e o esporte se encaixam nos Estados Unidos. Ainda hoje me orgulho de ter sido, junto com Pelé, Franz Beckenbauer, Johan Neeskens e tantos outros, um dos pioneiros responsáveis pela ascensão do futebol naquele país onde o esporte ainda estava em desenvolvimento. Quando vejo como o futebol está melhorando por lá, sei que é apenas uma questão de tempo até que uma equipe americana vença a Copa do Mundo. Sendo um apaixonado pelo futebol, acho que isso seria ótimo.

5.

Voltei muitas vezes aos Estados Unidos depois que deixei de jogar lá, em 1981. É um país interessante e inspirador — com certeza no que diz respeito ao esporte —, e nos três anos em que morei lá, aprendi tudo o que pude do sistema americano, pensei em muitas coisas e voltei à ação como jogador, novamente em nível profissional. Os anos nos Estados Unidos tinham sido ótimos, mas não me davam toda a satisfação que eu desejava como jogador. Eu queria mais e tinha mais para dar. Esse sentimento foi reforçado quando treinei com o Ajax durante a parada na temporada americana. Ainda era capaz de me defender bem contra os titulares da Eredivisie, de modo que decidi dar um passo nessa direção novamente. Voltei para o futebol holandês. Após um breve período com o *Levante* da Espanha, embarquei para Amsterdã.

Jogar pelo Ajax novamente foi fantástico. Os jogadores do time eram jovens e estavam ansiosos para entrar em campo comigo. Mas logo me deparei com uma dificuldade: eu havia me acostumado à forma como os americanos gerenciavam seus clubes. Então, para mim, um futebol eficaz não significava mais apenas jogar bem em campo, mas também administrar bem o clube. E saber por que as coisas estavam sendo feitas de uma ou outra maneira. Fora do campo, não fiquei satisfeito com o que vi.

Por sorte, em campo o Ajax ainda era o Ajax. O clube tinha ganhado o título de 1979-80 e havia muitos jovens no time. Já estava com 34 anos quando voltei, mas me dei bem com vários dos outros jogadores. Frank Rijkaard, Marco van Basten. De repente, me tornei um líder em todas as frentes. Primeiro de tudo, como jogador, tive que mostrar desempenho convincente desde o primeiro dia. Tinha algo a provar. Todos estavam falando sobre o velho babaca que estava de volta. Éramos assim na Holanda, sempre olhando as coisas pelo lado negativo. Tive sorte de marcar já no começo da partida contra o Haarlem. E foi um gol dos bons! Os queixos caíram mais uma vez. Os críticos se calaram, porque, afinal, eu ainda parecia ter algum valor.

Depois disso, passei a maior parte do tempo em campo dando suporte aos outros jogadores — era para isso que eu tinha sido contratado, afinal. A essa altura da minha carreira, jogava em qualquer posição, exceto no gol. Atacante, meio-campo, líbero, já tinha feito de tudo. Nada era novidade para mim. Mas eu estava lidando com uma nova geração de jogadores que tinham recebido as coisas prontas — coisas que os jogadores da minha época tiveram que descobrir por si próprios dez ou doze anos antes. As convenções e os hábitos com os quais eles haviam aprendido a jogar tinham sua lógica própria, mas para ser um jogador de primeira é preciso seguir mudando. Seguir improvisando. Se você tem isso fora do campo, sabe usar no jogo também.

Aqui estou falando principalmente do aspecto social, das certezas. Minha mãe e, mais tarde, minha esposa ainda tiveram que lavar meus uniformes, mas esses caras tinham suas peças dispostas para eles no vestiário de manhã. Na minha época, não tínhamos uma senhora que preparava café, suco fresco, sanduíches e massas para os jogadores. Não havia nada. Absolutamente nada. O que vi quando voltei ao Ajax foi um padrão de hábitos de uma vida mais fácil e com menos responsabilidades. Jogadores que limpavam suas próprias chuteiras? Não vi nenhum. Então, os caras enrolavam durante o aquecimento e diziam com uma risadinha: "Ah, sim, eu mesmo tive que trocar os pregos da minha chuteira". Havia deficiências no treinamento deles que tentei corrigir.

No lugar de Rinus Michels e Ştefan Kovács, o técnico do Ajax era Kurt Linder. Aprendi muito com ele. Quando apareci no De Meer Stadion como jogador, depois de assinar um novo contrato em dezembro de 1981, a primeira coisa que ele me disse foi: "Na sua idade você não precisa treinar muito. Tome cuidado para o seu motor nunca parar".

Portanto, durante o treinamento, eu não tinha que correr tão rápido nem tão longe quanto os jovens porque, segundo Linder, não era necessário. Ele também se preocupava com a possibilidade de eu me machucar. Linder saiu depois de um ano e, na minha segunda temporada, tive como técnico Aad de Mos. Ele ainda era jovem para ser técnico — nascemos no mesmo ano — e queria aprender comigo.

Quando alguém quer aprender com você, dá para sentir. A pessoa pergunta certas coisas, diz certas coisas, e então rola uma conversa. Portanto, não é que você esteja consciente, tipo: tenho que ensinar a ele isso ou aquilo. Não. Os tópicos simplesmente iam aparecendo e nós conversávamos a respeito. Nunca foi um problema eu saber algo que ele não sabia.

De modo que tudo estava funcionando bem para mim, tanto em campo quanto no vestiário. Porém, já mencionei que não estava feliz com a forma como as coisas eram conduzidas no conselho. Graças ao tempo que passei no Washington Diplomats, com um superadministrador como Andy Dolich, pude perceber que havia muitas áreas em que o clube podia melhorar. Minha insatisfação aumentaria, particularmente após a segunda temporada.

Mas vamos do começo. Ao retornar para a Holanda, eu me encontrei de volta à terra do imposto de 70% do salário. Meu salário era o mais alto do futebol profissional holandês, e o Ajax não podia me pagar mais do que havia prometido. No entanto, durante as negociações, meus advogados tinham me dito que o clube podia me ajudar a criar um fundo de aposentadoria, separado da minha remuneração.

Cor apareceu com um plano sensacional, baseado no fato de que minha presença na equipe aumentaria o número de torcedores no estádio. Suponha que o Ajax normalmente recebia um público de, digamos, 10 mil pessoas para uma determinada partida. Propusemos que os ingressos acima desse número de 10 mil seriam compartilhados entre mim e o clube. Se 20 mil aparecessem, o Ajax se beneficiaria com 5 mil ingressos e eu, com a receita dos outros 5 mil para meu plano de aposentadoria.

Naquele primeiro ano, vencemos o campeonato e atraímos enormes multidões, o que me fez ganhar uma grande quantidade de dinheiro. Não podia gastá-lo, claro, ele era destinado ao meu futuro, mas o plano de aposentadoria foi um enorme sucesso. O segundo ano também foi bom, principalmente porque muitos jogos do Ajax foram no Estádio Olímpico, com capacidade para 50 mil pessoas, quase o dobro do De Meer.

Enfim, estávamos empenhados em ter uma boa performance e, ao mesmo tempo, entreter o público. Quando as coisas estão indo bem, às vezes acontece de surgirem ideias originais. Como a de dois jogadores baterem um pênalti. Eu fiz isso com Jesper Olsen no jogo entre Ajax e Helmond Sport. A diferença de qualidade entre os dois times era tão grande que mal havia tensão na partida. Então, quando nos concederam um pênalti, tentamos dar à torcida algo mais. Em vez de bater direto, passei a bola para Olsen. A princípio, o goleiro ficou perplexo, e quando enfim decidiu ir em direção a Jesper, ele tocou a bola de volta para mim. Como eu tinha ficado posicionado atrás da bola, estava no lugar certo para tocá-la para dentro do gol vazio. O público adorou.

A temporada foi muito positiva em todos os aspectos, exceto um: o conselho do clube decidiu que eu estava ganhando muito dinheiro. "Mas vocês não estão ganhando tanto quanto eu?", perguntei. "Por que estão reclamando de mim, quando estão enchendo os próprios bolsos de dinheiro? Vocês nunca tiveram tantos torcedores no estádio". Eles não concordaram comigo, então nos desentendemos.

Nesse meio-tempo, meu sogro tinha feito bons contatos no Feyenoord. Quando souberam dos meus problemas com o Ajax, disseram imediatamente: "Venha jogar com a gente que aceitaremos o mesmo sistema". Isso era muito interessante, porque o Feyenoord tinha um estádio com capacidade para 47 mil pessoas.

Então, decidi. No final da temporada 1982-83, fechei com o Feyenoord. O Ajax ainda era meu clube, mas as pessoas que o administravam se recusaram a negociar comigo. Soube que diziam que eu era velho e gordo demais, e que estava ganhando peso. Mas eu podia lidar com essas objeções. Só que eles também exigiam que eu ficasse satisfeito com um salário normal e, bem, eu não fiquei.

Tenho que admitir que me diverti bastante no Feyenoord. Foi realmente sensacional. O Ajax e o Feyenoord eram grandes rivais, então, no começo, eu fui o vilão. Tive que convencer os torcedores da minha lealdade e me certificar de que poderíamos vencer. Assim como fiz no Barcelona, no Los Angeles Aztecs, no Washington Diplomats e no Ajax, consegui conquistá-los já na primeira partida. Marquei um gol bonito no Torneio de Roterdã. Todos começaram a aplaudir. Foi quando se deram conta de que estavam torcendo por alguém que odiavam. Por um momento, toda a arquibancada ficou em estado de confusão, mas o gelo foi quebrado quando os torcedores viram o quanto meus companheiros de time estavam felizes. Para fechar com chave de ouro, vencemos o campeonato.

Com frequência, sugere-se que durante os meus três últimos anos como jogador os técnicos estavam lá só para representar um papel, porque era eu quem definia tudo. Isso é ridículo. Não é assim que funciona no esporte de nível profissional. Sempre me lembrarei de Kurt Linder como o homem que garantiu que meu motor continuasse funcionando. Aad de Mos foi uma novidade para mim, mas as coisas funcionaram bem com ele também. A abordagem adotada por Thijs Libregts, no Feyenoord, era muito parecida com a de Linder. Quando estávamos treinando corrida, ele sempre me dizia que não era importante em que lugar eu terminava: "Corra com o resto deles e veja quanto tempo você aguenta".

No que diz respeito ao lado técnico e tático das coisas, basta lembrar que Rinus Michels me deu a responsabilidade de comandar o jogo em campo quando eu ainda era muito jovem. Aos dezoito anos, já sabia automaticamente quando mandar alguém avançar ou recuar no campo, ou quando e como agir para o bem da equipe. Na época da Copa do Mundo de 1974, eu já fazia isso naturalmente, sem pensar. Portanto, nunca foi uma questão de "Vou fazer do meu jeito aqui". Não era assim que funcionava. Ainda mais quando você é parcialmente responsável pelas táticas da equipe durante a partida. Da mesma forma, também não era o caso de Linder, de Mos ou Libregts pensarem a tática enquanto eu apenas jogava futebol. Sempre foi um esforço conjunto. Não era o caso de eu ter de compensar um técnico ruim, ou de um técnico ter de compensar minhas deficiências. Isso não funciona assim. Nas quase três temporadas em que joguei depois de retornar à Holanda, ganhei três campeonatos e duas Copas da Holanda. Isso só acontece quando existe uma colaboração sólida entre profissionais de alto nível.

É tudo uma questão de boa comunicação. O técnico dava as instruções fora do campo e eu garantia que elas fossem seguidas dentro dele. Isso é perfeitamente normal, já que o técnico não pode pedir "tempo" no futebol. Um técnico pode falar com a equipe antes do jogo e durante o intervalo, mas tente passar uma orientação para um jogador do lado oposto do campo durante a partida com 50 mil pessoas cantando... não dá certo. É por isso que é necessário ter alguém em campo de olho no quadro geral.

Por isso, sempre que ganhávamos um lateral perto de onde nosso técnico ficava, eu é que ia cobrar. Assim, ele podia me dizer rapidamente "'Fique de olho nisso, fique de olho naquilo". Ou então eu podia perguntar algo a ele. Fazia isso não porque achava que fosse melhor do que os outros, e sim porque era a forma mais profissional de agir. Tanto para o técnico quanto para sua extensão em campo, sempre considerei o respeito um item crucial. Por isso, nunca briguei com nenhum treinador. Ou quase nunca. Hennes Weisweiler foi a exceção a essa regra, quando foi técnico do Barcelona por um ano. Mas nunca houve problemas com mais ninguém.

Meu último ano como jogador de futebol no Feyenoord foi uma grande festa. Trabalhei superbem com Libregts e com caras como Ruud Gullit e André Hoekstra — tínhamos um ótimo time. Joop Hiele, Ben Wijnstekers, Stanley Brard — todo mundo estava em ótima forma naquele ano. Comecei a temporada com a intenção de dar ao meu novo clube algo especial. E foi o que fiz — e não foi só "um pouco" especial. Quando penso em retrospecto, ainda não consigo entender como aquilo aconteceu. Como foi possível? É incrível especialmente quando se considera que começamos perdendo de 8 a 2 do Ajax no Estádio Olímpico — e tivemos que suportar muita zombaria por conta disso. Mas as pessoas esquecem que um resultado como esse é muitas vezes o começo de uma ressurreição. É assim que funciona.

Depois daqueles 8 a 2, vencemos tudo. Literalmente tudo. A Copa, o Campeonato Holandês, e eu, pessoalmente, ganhei a Chuteira de Ouro de melhor jogador da Eredivisie. Na Páscoa, o Feyenoord queria estender meu contrato. Porém, antes disso, jogamos uma rodada dupla, com partidas no sábado e na segunda-feira, acho. Na manhã seguinte à segunda partida, me senti péssimo. Desci as escadas cambaleante e não conseguia subir de novo. Disse a Danny: "Não posso continuar assim. Tenho que parar um dia. Acabou". Se minhas duas desastrosas partidas de despedida de 1978 foram fortes indícios de que meus dias em campo não acabariam como havia sido planejado, cinco anos depois o conto de fadas terminaria da maneira que tinha que ser. No auge. Com muito futebol e momentos dos quais as pessoas do Ajax e do Feyenoord ainda falam. E com prêmios. Naqueles três anos, foram três títulos nacionais e duas Copas da Holanda — não podia ser melhor do que isso. Portanto, não havia problema em encerrar minha carreira. Tinha sido maravilhoso.

Gostaria de esclarecer um mal-entendido. Nunca fui movido por rancor. Nem mesmo em 1983, quando foi sugerido que eu queria descontar minha raiva do Ajax, depois que o clube tinha me descartado como lixo, jogando pelo Feyenoord. Essa vingança que eu supostamente estaria buscando não tinha nada a ver com um ego ferido, como tantos sugeriram. As coisas nunca são tão simples assim. Em 1983, meu padrasto, o tio Henk, morreu, e essa perda me afetou tão fortemente que meu desempenho no Ajax ficou prejudicado. O conselho do clube sabia a respeito, mas o resto do mundo recorreu a todo tipo de histórias implausíveis, e fui para o Feyenoord em péssimo estado. Depois disso, juntei toda a minha energia para conseguir encerrar a carreira do jeito que meu segundo pai gostaria. Esse sentimento me deu uma força incrível para vencer tudo o que havia para vencer, ainda que já estivesse com 37 anos. A Eredivisie, a Copa da Holanda, a chuteira de ouro. A força que a morte de Henk me deu até hoje me surpreende.

Depois de encerrar meu contrato com o Feyenoord em 1984, decidi acompanhar o futebol de fora do campo por um ano. Assistir ao jogo a distância foi muito agradável. Pude ver com clareza por que a seleção da Holanda não se qualificou nem para a Eurocopa de 1984 nem para as Copas do Mundo de 1982 e 1986. A qualidade dos técnicos e do trabalho com as categorias de base era muito questionável. Durante meu período sabático, percebi que havia uma enorme escassez de expertise nos clubes. Falta de gente capaz de melhorar a qualidade técnica de um jogador profissional que tivesse chance de chegar ao topo. Havia várias figuras aparecendo com todo tipo de generalizações, mas poucas sabiam como abordar determinados aspectos do jogo.

Quando comecei a jogar, Jany van der Veen era o técnico do juvenil do Ajax. Ele tinha sido um bom jogador e treinava com base na experiência prática que tinha adquirido em seus próprios treinos. Durante o treinamento, passava uma mistura de suas próprias ideias e de coisas que tinha aprendido com outras pessoas para a nova geração de jogadores de futebol. Lembro que nós, da equipe juvenil, precisávamos treinar nos corredores quando o tempo estava ruim. Não era uma grande sacada. Eu achava bastante inútil, na verdade. Aí Van der Veen veio com a ideia de umas brincadeiras de cabeceio. O que mais a gente poderia fazer no corredor? Ele pendurava uma rede e tínhamos que cabecear a bola, um time de cada lado da rede. Um caso em que a necessidade fez a virtude.

Mais tarde, marquei o segundo gol contra a Inter na final da Copa dos Campeões da Europa de 1972 de cabeça. O movimento foi executado com perfeição técnica, ainda que alguém da minha altura em tese não pudesse subir alto o suficiente para chegar à bola. Consegui graças a um exercício para os dias chuvosos que meu técnico da equipe juvenil inventou ali, na hora. Porém, houve uma grande mudança na KNVB. De repente, era preciso ter um diploma para ser técnico. Mas quantos jogadores estudam para isso? Ninguém da galera que jogava na rua. No fim das contas, tornou-se obrigatório passar quatro anos estudando para se tornar um técnico, e os treinadores passaram a ser de um tipo completamente diferente.

Tomarei a mim mesmo como modelo. Eu não poderia ter jogado futebol e estudado ao mesmo tempo. Quando eu estava livre, as escolas já estavam fechadas e não abriam exceções. Via Instituto Cruyff, mais tarde tentei dar aos esportistas uma solução para esse dilema, mas na época as pessoas não pensavam nisso. Se você queria estudar sendo esportista, não tinha a menor chance. Apenas jogadores com pouco talento se tornavam treinadores. Nenhum grande jogador de futebol estudou, porque não tinha tempo. Uma coisa era consequência da outra. Aqueles que não eram estrelas em seus clubes ou na seleção holandesa não precisavam treinar todos os dias e podiam ir à escola. A consequência lógica é que a qualidade dos treinadores diminuiu e, portanto, a qualidade do futebol caiu. Mesmo que a KNVB tenha agora passado a impor um período mais curto de treinos para os jogadores com carreiras internacionais, ainda insiste no treinamento teórico e não no prático. Pouco mudou em trinta anos. O que foi um dia a força do futebol holandês, a habilidade técnica, é agora a nossa fraqueza.

No início de 1985, minha carreira como técnico de futebol começou em meio período, quando fui contratado como consultor do Roda JC Kerkrade. Então, Leon Melchior me pediu que ajudasse a organizar um treinamento para jovens no MVV, em Maastricht. Melchior era um empresário de nível internacional que havia montado um estábulo para cavalos de corrida de renome mundial, com vários animais campeões, em seu tempo livre. O MVV pediu seu conselho na reorganização do clube, e ele, por sua vez, me sondou sobre ajudar a organizar a equipe juvenil.

Esses foram os primeiros sinais de que eu ainda estava aberto a um retorno ao futebol. Pouco depois, tanto o Feyenoord quanto o Ajax foram bater na minha porta. Fiquei particularmente feliz de o Ajax demonstrar interesse. Parecia que o clube queria passar uma borracha no que havia acontecido. E como eu já tinha conseguido minha vingança, também estava feliz em enterrar os erros do passado.

Depois disso, as coisas tomaram corpo e, em junho, o Ajax me nomeou diretor técnico. Era um posto recém-criado, e a primeira vez na história do futebol holandês que se usava o termo diretor técnico. Foi simplesmente um truque legal para eu poder treinar sem ter um diploma. No início eu era chamado de técnico, mas a associação ameaçou processar o clube. "Diretor técnico" foi o termo que permitiu a mim e ao Ajax seguirmos em frente.

Isso pode parecer um pouco desonesto, mas na verdade nossa atitude foi apoiada pela Associação Holandesa de Futebol. No início de 1985, escrevi uma carta à KNVB perguntando o que eu precisava fazer para atuar como técnico de futebol profissional. Escrevi a carta em conjunto com Rinus Michels, então conselheiro técnico da associação. Esperávamos que as regras fossem alteradas de forma que as pessoas que realmente significaram algo para o futebol profissional, por conta de seu conhecimento e experiência, tivessem a chance de fazer sentir sua presença.

Como acredito que na vida as coisas não acontecem à toa, ofereci uma alternativa para a obrigatoriedade do diploma. Sugeri que jogadores profissionais e com carreira pela seleção fizessem um teste e recebessem aulas apenas nas disciplinas em que falhassem. Dessa forma, o ritmo do curso poderia ser facilmente acelerado, ninguém estaria aprendendo coisas que já sabia e pessoas de qualidade chegariam mais rapidamente aos postos que mereciam. Estariam no lugar onde se faziam necessários.

Durante esse período, o futebol holandês clamava por técnicos que pudessem analisar e melhorar uma equipe e seus onze jogadores individualmente. Mas já nessa época eu pensava que o auge só poderia ser alcançado se você trabalhasse em pequenos aspectos do jogo durante o treinamento. Um ou dois por cento. Com a minha ideia de fazer um teste primeiro e depois adaptar as disciplinas, estava tentando apresentar uma solução adequada para a KNVB atrair com rapidez mais especialistas de fato. Ao propor isso, estava assumindo um grande risco pessoal. Em termos práticos, eu teria passado fácil por matérias de tática ou técnicas de jogo, mas como sempre pensei o futebol de modo muito diferente da maioria — de modo diferente das pessoas que davam o curso —, provavelmente nunca teria passado no teste.

Meses se passaram e não ouvi uma única palavra da KNVB. A associação alegou que iriam discutir o assunto, e isso foi tudo. Como a coisa se arrastava, no final desistimos e inventamos o termo "diretor técnico" para que eu pudesse trabalhar no Ajax. Caso contrário, eu teria me tornado um escravo dos regulamentos, e não estava disposto a isso. Felizmente, graças à minha experiência no futebol dos Estados Unidos, adquiri um conhecimento sólido sobre como as coisas funcionam no esporte profissional, e pude aplicar minha experiência à situação do Ajax. Isso foi vital. O primeiro passo era assumir a responsabilidade por todo o ambiente futebolístico. Dos jogadores profissionais aos juvenis. Nesse tipo de estrutura de liderança, era necessário formar um time com toda a equipe envolvida no futebol. Porque essas pessoas é que iam colocar minha política em prática.

Não demorou para eu perceber que meu papel no Ajax não era aprovado pela KNVB ou pela associação de técnicos. Eles vinham me espionar e alegavam que eu estava participando ativamente dos treinos. Mas essa objeção era fácil de refutar. Não sou o tipo de pessoa que trabalha encerrado em sua torre de marfim. Meu lance é o futebol, de modo que fico mais à vontade em campo. Usei a desculpa de que, como tinha encerrado minha carreira como jogador, precisava perder uns quilos, por isso estava sempre correndo entre os jogadores.

Enfim, para ser sincero, nunca conduzi uma sessão de treinamento, ou quase nunca. Tinha uma equipe técnica, com Cor van der Hart, Spitz Kohn e Tonny Bruins Slot — três treinadores excelentes que compensavam muito bem minha falta de experiência. Porém, estando entre os jogadores, eu conseguia trabalhar nos pequenos detalhes. E esse é o tipo de coisa que você não aprende nem em cem anos de escola. Você tem ou não. Toda a organização do treinamento dos titulares foi baseada no modelo americano. Isso significava dividir as especialidades. Eu já tinha percebido que nenhum jogador de futebol pode ser o melhor em todas as posições do campo. Foi o que eu disse à minha equipe técnica.

Além dos três treinadores, o Ajax também tinha um bom preparador físico. E contava com o melhor treinador de goleiros da Holanda, que colocou todos os goleiros do clube sob sua asa, do elenco juvenil aos titulares. Eu trabalhei também com olheiros internos e externos. Delegava as sessões de treinamento e o trabalho de fisgar novos talentos, simplesmente porque havia quem fizesse essa função melhor do que eu. Nunca fingi que podia fazer qualquer coisa que não pudesse. Cresci no futebol tendo um treinador e um ou dois assistentes, mas sofri influência do movimento hippie Flower Power dos anos 1960. Isso me fez pensar fora da caixa. Por exemplo, um dia no Ajax sugeri que usássemos Len del Ferro, um cantor de ópera especializado em técnicas de respiração, para ajudar os jogadores a conseguir tirar o retorno máximo de cada inspiração e expiração. Isso é muito importante no esporte de nível profissional. Então, del Ferro passou a trabalhar com os jogadores no vestiário. Mais tarde, em Barcelona, eu trouxe um reflexologista, porque toda a energia do corpo sempre se esvai pelos pés. Apostava nesse tipo de coisa para adicionar algo de novo ao time.

Estava, portanto, sempre à procura de especialistas, para que pudéssemos trabalhar melhor nos detalhes. Isso é realmente parte importante do meu método. Na Holanda, pelo menos no começo do meu período no comando do Ajax, eles não estavam acostumados a trabalhar assim. Mas eu disse: "Se você trabalha com preparo físico, é responsável por isso. Não eu. Então não venha me perguntar o que fazer. Para mim, duas coisas são importantes: em princípio, eles precisam conseguir jogar por 120 minutos e têm de se divertir. Não sou policial para ficar vigiando. Só que, se você não conseguir resolver isso sozinho, vou ter que procurar alguém que consiga".

A questão era encontrar pessoas dispostas e boas o suficiente para assumir a responsabilidade por suas ações. Não queria profissionais que ficassem pensando: o que Cruyff acha? Assim, na primeira vez em que cada especialista treinava os jogadores, eu nem ia assistir. Era o lance deles, e a responsabilidade tinha que ser deles também.

A maioria dos clubes tem um técnico e mais um assistente e, de repente, o Ajax contava com uma equipe técnica de sete pessoas. Todo o treinamento especializado era baseado na técnica, e com isso não quero dizer somente na técnica com a bola. Vamos pegar o treinamento físico, por exemplo. Não se tratava de levar um jogador a correr dez quilômetros de uma só vez, e sim de fazê-lo capaz de correr com o melhor aproveitamento técnico possível. Assim, poderíamos ajudá-lo a evitar lesões ou cansaço durante o jogo. Ou a correr mais rápido que seu rival em distâncias curtas.

Correr é uma habilidade completa que não tem nada a ver com a bola, mas seu treinamento ainda se enquadra como capacitação "técnica". Seja qual for sua especificidade. O mesmo se aplica a outros aspectos físicos do jogo. Por exemplo, pular e cabecear. Você pode conseguir cabecear uma bola, mas sabe fazer isso levando em conta força e direção? Há uma enorme quantidade de detalhes envolvidos em cada aspecto do treinamento.

Eu mesmo observava muitos detalhes. Como o braço direito deve estar posicionado quando você chuta para a esquerda? Como manter o melhor equilíbrio do corpo? Quais problemas tem determinado jogador e como revolvê-los? Às vezes, eu convocava uma reunião com os outros especialistas para verificar se uma sessão de treinamento tático podia ser também usada para monitorar o preparo físico. Muitas vezes, não se trata apenas de trabalhar o que você quer melhorar taticamente, mas também a intensidade do treino. O resultado no Ajax foi que todos aprenderam não apenas como dar o melhor de si, mas também como compartilhar isso com os outros jogadores.

Eu estava ciente de que o futebol holandês vinha se afastando cada vez mais da maneira de ser com a qual surpreendemos o mundo em 1974. Quando fui para o Ajax, decidi desde o início jogar de acordo com os princípios fundamentais do Futebol Total. Portanto, Stanley Menzo se tornou um goleiro que também jogava com os pés, alguém que podia atuar bem longe da área do gol. Isso era novidade na época, mas trinta anos depois se tornou comum. Em clubes como o Barcelona e o Bayern, isso faz parte da filosofia do clube. E eu adoro isso. Mas minha intenção era dar ao Ajax uma identidade própria novamente. O princípio básico era jogar tão ofensivamente quanto fosse possível. Mantínhamos três atacantes e um homem livre atrás deles, o que significava que os defensores do outro time teriam dificuldades para saber quando marcar homem a homem ou por zona.

Naquela época, todas as equipes da Eredivisie jogavam com dois atacantes, de modo que senti que só precisava de três homens na defesa, em vez de quatro. Isso significava que eu poderia ter quatro homens no meio-campo. Para tanto, troquei um dos zagueiros pelo jogador hoje em dia conhecido como número dez, que atua atrás do centroavante. Com Menzo sempre à frente da área quando tínhamos a possa da bola, o resto do time era empurrado para a frente no campo. Ao escolher Menzo, eu também estava mostrando como pensava a composição de um time. Eu nem sempre escolhia os onze melhores jogadores de futebol, mas o grupo de jogadores que melhor se encaixava. Assim, optava prioritariamente pelos zagueiros que se encaixavam bem com Stanley. Sempre gostei de tentar entender se o jogador A é o que melhor se ajusta ao jogador B.

Além de nossas partidas serem sempre emocionantes de assistir, também provocavam muita discussão, o que, na minha opinião, é o que o futebol profissional deve oferecer. Algumas pessoas consideravam que nosso estilo de futebol era ótimo, enquanto outras achavam que ele nunca traria resultados reais. Disse a todos os jogadores que acabaríamos sendo derrotados vez ou outra, mas que, no contexto de nosso desenvolvimento, isso não tinha a menor importância. Estávamos investindo forte nos nossos titulares, e o time já era bom o suficiente para terminar entre os três primeiros lugares, fosse qual fosse nossa forma de jogar — mas eu queria mais, queria chegar lá oferecendo mais entretenimento.

Como técnico, me apeguei a essa ideia de forma muito consistente. Mesmo quando perdíamos ocasionalmente, nunca tive dúvidas. E foi assim também mais tarde, no Barcelona. Além disso, todo ano eu ganhava um troféu. Durante minha primeira temporada no Ajax, foi a Copa da Holanda que nos garantiu um lugar na Recopa da Europa. Torneio que vencemos em 1987, ao bater o Lokomotive Leipzig por 1 a 0 na final em Atenas, graças a uma cabeçada de Marco van Basten. Aquela equipe do Ajax foi a mais jovem do clube a vencer uma grande competição internacional. Foi muito especial, porque muitas pessoas reclamavam que os clubes holandeses não tinham financiamento de grandes grupos empresariais, como acontecia na Itália e na Espanha.

Houve outra vantagem que decorreu da vitória na Recopa. No fim, o título levou a uma reação muito positiva por parte da KNVB.

Cerca de seis meses após ter escrito para a associação, no início de 1985, tentando estabelecer um curso de formação abreviado para técnicos, fiquei sabendo que minha ideia havia sido recusada. O presidente do Ajax, Ton Harmsen, que também fazia parte do conselho de administração da KNVB, me disse que Michels havia votado contra. Isso era muito estranho, já que Michels tinha me ajudado a escrever a carta e a tinha apresentado ao conselho na qualidade de consultor técnico. Era justamente por conta disso que eu tinha certeza de que meu pedido seria enviado às pessoas certas, porém, de acordo com Harmsen, Michels fez exatamente o oposto. Ainda não consigo acreditar. Nunca perguntei a Michels a respeito disso, porque não conseguia imaginar que pudesse ser verdade. Até hoje.

De qualquer forma, depois que o Ajax venceu a Recopa Europeia, a KNVB repentinamente abandonou suas objeções a meu cargo de diretor técnico. Em 1º de junho de 1987, fui homenageado pela associação em razão do sucesso internacional do Ajax, além de receber da KNVB o "diploma de técnico profissional de futebol". Foi um gesto que não se repetiu mais. Mas se me pedissem para fazer um curso, ainda que curto, acho que eu não faria. Tanto no Ajax quanto mais tarde no Barcelona, nunca fiz coisas que não estivessem dentro da minha capacidade pessoal. Para minha equipe técnica, sempre procurei especialistas que me complementassem. E tive a sorte de trabalhar para dois grandes clubes que podiam se dar ao luxo de contratar esses profissionais.

6.

Mesmo depois de me aposentar como jogador, continuei sendo o tipo de técnico que fica mais no campo do que no escritório e sendo mais um jogador do que um treinador. O que eu mais gostava de tudo era poder jogar futebol com o time. Assim, ficava mais fácil acertar o posicionamento e a estratégia para as partidas. Eu amava isso. É claro que, como técnico, fui influenciado por outras pessoas. Porque tive muitos treinadores e técnicos. Quando se trabalha com caras como Jany van der Veen, Rinus Michels, Georg Kessler, Ștefan Kovács, František Fadrhonc, Hennes Weisweiler, Gordon Bradley, Kurt Linder, Aad de Mos e Thijs Libregts, aprende-se alguma coisa. Aí é se apegar aos pontos positivos de cada um e tentar aprender com os negativos.

Fui parcialmente moldado por todos eles, embora no final cada um desenvolva seu próprio estilo. A essa altura, o leitor já deve ter adivinhado que Van der Veen e Michels foram os que mais me influenciaram. Van der Veen como treinador, ensinando os jogadores a serem tecnicamente bons; Michels, como técnico e administrador de grupos. Ele era realmente durão e, quando você lida com alguém assim, não tem como não se influenciar. Isso já ficou claro quando tive minha primeira experiência como técnico, cinco anos antes de começar oficialmente. Eu ainda jogava para o Washington Diplomats, no final dos anos 1980, quando o Ajax me pediu que fosse consultor técnico do clube assim que a temporada americana chegasse ao fim. Leo Beenhakker era o técnico do Ajax, e o time titular não estava jogando no seu melhor nível. Em minha primeira partida em Enschede, contra o Twente, decidi não me sentar no banco, mas nas arquibancadas, para ter uma visão geral melhor do campo.

Em determinado momento, o Ajax perdia por 3 a 2 e antevi algumas maneiras possíveis de mudar o jogo. Desci das arquibancadas, dei instruções aos jogadores na lateral do campo e fui me sentar ao lado de Beenhakker. No final, o Ajax venceu por 5 a 3. Após a partida, houve muito ruído na imprensa sobre como eu tinha feito Leo parecer um tolo. Mas, para ser honesto, acho que faria a mesma coisa novamente. Beenhakker sabia o que tinham me pedido para fazer e, como consultor, era o que a situação exigia. Foi o caso contra o Twente. O Ajax arriscava perder o jogo e consegui enxergar uma solução para o problema. De modo que fui aconselhar, ajudar. O que é bom, desde que funcione. Se não funcionasse, seria atrás de mim que todos viriam. Felizmente, tudo correu bem. Fazendo algumas mudanças no posicionamento do time, a equipe ficou muito mais forte. Como técnico, ficaria feliz em ter um consultor assim. De qualquer forma, é uma situação que dura pouco, porque imediatamente após um jogo, a única coisa que importa é o próximo. Por isso, não dei muita bola para essa história toda. No entanto, esse jogo entre Ajax e Twente deixou meus pontos fortes bem claros. Tenho uma visão geral da partida não apenas como jogador, mas também como técnico.

Cinco anos depois, optei, enfim, por me tornar técnico. Como sempre gostei de jogar futebol mais do que de qualquer outra coisa, virar técnico sempre foi minha segunda opção.

Quando me aposentei como jogador, ainda queria estar envolvido com o futebol. E ser técnico, para mim, sempre foi um jeito de estar em campo. Por isso, primeiro com o Ajax e depois com o Barcelona, tentei garantir que sempre houvesse o máximo de partidas de treinamento durante a pré-temporada.

Essa é uma abordagem que difere da de alguns outros técnicos europeus entre os meses de julho e agosto e um exemplo de como os treinadores podem ser diferentes. Ao longo dos anos, notei que eles se dividem em dois grupos: os que sempre quiseram ser técnicos e os que assumiram o trabalho porque não tinham mais condições de jogar. É claro que pertenço ao último grupo. Também sou do tipo que prefere cuidar da parte tática e deixar outra pessoa acompanhar os treinamentos físicos.

Se um executivo de um clube escolhe alguém como eu, deve considerar seriamente combinar minhas habilidades às de um treinador "de verdade". Alguém como Tonny Bruins Slot, com quem trabalhei no Ajax e mais tarde no Barcelona, que me complementava perfeitamente. Ele acompanhava os jogadores de perto e era capaz de manter o treino físico interessante e cheio de novidades para ajudar a motivá-los.

A combinação entre mim e o então diretor e vice-presidente Arie van Eijden, no Ajax, por outro lado, não foi tão feliz. Se o conselho estivesse ciente de como funcionavam as coisas entre nós, nunca teria nos deixado trabalhar juntos — pelo menos não da maneira como fez. O diretor deve atuar como uma ponte entre o técnico e o conselho. Alguém que faz parte do time, como todos deveriam fazer. Da senhora que serve o chá ao presidente. Em um clube grande, é assim que tem que funcionar. Mas essa não era a mentalidade no Ajax. Tendo aprendido nos Estados Unidos como um clube profissional moderno funcionava, eu me via diante de uma organização muito atrasada.

Fico triste de ver que as coisas não mudaram muito em trinta anos. Há mais dinheiro envolvido no futebol de alto nível, porém muitos dos mesmos erros continuam sendo cometidos. As decisões seguem sendo tomadas por membros do conselho que não fazem a menor ideia do que estão fazendo. Escolhas são feitas com base em conversas pessoais e lobbys entre os cartolas. Algumas vezes com resultados terríveis, que deixam os técnicos na linha de tiro, enquanto quem tomou a decisão fica protegido. Também gostaria de dizer que ser um técnico de sucesso requer uma enorme habilidade gerencial para colocar a pessoa certa no lugar certo. Por isso, muitas vezes fico perplexo ao ver alguém que não é o técnico tomar decisões sobre as políticas de transferência. O prejuízo causado por essas pessoas pode perdurar por anos. Milhões são gastos, e tanto jogadores quanto técnicos sofrem sem necessidade.

Tive essa experiência como técnico tanto do Ajax quanto do Barcelona. Em ambos os casos, as coisas começaram bem, eu e os jogadores na linha de frente e o conselho na retaguarda. Mas por pouco tempo, pois logo o conselho tentou intervir em assuntos do jogo e acabou invadindo o espaço dos outros profissionais. Terceiros causaram o problema, e quem levou a culpa foi o técnico. Minha experiência nos Estados Unidos me ensinou bastante sobre o efeito que as diferenças salariais podem causar nos jogadores. Por exemplo, aprendi com Andy Dolich, o administrador geral do Washington Diplomats, que essas diferenças podem influenciar o relacionamento entre os jogadores no vestiário e, como consequência, respingar no campo.

Por essa razão, sempre fui muito cuidadoso em relação a salários e bônus recebidos por todos os meus jogadores. Nunca tive o menor interesse pessoal em dinheiro, mas ao treinar e desenvolver meus times, fui forçado a seguir um padrão particular de pensamento. Por exemplo, você não pode ter o jogador número nove de sua lista de melhores atletas à frente do jogador número três dessa mesma lista só porque ele tem um agente mais inteligente. Mesmo quando os salários são supostamente confidenciais, essas coisas acabam emergindo e criando tensões e atritos no vestiário. Por isso, eu fazia questão de saber precisamente quanto cada jogador ganhava, para manejar esse tipo de problema.

O Ajax também criou outra dificuldade. De acordo com sua política financeira, havia um limite máximo estabelecido para o valor de transferência de qualquer jogador do clube que fosse vendido. Parecia uma coisa muito justa no curto prazo, porém os problemas começaram quando o Milan foi comprado pelo bilionário italiano Silvio Berlusconi, em 1987, e o mercado de transferências disparou, com a entrada de enormes quantidades de dinheiro. Com sua política de limitar o valor das transferências, o Ajax não tinha como tirar vantagem da situação, porém nosso principal concorrente, o psv Eindhoven, o faria. Eles receberam dez vezes mais do Milan por Ruud Gullit do que o Ajax por Marco van Basten. Pesava o fato de que quase nenhum clube holandês compartilhava da visão do Ajax. Como nosso melhor jogador estava deixando o clube por uma ninharia, tínhamos esse mesmo montante para arranjar um substituto na Eredivisie. Nessas horas, minha boca sempre foi meu maior problema. Eu disse ao conselho o que pensava deles e os responsabilizei por minar a time. Isso não me rendeu muitos amigos.

Então, depois de ter conquistado a Recopa da Europa em 1987, me encontrei numa situação inacreditável. Tínhamos muitas possibilidades de crescer no Ajax, mas a administração do clube nos sufocava. Várias vezes sugeri que van Eijden fosse fazer um estágio com Andy Dolich. Seria bom para ele e bom para o Ajax. Mas o conselho não me levou a sério e não fez nada a respeito.

Depois disso, o mercado de transferências ficou completamente descontrolado. Van Basten tinha sido vendido para o Milan a preço de banana, e durante meses fiquei de olho em Cyrille Regis, do Coventry City, um atacante fisicamente forte e de carisma, que estava no auge de sua forma. O Coventry estava indo bem na Copa da Inglaterra e queríamos agir rapidamente, para o caso de o valor de transferência do jogador disparar. Depois de um mês, o Ajax ainda nem tinha começado a negociar. O Coventry venceu a Copa da Inglaterra, tendo Regis como astro do time e, então, não pudemos mais pagar por ele.

Outas transferências seriam frustradas durante o verão de 1987, porque o clube sempre esperava demais para negociar. Por fim, um dos meus jogadores, Arnold Mühren, me informou que o irlandês Frank Stapleton estava disponível para transferência. Os dois tinham jogado juntos no Manchester United, e eu me lembrava de Stapleton como um grande atacante. O custo da transferência seria baixo, porque ele ainda estava num momento de maior vulnerabilidade a lesões. No fim das contas, era dessa forma que eu tinha que conseguir jogadores.

Nosso fracasso em assinar com Rabah Madjer foi a gota d'água. Ele tinha acabado de ganhar a Copa dos Campeões da Europa com o Porto contra o Bayern de Munique, depois de um gol num belo toque de calcanhar — o time português venceu por 2 a 1. Era um jogador que me atraía, e descobri que Madjer também era um grande fã e sonhava em jogar comigo. Além disso, ainda havia uma cláusula em seu contrato limitando sua taxa de transferência a 800 mil dólares. Por causa dos problemas anteriores nas transferências, eu mesmo conduzi a primeira parte das negociações. Talvez não tenha feito essa parte com tanta competência, mas não confiava em mais ninguém. Apenas quando já tínhamos entrado em acordo, eu trouxe o assunto aos cartolas. Existia um acordo tácito de que a transferência não podia, em hipótese alguma, vazar antes do jogo da Supercopa da Europa entre o Ajax e o Porto, que seria disputado uma semana depois. Os portugueses foram muito firmes nessa questão. A Supercopa era a prioridade, e eles não queriam dar a impressão de estarem dispostos a estragar tudo por conta de uma transferência.

Os termos estavam bem claros e a transferência não deveria ter dado errado. Mas deu — e de uma maneira que deixou bastante evidente como as coisas estavam indo mal no

Ajax. Somente dois membros do conselho e o diretor tinham pleno conhecimento do acordo com o Porto, e um deles vazou a história para a imprensa no dia anterior à partida, após o que o furioso presidente do Porto me informou que o acordo estava cancelado. De modo que o Bayern ficou com o Madjer, e eu fui atropelado pelos eventos mais uma vez.

Era um problema em cima do outro. No Ajax, Van Basten sempre tinha sido a estrela indiscutível. Depois de sua transferência para o Milan, fui forçado a compensar não apenas sua qualidade, mas também sua autoridade em campo. Como não estava conseguindo os jogadores que queria, tive que fazer uma escolha dentro do próprio time. Depois que Van Basten saiu, tentei encontrar outro líder natural. Frank Rijkaard foi o primeiro nome que me veio à cabeça. Ele era o melhor jogador, mas, por vários motivos, o arranjo não deu certo. Frank era reservado por natureza, e eu tentei mudar isso. Infelizmente, ele ficou cada vez mais descontente e acabou desistindo de jogar pelo Ajax quase de um dia para o outro. De repente, não estava mais interessado; estava farto de tudo. Fiquei muito surpreso. Porém, gostaria de deixar claro que esse problema não teria ocorrido se a administração do clube tivesse operado profissionalmente no mercado de transferências.

Infelizmente, a mensagem que eu queria passar para Rijkaard, de que só estava tentando ajudá-lo como jogador de futebol, caiu em ouvidos moucos. É impossível melhorar alguém que não quer aprender. Melhor não desperdiçar energia com isso. No esporte de alto nível, é preciso ser duro com as falhas e deixá-las às claras; é a única forma de eliminá-las.

Isso também se aplicava aos jogadores que ainda não tinham conseguido demonstrar progresso até o final da temporada. De novo, fui forçado a aprender o quanto precisava ser rigoroso. Porque você precisa continuar escolhendo o melhor time possível, e é quase forçado a deixar de lado algumas pessoas que vestem a camisa do time. É a coisa mais difícil do mundo, mas não tem outra opção. Se você começa a fazer concessões para um jogador, haverá outro que deixará de cooperar e, em pouco tempo, todo o grupo vai estar fora de controle.

É assim que funciona no esporte de alto nível, e não sei fazer de outro jeito. Provavelmente, isso é uma falha minha. Não consigo me colocar na posição de alguém que não faz o que estou pedindo. Um jogador tem que ser capaz de aprender algo comigo. Se não quer aprender, então é tchau mesmo. Tenho que seguir em frente. O que é muito irritante é que os que mais cometem esses pecados costumam ser as pessoas mais agradáveis. Ainda assim, é preciso afastá-las. Sempre me senti muito frustrado com isso, até porque em alguns casos esses jogadores se tornaram amigos. A ruptura com Rijkaard, porém, foi de ordem diferente. A má gestão do clube afetou o equilíbrio dentro do time e fui forçado a empurrá-lo muito cedo para um papel de liderança para o qual ele não estava pronto.

Como treinador, sempre desejei um time com uma boa mistura entre jogadores que eu tivesse treinado, alguns jovens talentos recém-descobertos e algumas novas aquisições para fortalecer a equipe. Estávamos indo muito bem nesse aspecto no Ajax. Os torcedores gostavam do nosso jogo e tínhamos dado a Aron Winter e a Dennis Bergkamp, então com dezessete anos, a chance de estrear. Convenci também alguns grandes empresários de Amsterdã a doar 1 milhão de florins para o treinamento de jovens do Ajax. Era uma soma incrivelmente alta para a época no que diz respeito ao desenvolvimento de jovens talentos.

Embora o estádio estivesse sempre cheio e o Ajax estivesse ganhando troféus novamente, o conselho se tornava cada vez mais invasivo. Isso já tinha ficado claro nas transferências do verão de 1987, porém, depois disso, eles passaram a querer intervir cada vez mais no lado técnico das coisas. No início de 1988, cheguei ao meu limite. Enquanto estava esquiando de férias, o presidente do clube, Ton Harmsen, me disse ao telefone que tinha resolvido meus problemas com a administração. Tudo o que eu precisava fazer era conversar com a diretoria e as coisas se resolveriam. Voltei mais cedo das férias só para me dar conta de que Harmsen estava puxando meu tapete. Em vez de se mostrarem conciliatórios, os demais conselheiros estavam em modo de ataque. E Harmsen simplesmente ficou lá, assistindo.

Eu havia chegado ao limite e, no dia seguinte, me demiti. Por mais que eu quisesse ficar na Holanda, por mais satisfeito que estivesse por ter voltado ao Ajax, não podia continuar. Devo admitir; passei algumas noites sem dormir, porque minha família estava adorando viver em Amsterdã. Mas não havia nada a ser feito. O Ajax não me queria mais por lá e, infelizmente, alguns jornalistas pareciam concordar com isso. Senti que queriam destruir tudo o que eu tinha construído. Mas não deixei que fizessem isso. Não cairia sem revelar o que estava acontecendo. Depois de me posicionar, eles perderam o fôlego. Não se pode sair por aí prejudicando as pessoas. O conselho já tinha feito isso quando eu era jogador e repetia o ataque contra mim na posição de treinador. Ninguém pode fazer uma coisa dessas e esperar sair ileso. Nunca mais nada de bom aconteceu entre nós.

Tudo parecia estar tão bem no Ajax e, de repente, acabou. Foi uma época muito estranha para mim. Ganhei a Recopa Europeia com o time quando ninguém esperava. E fui forçado a sair porque queria levar o clube a um nível mais alto de profissionalismo. A essa altura, os fatos falavam por si. Todas as vezes que voltei ao Ajax, encontrei a sala de troféus vazia. E agora, saindo pela terceira vez, novamente deixava a estante cheia.

Por sorte, tenho mais boas do que más lembranças do meu tempo no clube. Isso graças especialmente aos jogadores. Tanto no meu tempo de jogador quanto no de treinador, trabalhei com times fantásticos. Todas as pessoas eram excelentes. A diversão que tivemos foi, no final das contas, a razão por eu ter aguentado tanto tempo. Até que foi impossível ficar, e eu cheguei ao ponto de discutir com alguém como Frank Rijkaard. Por sorte, Frank e eu nos resolvemos mais tarde, mas foi chocante que as coisas tivessem chegado a esse ponto.

O desejo da minha família de se estabelecer na Holanda de uma vez por todas, infelizmente, não foi realizado. Mais uma vez eu era forçado a sair do Ajax, e novamente meu destino seria Barcelona.

Já disse antes que jogo futebol principalmente para entreter o público. Para mim, não é apenas uma questão de ganhar. Meus princípios sempre foram construídos com base nas perguntas: você vai ganhar jogando bem? Que abordagem adotará para conseguir isso? E, claro, você sempre tem que levar em consideração a torcida. Os torcedores que estão sentados nas arquibancadas, aquelas pessoas para quem o clube é parte de suas vidas. Como jogador ou treinador, é preciso entender a cabeça dessas pessoas. Na Holanda, eles pensam de maneira diferente do que na Alemanha, na Inglaterra, na Espanha ou na Itália. São personalidades diferentes. É por isso que você não pode jogar como um italiano se estiver morando na Holanda. Simplesmente não pode. Não importa quem seja nem de onde vem.

Uma das grandes vantagens que tive como treinador do Barcelona foi que também atuei como jogador do clube. Então, conhecia a mentalidade e sabia até onde poderia modificá-la para oferecer certas qualidades ao time. Para fazer isso, era preciso conhecer o estilo de vida catalão, a política, o caráter nacional. Em Barcelona, em primeiro lugar, tive que lidar com o que já tinha virado uma tradição. O fato de o clube ser grande, ter bastante dinheiro e não ganhar títulos. Nesse ponto, eles estavam num nível um pouco mais baixo que o Ajax. Outra diferença era que todos os jogadores do Ajax só pensavam em atacar, enquanto no Barcelona todos só jogavam para trás. Tive que começar mudando essa mentalidade.

Isso é fundamental para mim. Só quero trabalhar com clubes que estão de fato interessados em jogar futebol. Do jeito que deve ser jogado. Tecnicamente bom e atraente. Quero sentir a atmosfera, o cheiro do vestiário. Um clube que joga em um estádio que tem uma pista de atletismo não me interessa. O campo e o vestiário nunca podem estar longe um do outro. Os jogadores precisam ter a sensação de que podem pisar no campo assim que saem de seu ambiente familiar. É ótimo, e uma grande vantagem, quando os jogadores do juvenil podem treinar, como no Ajax ou no Barcelona, vendo o estádio em segundo plano. O lugar em que mais esperam jogar um dia.

Para mim, futebol é emoção. Como jogador, nunca nem pensei em atrapalhar o jogo de outros colegas, mas também nunca quis ficar entediado sentado no banco, de modo que procurava maneiras de melhorar meu próprio desempenho. Como treinador, o que quero é me divertir e lutar pelo futebol perfeito. Com isso, os resultados acontecem sozinhos. Onde quer que tenha trabalhado, meu desejo era que as pessoas falassem e pensassem sobre futebol. Todo dia, se possível. Em Barcelona, a atmosfera completamente envolvida em futebol estava faltando. Ninguém tinha uma história para contar. Esta era a principal coisa que eu queria dar ao clube e à torcida: fazer com que falassem sobre futebol, sobre como deve ser jogado. Até as fofocas deveriam ser sobre futebol.

Fazer isso acontecer é uma questão de usar a cabeça e ter muita resiliência. Eu vejo esse tipo de situação como um quebra-cabeça. Vejo um problema e tento imediatamente resolvê-lo — assim, fica mais fácil colocar a próxima peça. No final, compensa. Trata-se de um jogo, afinal. E um jogo muito legal.

Obviamente, eu estava ainda mais cauteloso com a politicagem nos clubes por conta do que tinha acontecido comigo como técnico do Ajax e, no final das contas, a situação no Barcelona era, possivelmente, ainda pior do que em Amsterdã. Havia crises constantes por todo lado, uma após a outra. O último título no Campeonato Espanhol tinha sido doze anos antes, e a participação dos torcedores no estádio tinha diminuído para uma média de apenas 40 mil, quando anteriormente os números chegavam ao dobro disso. Nesse contexto, eu sabia por que o presidente do clube, Josep Lluís Núñez, estava tão ansioso em me contratar. Estava interessado, em primeiro lugar, em salvar o próprio cargo. Núñez era presidente desde 1978, ano em que deixei o clube como jogador, e agora era ele mesmo quem me trazia de volta. Não fui convidado porque ele apoiava minha visão, mas porque tinha esperança de que eu enchesse o armário de troféus. Eu era uma forma política de atingir determinado fim. Eu sabia disso tudo de antemão, mas dessa vez minha experiência no Ajax tinha me preparado e, por isso, estabeleci meus termos para seguir com a contratação.

Uma das exigências era que eu seria o único chefe no vestiário. Ali não mandariam nem jogadores nem o conselho, só eu. E se o conselho quisesse discutir algo, eu iria até eles para que não viessem até o vestiário. Deixei isso bem claro para Núñez desde o início, mesmo sabendo que ele não concordava. Presidentes do tipo dele são acostumados a que todos façam o que mandam, por isso deixei isso bem claro. Em parte, essa foi uma das razões por que nunca tivemos um relacionamento caloroso.

As coisas haviam mudado no clube e, durante a apresentação de pré-temporada, o público começou a aplaudir Núñez e a assobiar para Alexanco, a quem eu tinha acabado de nomear capitão. Peguei o microfone e disse aos torcedores que se continuassem a fazer isso eu pediria demissão. O motivo para se comportarem assim era que, numa disputa anterior com a administração do clube, Alexanco havia apoiado seus colegas jogadores. Havia mostrado caráter — e era exatamente o tipo de pessoa necessária para levar o Barcelona de volta ao topo. Então, eu disse aos torcedores que não queria ter nada a ver com o passado recente do Barcelona. Esse passado consistia em relações de ódio e inveja entre todos no clube. Eu não estava interessado nisso. Não queria trabalhar assim — pedi aos torcedores, enfim, que me apoiassem.

Depois disso, abri tudo para a imprensa. Os jornais precisavam falar do Barça novamente, e de forma positiva. Aprendi que você pode trabalhar com a mídia ou contra ela. Então eu disse: "Vou ajudá-los. Podem escrever, analisar e interpretar da forma como quiserem, mas se falarem conosco, por favor, escrevam com toda a precisão exatamente o que eu ou os jogadores dissermos".

Nossas sessões de treinamento nunca eram realizadas de portas fechadas. Isso era bom para o clima geral e, como resultado, o vínculo com o público foi fortalecido. Às vezes, eu podia até usar a presença da torcida em meu proveito, quando tinha que colocar um jogador em seu lugar. Por exemplo, no começo, eu tinha esse jogador destro que estava com o ego inflado demais, então o obriguei a chutar a gol com o pé esquerdo. A bola ia para todas as direções e os torcedores não se aguentavam de tanto rir. O problema foi resolvido na mesma hora.

Enfim, comecei meu trabalho. Primeiro, minimizando os pequenos erros. Como já disse, as derrotas raramente, ou quase nunca, surgem dos grandes erros — em geral, são os pequenos que contam mais. Por essa razão é que o treinamento começa por aí. E é também a razão de algumas vezes eu treinar ao lado dos jogadores. Nessa posição, dá para enxergar melhor os problemas e você pode interferir de maneira mais adequada.

Algumas vezes, porém, eu apenas me sentava em uma bola fora do campo e assistia. Algumas pessoas diziam que eu era preguiçoso. Pode até ser, mas, quando estou parado, vejo mais do que quando me mexo. Sentado, posso analisar melhor um jogador — e consigo ver os detalhes mais claramente. Inclusive detalhes que 99% das pessoas não conhecem, não enxergam ou não entendem.

Desde o início, virei as coisas de ponta-cabeça no Barcelona. O que vi quando cheguei lá foi um estilo de jogo em que os defensores corriam menos do que os atacantes. Eu queria mudar isso imediatamente — sempre tendo em mente que, no futebol, é preciso ganhar espaço em campo. No futebol é preciso pensar de forma criativa, mas também lógica.

Como eu já disse antes, gosto de virar o tradicional de cabeça para baixo, dizendo ao atacante que ele é o primeiro zagueiro, ajudando o goleiro a entender que ele deve ser o primeiro atacante e explicando aos defensores que eles determinam a distância da área de jogo. Tudo baseado na ideia de que as distâncias entre as três linhas de jogadores nunca podem ter mais do que dez a quinze metros. Todos têm de estar cientes de que é necessário criar espaço quando estão com a posse da bola e de que, sem bola, devem jogar colocando pressão sobre o adversário. A forma de fazer isso efetivamente é ficar de olho nos jogadores. Assim que um jogador começa a correr, o outro tem de segui-lo.

Treinamento é um processo no qual os jogadores precisam investir dia após dia. Então, quando começavam a ficar entediados pela repetição, eu inventava outro exercício que nos fizesse dar risada. Para mim, era uma questão de usar o espaço, aferir a metragem. Fazia tanto isso que um dia me perguntaram se eu era algum tipo de *nerd* da matemática. (E é possível, sempre fui fascinado por números e distâncias.) Tentava traduzir isso da forma mais eficiente possível, para que os jogadores pudessem entender. Pegue a combinação de Ronald Koeman, com quem assinei contrato em 1989, e Pep Guardiola, que promovi a titular em 1990, como dupla de centrais do Barcelona. Eles não eram rápidos e não eram defensores. Mas a gente sempre jogava na metade do campo adversário. Eu calculava nossas possibilidades com base nos três passes que a equipe adversária poderia fazer. Primeiro, o chutão em direção a nossa última linha. Se o goleiro fosse bom e estivesse bem posicionado, fora do gol, a bola seria dele. Outra possibilidade era a saída de bola lançada diagonalmente a uma das pontas. Para essa situação eu tinha dois laterais rápidos, que tinham sido treinados como pontas. Eles estavam sempre posicionados no ponto certo para interceptar a bola. A terceira opção era o passe pelo centro do campo. Lá, Guardiola e Koeman estavam sempre tão bem colocados que interceptavam a bola todas as vezes, apesar de claramente não serem os volantes-zagueiros ideais. Talvez por isto funcionasse: porque o goleiro estava na posição certa e os laterais eram usados da maneira correta.

Trabalhávamos constantemente com a defesa para encontrar esse tipo de solução. Por exemplo, como colocar pressão sem ter que correr trinta metros. Em vez disso, preferíamos correr apenas alguns metros, mas no momento exato. Expliquei aos jogadores que qualquer um com uma folga de cinco metros de espaço é um bom jogador de futebol, porque não está sob pressão. Se ele tiver só três metros de folga, é outra história. Para poder jogar assim, você precisa ser rápido e precisa estar sempre mudando de marcha. Foram necessárias mais de 10 mil horas de treinamento para finalmente chegarmos ao *Dream Team*, como o time daquela época ficou conhecido.

Por isso gosto de esportes que envolvem muitas táticas, como beisebol e basquete. Como jogador de beisebol, na minha juventude, aprendi a sempre pensar um passo à frente. Porém, no futebol, isso não é suficiente. Você precisa pensar ainda mais à frente. Porque no futebol não existe tempo técnico e os treinos precisam cobrir todas as eventualidades.

Assim como aconteceu no Ajax, o sucesso veio quase imediatamente. As pessoas achavam nosso novo estilo fantástico, e logo o estádio passou a receber multidões de mais de 90 mil torcedores. Também tivemos a vantagem de que, enquanto mais e mais equipes adotavam um estilo defensivo, nós estávamos preocupados em marcar gols. Tudo funcionava bem e, em geral, o resultado era bom. Mas, mesmo quando não era, sempre havia algo divertido acontecendo em campo. Tínhamos dinamismo em nosso jogo e muita coisa rolando em frente ao gol.

O ponto de partida do nosso estilo superofensivo era o sistema de três atacantes, com dois pontas e a intenção de prender o outro time na sua metade do campo. Isso poupava muita correria, o que significava que todos tinham fôlego para tomar a iniciativa. Física e mentalmente. Por isso tínhamos que treinar com tanta frequência e intensidade. Quanto mais instintivo nosso jogo se tornava, menos energia mental era necessária. Assim, uma coisa que parecia difícil acontecia naturalmente. Se você está 100% concentrado na tarefa em questão, sabe automaticamente o que fazer, e nem percebe que está fazendo.

Essa concentração de 100% é vital se você estiver jogando futebol posicional, com novas triangulações se formando o tempo todo para que, toda vez que um jogador pega a bola, ele tenha sempre duas opções de passe disponíveis. No entanto, é o terceiro homem que determina a escolha. Digo isso para enfatizar que não é o homem com a bola que decide para onde a bola vai, e sim os jogadores sem a bola. Suas atitudes é que determinam o próximo passe.

É por isso que fico louco quando vejo jogadores parados em campo. Jogar assim, para mim, está fora de questão. Se o time tem a posse de bola, os onze homens precisam estar em movimento. Manter posições em movimento sincronizado. Não é uma questão do quanto você corre, mas de para onde você corre. Criar constantes triangulações permite que a circulação da bola não seja interrompida.

Como tivemos que começar do zero no Barcelona, foram necessários quatro anos até chegarmos ao clímax, quando vencemos a Copa dos Campeões da Europa de 1992. Até esse momento, foi uma questão de treinamento muito direcionado, uma boa dose de exercícios e contratações bem-feitas. Era preciso ser muito perspicaz nesse último quesito porque, na época, a regra de ter no máximo três jogadores estrangeiros em campo ainda estava em vigor. De modo que o trabalho dos olheiros era bem diferente do que é hoje, quando você pode ter um número ilimitado de estrangeiros no time. Não podíamos nos queixar das nossas escolhas de jogadores estrangeiros, caras como Hristo Stoichkov, Michael Laudrup e Ronald Koeman. Stoichkov e Laudrup não custaram quase nada ao Barcelona.

Mesmo não vencendo o Campeonato Espanhol no primeiro ano, 1989, vencemos — assim como tinha acontecido com o Ajax — a Recopa Europeia, derrotando a Sampdoria por 2 a 0 em Gênova, com gols de Julio Salinas e López Rekarte. Ganhamos também a Copa do Rei na segunda temporada e, depois disso, era questão de colher os frutos do nosso trabalho. A mudança de estilo de jogo foi bastante ampla, de modo que ainda tivemos que trabalhar nosso posicionamento em campo. E isso se completou ao trazermos Hristo Stoichkov, um então desconhecido jogador búlgaro, que foi — mais uma vez — uma contratação barata. Hristo era o jogador de que eu precisava não apenas por suas qualidades no futebol, mas também por seu caráter. Era um guerreiro, um cara obstinado, no bom sentido. Em um time em que não havia muitas personalidades fortes, ele representava o tipo de pessoa que podia dar uma sacudida nas coisas. Não apenas no vestiário, mas também em campo.

Nesse período, comecei a sentir incômodos no estômago cada vez mais frequentes. Às vezes eu começava a suar ou, de repente, vomitava. Eu já tinha parado de fumar, mas no final de fevereiro de 1991 minha esposa interveio. Ela me pediu que fôssemos juntos ao hospital, e eles me internaram. As veias ao redor do meu coração pareciam ter bloqueado. Em uma operação de três horas, me fizeram duas pontes de safena. Felizmente, não tinham acontecido ataques cardíacos. Era aterosclerose, um espessamento das artérias.

Não cheguei a ficar nervoso em nenhum momento. Minha sensação durante todo o processo era a de que, se tantas pessoas estavam ocupadas em me fazer melhorar, a consequência lógica seria que eu ficaria bem. Nesses momentos, ajuda muito ser famoso. Quando seu cirurgião cardíaco sabe bem que o mundo inteiro estará assistindo, vai fazer o melhor durante a operação. É uma sensação ótima.

Depois disso, fiquei cada vez mais consciente de que tinha sido curado e tratado para não desistir da vida e que precisava aproveitar ao máximo. A partir dali me livrei dos medos, que sempre alimentei, de uma morte prematura. A ideia de que eu, como meu pai, morreria jovem era uma obsessão que abandonei completamente quando tive problemas cardíacos. Completamente.

A principal lição que aprendi é que você não pode fazer o que quiser e esperar não ter que enfrentar as consequências. Por exemplo, se você fuma ou não. Depois da minha operação, continuei a viver da mesma maneira que antes. Minha atitude foi voltar à vida normal o mais rápido possível. Porém, com algumas novas regras. Claro que, depois da minha doença, pensei muito sobre o vício de fumar. Fiquei me perguntando por que tinha fumado tanto por tanto tempo, sobretudo depois de os médicos me dizerem que 90% do meu problema cardíaco tinha sido causado pelo fumo. Aí você começa a refletir. E eu percebi o quanto minha vida vinha sendo inadequada fazia anos. Eu sabia que fumar poderia causar câncer, que faria mal para o meu coração, mas continuava me enganando, usando a desculpa de que era uma boa forma de combater o estresse. Não tinha nenhuma dificuldade em achar uma razão para não parar.

Após a operação, mudei completamente de lado. Para o lado bom. Deixei de fumar do dia para a noite. O cigarro foi banido da minha vida. Ao mesmo tempo, fiquei empolgado com a ideia de compartilhar o que tinha descoberto com os outros. Não queria ser o faz-tudo das campanhas antitabagismo — e recebi uma enxurrada de pedidos para esse tipo de coisa —; queria algo que fizesse eu me sentir mais pleno e que fosse eficaz. Alguma coisa que provocasse tanto ação quanto reação, com uma moral universal. Queria que qualquer pessoa, em qualquer lugar do mundo, fosse capaz de entender. Foi a partir daí que tivemos a ideia de fazer um videoclipe financiado pelo Ministério da Saúde da Catalunha. Nesse filme, estou fazendo embaixadas não com uma bola, mas com um maço de cigarros. Toda vez que toco na caixa com a cabeça, com o ombro, com o joelho ou com o pé, você ouve um batimento cardíaco. E então eu falo: "O futebol sempre foi minha vida". Após um breve silêncio, repentinamente chuto a carteira para longe e os cigarros se espalham pela tela. Termino com: "E fumar quase me custou minha vida". O clipe foi gravado em espanhol, catalão, inglês, francês e holandês e deu a volta ao mundo. E era exatamente o que eu queria.

Meus problemas cardíacos levaram a outra descoberta. Três semanas após minha operação, os médicos decidiram monitorar meus batimentos durante uma importante partida do Barcelona, que vinha gerando muita expectativa, para investigar se meu coração se sustentaria sob forte pressão. O jogo era entre o Barcelona e o Dínamo de Kiev, pelas quartas de final da Recopa da Europa de 1991. Me enviaram um aparelho especial do hospital Sant Jordi, com um monte de fios e botões presos ao meu peito. Dessa maneira, seriam capazes de medir o ritmo do meu coração durante o jogo, ao qual assisti em casa, na frente da televisão. Embora tenha sido um jogo extremamente emocionante, que o Barcelona venceu apenas no último minuto, meu ritmo cardíaco não acelerou. Mais tarde, também me testaram quando eu me sentava no banco, mas mesmo assim nada de anormal aconteceu. Houve uma partida em que meu ritmo cardíaco permaneceu tão inalterado quanto o de alguém tirando uma soneca à tarde. Meu batimento cardíaco foi gravado subindo apenas uma vez: em uma reunião com o conselho do Barcelona.

Exatamente um mês após a minha operação, eu estava de volta à função de técnico e, algumas semanas depois, o Barça venceu o Campeonato Espanhol pela primeira vez sob minha gestão. Assisti à partida sem acender nenhum cigarro, mas com um pirulito na boca. Achei delicioso, e o pirulito funcionou para combater o estresse, que, de acordo com os exames médicos, eu nem tinha.

Portanto, 1991 foi um ano muito especial e muito instrutivo, porque depois de vencer o título espanhol perdemos a final da Recopa da Europa para o Manchester United por 2 a 1. A forma como perdermos — que teve muito mais a ver com azar do que com qualquer outra coisa, porque jogamos muito bem —

JOHAN CRUYFF 14 A AUTOBIOGRAFIA

deixou claro para mim que, embora tivéssemos dado grandes passos, não tínhamos chegado ao objetivo final.

Isso só foi acontecer na temporada seguinte. Foi outro ano especial, bonito e feliz em todos os aspectos. Tudo começou com a transferência de Richard Witschge do meu antigo clube, o Ajax, para o Barcelona. Um novo conselho acabara de ser nomeado em Amsterdã, com meu velho amigo Michael van Praag como presidente. O conselho anterior, que tinha me demitido, aparentemente deixou uma desordem financeira para trás, e o clube tinha milhões em dívidas.

Admito que fiz o Barcelona pagar um pouco mais por Witschge, como forma de ajudar a resgatar o Ajax de suas dificuldades. Acho que pagamos 8 milhões pela transferência, quando poderíamos ter consigo o negócio por 6 milhões. Mas tudo bem, gastamos tão pouco em jogadores durante anos que o Barcelona também me devia.

Um ano inesquecível começava, em especial o mês de maio de 1992. Primeiro houve o casamento da minha filha Chantal e, uma semana depois, o Barcelona venceu a Copa dos Campeões da Europa pela primeira vez.

Estávamos com sorte. E tínhamos um bom futebol também. No ano em que fomos campeões da Europa, quase fomos nocauteados na segunda rodada pelo campeão da Alemanha, o Kaiserslautern. José María Bakero marcou o gol decisivo no último segundo. Não fosse isso, nunca teríamos chegado à final contra a Sampdoria. Foi uma virada não muito diferente da alcançada por Andrés Iniesta, quando anos depois marcou um gol nos últimos segundos contra o Chelsea e o Barcelona venceu a final da Champions League contra o Manchester United.

Isso mostra até que ponto a sorte costuma ser diretamente proporcional ao sucesso. Mas é preciso dar chance à sorte. É por isso que sempre tomei a iniciativa como jogador de futebol. Sempre dei o tom da partida. Para ter certeza de estar no comando das coisas. Como fiz em 20 de maio de 1992, em Wembley, contra a Sampdoria. Após noventa minutos, o placar ainda estava em 0 a 0, mas Ronald Koeman marcaria o gol histórico nos acréscimos. Depois de quatro anos, minha missão fora cumprida. Naquela noite, o time que estava em campo era o que eu sempre tinha imaginado. Uma equipe que se conectava com o público, mexia com os torcedores e era uma mistura de catalães treinados em casa e reforços trazidos de forma inteligente para o clube. E, claro, tive uma reação emocional. A foto que me mostra escalando uma placa de publicidade deu a volta ao mundo e foi um daqueles típicos momentos em que você faz algo que não consegue explicar nem para si mesmo. Faz porque é a primeira coisa que lhe ocorre. Talvez fosse emoção, talvez não. Eu queria entrar em campo, e aquele era o caminho mais rápido. Então, talvez eu estivesse apenas usando o bom senso.

Toda a Catalunha enlouqueceu após nossa vitória em Londres. A alegria superou todos os limites quando, algumas semanas depois, nos tornamos campeões espanhóis pela segunda vez seguida. Incrível, mas foi assim que aconteceu. Estivemos no topo da tabela do campeonato apenas uma vez naquela temporada, e justamente depois da última rodada. Ganhamos em casa do Athletic Bilbao e o Real Madrid perdeu de 3 a 2 para o Tenerife. Em termos de emoção, ganhar esse campeonato foi ainda mais poderoso do que o título em Wembley. Todos nós ficamos no círculo central esperando o apito final em Tenerife. Esse é o tipo de coisa que você não esquece nunca.

Infelizmente, Ronald Koeman não teve a chance de experimentar essa sensação especial. Rinus Michels, que era o treinador da seleção holandesa, o tinha chamado para um amistoso internacional. Quando fiquei sabendo, achei que fosse algum tipo de piada. Como um jogador de futebol lida com algo assim? E foi acontecer justo por culpa do Michels! Não entendi, de forma alguma. Você joga o ano inteiro pelo título e depois não poder estar presente para receber a recompensa era estúpido demais.

7.

Pode até parecer uma contradição, mas na temporada de maior sucesso do Barcelona, 1991-92, apareceram os problemas que mais tarde levariam à ruptura entre mim e o clube. Mais uma vez, houve um paralelo com minha experiência no Ajax, logo depois de termos vencido a Recopa da Europa em 1987. Quando há sucesso, todos entram na onda da alegria. Isso também ocorreu no Barcelona: enquanto a euforia durou, contratos foram estendidos, mesmo para jogadores que não tinham tido boa performance. E, de repente, Núñez e o vice-presidente Joan Gaspart começaram a interferir em tudo novamente. Gaspart se encarregava dos contratos, mas era apenas o braço direito do presidente. E apesar do nosso sucesso, meu relacionamento com Núñez sempre foi puramente profissional. Eu simplesmente não confiava nele. Nunca me livrei da sensação de que eu estava lá só para mantê-lo no trono. Sempre sentia que precisava ser forte ou encontraria dificuldades.

No início da temporada já ficou claro de que forma o sucesso tinha influenciado a todos. Na segunda rodada da Champions League 1992-93, fomos eliminados pelo CSKA Moscou por

4 a 3 no resultado agregado. Naquele dezembro, perdemos a disputa do Mundial Interclubes para o São Paulo, por 2 a 1. Foi uma das poucas vezes em que não tive problemas com uma derrota. Sempre admirei o técnico brasileiro Telê Santana por sua visão — e ele sempre exibiu um genuíno amor pelo futebol. Aquele homem teve a honra de ser o técnico do Brasil na Copa do Mundo de 1982. A derrota daquele time fantástico para a Itália sempre me fez pensar em nossa derrota contra a Alemanha em 1974. Mais do que do sucesso italiano, o que as pessoas lembram é o jeito que o Brasil jogava e os nomes daqueles jogadores fantásticos: Zico, Sócrates, Falcão e Cerezo.

Dez anos depois, Telê Santana era o treinador dos campeões sul-americanos, o São Paulo Futebol Clube — e ele veio com um timaço nos enfrentar em Tóquio. Depois do jogo, eu disse à imprensa: se você for atropelado, melhor que seja por um Rolls-Royce.

Mais uma vez, nossa temporada doméstica seria salva no último dia. E, de novo, fomos indiretamente ajudados pelo Tenerife, que derrotou o Real Madrid por 1 a 0, nos permitindo a conquista do título. Um ano depois, recebemos uma ajuda pelo terceiro ano seguido. Em 1994, o Deportivo de La Coruña era o favorito, mas perdeu um pênalti no último minuto da última partida da temporada, deixando o placar contra o Valencia em 0 a 0. Exatamente o suficiente para nos tornarmos campeões pela quarta vez seguida.

Também chegamos à final da Champions League em 1994 contra o Milan, numa partida que tivemos que jogar poucos dias depois de comemorar o campeonato. Esse é outro exemplo de como as coisas podem dar errado se você der um passo cedo demais ou um pouquinho atrasado, fora do compasso. É assim que um processo de acumulação de pequenos erros pode levar a uma derrota por 4 a 0 contra um excelente rival.

Depois disso, mais e mais problemas vieram à tona. Por seis anos, o Barcelona esteve em alta. Com jogadores que cresceram com o clube. Como no Ajax, o melhor de tudo é que não tínhamos apenas uma equipe talentosa, mas também pessoas sensacionais. Atletas que traziam muita energia positiva não apenas para mim, mas também para os outros.

Na minha vida pessoal, fiquei amigo de vários jovens do time. Nunca mantive minha vida privada e minha vida profissional completamente separadas. Ia a restaurantes com eles ou comemorava seus aniversários. Em termos profissionais, também tentava manter um bom relacionamento. Obviamente, os jogadores ficavam decepcionados quando eram preteridos. Mas, por outro lado, eu era o tipo de técnico que, se alguém do time acabasse no hospital, entrava junto na sala de cirurgia para verificar se a faca não estava indo para a perna errada. Para deixar os jogadores lesionados mais tranquilos, eu tinha o hábito de estar presente nas operações, garantindo-lhes que, se o treinador estava lá, tudo ficaria bem. Eu tinha que vestir um traje cirúrgico com um chapeuzinho e uma máscara na boca. Isso deixava os jogadores mais relaxados, e essa era a minha responsabilidade.

Como consequência, ao longo dos anos fiquei cada vez mais fascinado pela ciência médica. A maioria dos cirurgiões ficava perfeitamente satisfeita com o arranjo, o que me permitiu estar presente em todo tipo de operações. Uma das mais interessantes foi uma operação cerebral em que o médico do Washington Diplomats estava envolvido. Foi fantástico ver parte do crânio ser removida e o problema ser resolvido com uma precisão incrível. Gosto de assistir a especialistas realizando procedimentos muito específicos.

Ao longo dos anos, testemunhei dezenas de operações e, assim, consegui ter uma boa ideia sobre o assunto, sobretudo no que concerne às cirurgias de perna. No final, acabei conseguindo prever que as coisas não iam acabar bem para o Barcelona nesse quesito, porque não tínhamos um número suficiente de profissionais gabaritados para cuidar dos jogadores.

Depois de seis anos de trabalho, na temporada de 1994-95, chegou o momento da mudança. Foi a fase em que o clube teve que pensar sobre como substituir uma equipe bem-sucedida, mas envelhecida, dando um passo de cada vez. Em um processo como esse, é essencial que a administração do clube entenda o que está acontecendo. Que se dê valor à estratégia de longo prazo — e que todos consigam se manter apartados da loucura do dia a dia. Então, por exemplo, Michael Laudrup e nosso goleiro, Andoni Zubizarreta, estavam prestes a ir para o Real Madrid e para o Valência, respectivamente. Houve muita discussão a respeito, mas eu não queria correr o risco de grandes jogadores como esses acabarem no banco de reservas. Eles não mereciam ser o décimo segundo homem.

Em situações como essa, o treinador e o conselho têm que estar na mesma trincheira. Essa era a hora de Núñez me garantir que eu não estava lá só para salvar seu cargo, e que estávamos trabalhando juntos para o Barcelona. Porém, ele apenas confirmou que as suspeitas que eu vinha alimentado todos aqueles anos estavam corretas. Como Ton Harmsen no Ajax, Núñez começou a dar corda para a imprensa. E, como aconteceu na Holanda, só alguns jornalistas entenderam o que ele estava fazendo.

O maior destaque da temporada foi a estreia do meu filho, Jordi, no time dos titulares. Em 10 de setembro de 1994, ele jogou com o Barcelona contra o Santander. Tinha apenas vinte anos e rapidamente marcou o primeiro gol, uma contribuição importante para a vitória final por 2 a 1. Infelizmente, minha presença no clube trouxe problemas para Jordi, em particular com Núñez.

Minha última temporada no Barcelona, a de 1995-96, foi como uma cópia de meus últimos meses no Ajax. Enquanto durante anos operamos rapidamente e com sucesso no mercado de transferências, em 1995 o conselho de repente começou a resmungar sobre isso. Então, por exemplo, eu queria trazer o talentoso Zinedine Zidane do Bordeaux, mas eles não acharam que valeria a pena, e nada aconteceu. Também comecei a notar que minha posição estava sendo cada vez mais prejudicada, inclusive por alguns médicos com quem trabalhávamos. Alguns achavam que eram intocáveis. A pior situação foi quando uma equipe de especialistas foi trazida para operar um dos jogadores. Do lado de fora da sala de operações, de repente, um dos médicos se virou e disse: "Este é o meu hospital, e eu sou a única pessoa que opera aqui...". Como o jogador já estava na sala de cirurgia, não havia nada que se pudesse fazer. Ainda que houvesse cirurgiões presentes muito mais qualificados naquele campo em particular, o ego do médico era mais importante do que qualquer outra coisa. Mais importante do que o bem-estar do clube e do jogador.

O pior disso tudo, para mim, foi uma operação que Jordi teve que fazer no final de 1995. Era um problema de menisco, o que, para um cirurgião ortopédico, é uma intervenção bastante simples. Infelizmente, a operação não saiu como planejado, com consequências terríveis para a carreira de Jordi. Ainda hoje ele tem problemas no joelho. Jordi tinha as pernas um pouco arqueadas e, com um paciente assim, não basta executar a operação no joelho; o cirurgião também precisa levar em conta o equilíbrio na junta, caso contrário, o paciente acaba com um problema ainda maior. Foi muito triste, porque, depois da operação, ele nunca mais foi capaz de treinar 100%, o que significou que não pôde fazer uso máximo de suas habilidades.

Já estava claro, em abril de 1996, que, pela primeira vez desde a minha chegada em 1988, não iríamos ganhar um troféu na temporada. Eu não estava insatisfeito com as medidas que tomamos para renovar a equipe, mas havia pontos negativos que, como representante de todos os jogadores, eu não podia aceitar. Mais e mais informações estavam sendo omitidas e os acordos não estavam sendo cumpridos. Era uma situação desagradável, e os relacionamentos só faziam piorar mais e mais. Então, li no jornal que havia sido demitido e que Núñez e Gaspart estavam prestes a apresentar Bobby Robson como meu sucessor. Uma situação irreal. Alguns dias antes, eu tivera uma conversa com Núñez sobre a temporada seguinte

170

e tinha pessoalmente convencido Luis Enrique a trocar o Real Madrid pelo Barcelona. O rapaz fez isso *por mim*. Núñez sabia disso, mas manteve minha demissão iminente em segredo.

Talvez o pior tenha sido o fato de eu ser temporariamente substituído pelo meu amigo e braço direito Charly Rexach, em especial porque ele reagiu como se fosse a coisa mais natural do mundo. Justo Rexach, que sempre tinha sido ainda mais extremo em sua resistência a Núñez do que eu. Durante sua primeira sessão de treinamento, ele já se deu mal por suas escolhas. Jordi se recusou a treinar com ele. A discussão foi escalando até que, no final das contas, foi tomada a decisão de manter Jordi para o jogo em casa contra o Celta de Vigo — para garantir que o público não ficasse contrariado. Felizmente, a partida se transformou em uma lembrança fantástica. O Barça estava perdendo por 2 a 0, e Jordi foi um dos atletas que garantiram a virada para 3 a 2. Mas o melhor de tudo foi quando, após o gol da vitória, ele deixou o campo e forçou Rexach a lhe garantir a oportunidade de uma ovação com todos de pé. Depois de acabada a partida, Jordi explicou que queria dar à torcida a oportunidade de agradecer ao seu pai.

E essa também foi a última partida de Jordi pelo Barcelona.

Como tinha acontecido no Ajax, foi triste que as coisas tivessem que acabar daquele jeito em Barcelona. Eu via isso como uma missão pessoal: mudar, de uma vez por todas, a imagem que o Barcelona tinha de um time rico que nunca havia jogado um futebol bonito. Portanto, o fato de eu ter tido sucesso não significou apenas atingir uma meta, mas também mostrou que meu compromisso ia além de ser apenas um técnico. O maior problema do Barcelona é o próprio clube. Tudo lá é muito político. Isso também explica minha aversão ao circo de executivos que usam os sentimentos das pessoas para seu próprio benefício e que acabam sempre derrubando seus clubes. Porém, no final, eles acabam sendo desmascarados. Isso aconteceu no Ajax, com Harmsen, e depois no Barça, com Núñez. Fico feliz de não ter feito parte disso.

Minha carreira obviamente afetava muito minha família. Nós temos um vínculo real e sempre tentamos deixar a loucura do lado de fora nos influenciar o mínimo possível, mas não foi fácil para Danny, Chantal, Susila e Jordi. De todos os meus filhos, Jordi foi o mais afetado, porém essa pressão também o transformou no homem especial que ele é hoje. Quase todas as minhas decisões de carreira atingiram profundamente a vida de meu filho. Em 1983, quando eu ainda era jogador e tive que sair do Ajax, ele ficou para trás e teve que suportar minha vingança contra o clube, via Feyenoord. Mais tarde, quando deixei o De Meer como treinador, ele teve que abandonar seu clube e seus amigos mais uma vez. Continuei influenciando sua vida depois disso também. Porque em Barcelona as pessoas diziam, como haviam feito em Amsterdã, que ele estava no time só porque era filho do técnico.

Por isso, sua estreia na seleção holandesa e, mais tarde, sua participação na Eurocopa de 1996 foram as melhores coisas que poderiam ter acontecido para mim. Sua convocação pelo técnico Guus Hiddink foi totalmente apartada de mim, não tive nenhuma influência sobre a escolha. Minha emoção chegou ao ápice durante uma partida em Birmingham, quando Jordi marcou o primeiro gol contra a Suíça. Nesses momentos, um filme passa em sua cabeça. Todo o assédio, as fofocas, as dificuldades e, trinta metros abaixo de mim, em campo, a prova de que ele saiu ileso de tudo isso. Meu orgulho não tinha limites. Não tenho muitos momentos de emotividade como esse. Às vezes, sinto uns arrepios quando alguém demonstra um desempenho extraordinário. Se alguém é apenas bom, não significa muito para mim, mas se o jogador trouxer algo diferente, como o atleta Edwin Moses, que certa vez ganhou mais de cem finais seguidas, aí a coisa me afeta. Acho fantástico, incrível. Porque é muito humano ser blasé quando você é tão bom e ganha o tempo todo. Mas ele manteve a atitude de fazer o máximo na quarta-feira e tentar novamente se superar no domingo. Se você consegue fazer isso, é realmente ótimo, e é mais do que apenas um esportista.

Essa, na verdade, é uma qualidade que você encontra em todos os atletas profissionais de nível excepcional. Aqueles no topo, seja qual for o esporte praticado, simplesmente precisam vencer a partir do momento que o árbitro apita ou a pistola inicial é disparada. É uma cultura que certas pessoas têm dentro de si, e é mais do que apenas qualidade. É algo na cabeça e no corpo, que vem à tona nos momentos mais bonitos.

Os jogadores que têm isso sabem como a excelência é rara e o quanto é difícil alcançá-la. Pessoas como eu, que tiveram que desenvolver essa cultura dentro de si mesmos, mantêm um profundo respeito por ela. São pessoas que sentem a todo momento que têm algo a provar e que vão prová-lo. Isso é extremamente bom. É um mistério que não tem a ver só com talento, mas também com a vontade de ajustar cada pequeno detalhe. E, claro, é preciso ter qualidade, ou você não vai chegar lá. Sempre gostei de assistir aos melhores no mais alto nível do esporte.

Daí, também, meu orgulho por Jordi, que praticamente sempre fez o que tinha que fazer. Desde que ele era menino, percebi que tinha talento para o futebol. Na maneira como chutava a bola, por exemplo. Mas nos primeiros anos, não posso dizer que estive atento a isso todos os dias. Estávamos vivendo em um apartamento em Barcelona e, claro, em um apartamento você brinca com a bola. Você brinca com bola de futebol, mas não joga futebol. Isso só foi acontecer quando voltei ao Ajax, e Jordi já estava com dez anos. Antes disso, eu o deixei seguir seu próprio caminho. Nos Estados Unidos, ao contrário do que tinha acontecido em Barcelona, ele podia jogar futebol na rua. E eles também tinham acampamentos de verão, onde as crianças ficavam jogando futebol o dia todo. Washington era uma cidade particularmente voltada aos costumes europeus, e muitas pessoas mandavam seus filhos para esse tipo de acampamento. Foi bom para Jordi melhorar o inglês e praticar esporte de verdade.

Depois voltamos para a Holanda, e ele pôde treinar com o Ajax. De repente, Jordi estava jogando razoavelmente bem. E foi ficando ainda melhor porque tínhamos um pequeno campo de futebol no quintal de nossa casa em Vinkeveen. Com traves. Foi fantástico. Também pela maneira estranha como fui percebendo que ele era bom. Jordi era canhoto, mas você só notava isso quando ele chutava pênaltis. Ele realmente não era tão bom com o pé direito, e foi curioso descobrir tudo isso enquanto ele ainda era um menino.

Da infância em diante, Jordi teve que enfrentar um desafio particular relacionado à minha fama. Se ele jogava uma partida ruim, tinha as qualidades de sua mãe, se jogava uma partida boa, tinha as qualidades de seu pai. É possível lidar com algo assim, mas a coisa se complicou quando fui jogar no Feyenoord e ele ficou no Ajax. Essa foi uma época muito difícil. Por isso, sou muito grato ao técnico do time juvenil, Henk van Teunenbroek, por imediatamente ter tornado Jordi capitão da equipe. Foi um gesto muito especial para um garoto tão jovem. Algumas coisas marcam a pessoa. O técnico dele conseguiu transformar completamente o que poderia ter sido uma situação muito difícil para Jordi. Foi a coisa mais relevante que alguém poderia ter feito pelo meu filho. Foi muito inteligente da parte de Van Teunenbroek e de grande valor para mim. Aliás, eu não consigo me lembrar de ninguém no Ajax ter dito nada de maldoso a Jordi. Nada sobre levar vantagem ou o que quer que fosse só por ser meu filho. Danny provavelmente teria me dito algo, porque era ela que sempre o acompanhava quando ele era jovem. Enquanto estava jogando futebol e, mais tarde, como técnico do Ajax, isso era quase impossível para mim.

Ainda que Jordi gostasse muito do Ajax, em 1988, com apenas catorze anos, ele teve que se mudar conosco para Barcelona. Lá, passou por várias peneiras e jogou durante oito anos enquanto eu treinava os profissionais. A cada ano, Jordi se aproximava mais do time titular e, finalmente, em 1994, julguei que ele estava bom o bastante. Aos vinte anos, Jordi já era "velho" para estrear, mas isso não importava. As coisas nunca tinham sido fáceis. Quando começou a jogar no Barcelona, ainda adolescente, Jordi teve que lidar com a curiosa situação de, sendo estrangeiro, poder atuar nas competições regionais, mas não nas nacionais. Era uma loucura. Ele podia fazer parte da equipe secundária que jogava o campeonato catalão, mas não podia estar no primeiro time, que jogava em nível nacional.

Esse é o tipo de coisa que um holandês não tolera. Então, fiz uma provocação. Liguei para a federação e disse: "Estou ligando para informar que Jordi vai jogar no primeiro time no domingo. Só para vocês estarem a par, caso desejem suspender alguém ou algo do tipo. Mas antecipo que não vou aceitar isso. Moro aqui, sou holandês, sou treinador do Barcelona, não estou de passagem. Meu filho tem os mesmos direitos de qualquer outro garoto na Espanha ou na Catalunha. Não vou aceitar um não. Pago meus impostos, faço tudo o que qualquer pessoa normal faz, de modo que meus filhos têm os mesmos direitos". Jordi foi escolhido, participou do jogo e não houve recriminações. Eu acho que a federação finalmente descobriu que aquilo não estava certo; não haviam se dado conta de que era uma regra antiga e que tinham se esquecido de alterá-la.Mas tudo bem, o que estou tentando dizer é que havia muita coisa acontecendo com Jordi. Não por acaso as pessoas falam da síndrome de Jordi. Além da pressão de estar em campo como um Cruyff, também era difícil estarmos ambos trabalhando no Barcelona. A escolha de selecioná-lo ou não para entrar em campo sempre teve que ser uma decisão extremamente objetiva.

Em Barcelona, pude acompanhar de perto o desenvolvimento de Jordi, porque desejava ter controle constante sobre as três equipes: a primeira, a segunda e a terceira. Assim, tinha de ter contato direto com os profissionais que cuidavam dos times inferiores quando um jogador estava pronto para subir de nível. Sou da opinião de que você precisa dar uma chance para o jogador quando a situação permitir. Eu não ligava se ele jogava na equipe juvenil ou no segundo time. O que me interessava era escalar os jogadores que fossem suficientemente bons. Em resumo: põe o cara no fogo e vê o que acontece.

Foi mais ou menos assim que aconteceu com Jordi. A qualidade do jogo dele precisava ser melhor que a de qualquer outra pessoa, porque a última coisa que eu queria, como pai, era ver 100 mil torcedores vaiando meu filho. E ainda haveria os idiotas berrando que tinha passado meu filho na frente dos outros, o que não era o caso. Ele tinha que estar forte o suficiente para se defender das circunstâncias mais difíceis.

Então, minha linha de raciocínio era exatamente oposta à dos idiotas que estariam berrando. No momento em que decidi escalar Jordi para sua estreia, toda uma trajetória tinha sido traçada. Esperei até ele atingir um nível em que pudesse se defender das críticas e das 100 mil pessoas no estádio. Ou melhor, até que pudesse convencer todas aquelas pessoas de que suas críticas tinham sido equivocadas. O futebol pode ser um jogo de erros, e é preciso ter qualidade para superá-los. Ele precisava estar física e mentalmente preparado para o trabalho.

Quem pensou que eu estava dando preferência ao meu filho claramente não entendia de futebol. Por isso, não dei importância ao que diziam. As pessoas que eu queria ouvir eram as que me apoiavam, aquelas com quem eu trabalhava todos os dias, com quem conversava sobre os jogadores. Então, Tonny Bruins Slot, Carles Rexach e eu nos sentamos juntos para responder a uma pergunta: "Ele está pronto? Sim, está pronto. Então pode jogar".

E pra mim foi isso. O time também achou a coisa mais natural do mundo. Estavam acostumados com ele. Jordi já tinha treinado com todos, estava frequentemente no vestiário, eles se conheciam. Mas, tudo bem, o alicerce e o ponto de partida é sempre a qualidade. Ele consegue ou não fazer o trabalho? Ele conseguia, então foi escalado para estrear no jogo em casa contra o Santander, no dia 10 de setembro de 1994.

A pessoa que mais se surpreendeu foi Danny. Ela não sabia de nada. Estava sentada na arquibancada e, de repente, viu Jordi entrando em campo. De modo que, se eu estava em dificuldades, não era no clube, mas em casa. Felizmente, foi tudo ótimo, excelente até. Ele marcou depois um mergulho e uma cabeçada com apenas oito minutos de partida. No final, vencemos por 2 a 1, Jordi foi um dos melhores jogadores e foi aplaudido de pé.

Infelizmente, quando fui demitido como treinador em 1996, Jordi também teve que deixar o Barcelona. Prevíamos que isso poderia acontecer. Eles tinham um plano de me tirar dali. Havia uma regra firme no Barcelona projetada para impedir que um jogador ficasse até o fim de seu contrato. Por esse motivo, todos os jogadores sempre tinham mais dois ou três anos de vínculo à frente. Dessa forma, durante a temporada não havia reclamações sobre contratos vencidos. Exceto no caso de Jordi. Embora ele fosse um dos jovens jogadores que haviam se transferido do segundo time para o primeiro, seu contrato não fora modificado, como seria o normal depois de uma promoção para um nível superior. Desde sua estreia, um ano antes, ele sempre tinha causado boa impressão.

Porém, com cada vez mais frequência, ele tinha de ficar sem jogar um dia antes e, por vezes, um dia depois da partida. Tudo graças a um médico que não apenas estragou seu joelho, mas também esteve mais tarde envolvido na confusão de não renovar o contrato de Jordi. Depois da operação, Jordi não ouviu uma única palavra do conselho sobre um novo contrato. Apesar de, em dezembro de 1995, ter havido concordância verbal em relação aos termos postos pelo clube, eles nunca retornaram com uma oferta por escrito. Toda vez que Jordi tentava pressioná-los, eles o enrolavam, dizendo que estavam finalizando alguns detalhes. Em abril, ele checou novamente, e então ficou claro que queriam fazer dele um peão no jogo político contra mim. Foi uma situação incrivelmente cruel. Assim que fui demitido, o contrato dele expirou.

Eles então tentaram alegar que ainda detinham o vínculo de Jordi, e nós decidimos jogar duro. Felizmente, Jordi conseguiu provar que seu contrato não havia sido prorrogado, o que significava que ele estava livre para jogar onde quisesse. Durante uma conferência de imprensa, Núñez arrastou meu filho para a lama. O mesmo homem que queria Jordi fora do clube anunciou publicamente que ele só tinha chegado ao primeiro time graças ao pai e que havia usado todo tipo de truque para sair do Barcelona de graça.

Por sorte, Jordi descobriu rapidamente que o bem atrai o bem: o técnico Alex Ferguson, do Manchester United, se mostrou muito interessado em sua contratação. Muito por conta da forma como Jordi atuara contra o United na Champions League, quando vencemos o time inglês por 4 a 0. Então, com 22 anos, Jordi se mudou para o Old Trafford. Depois do ninho de cobras que enfrentou em Barcelona, estava, enfim, em contato com boas pessoas novamente. Pessoas como Eric Cantona e David Beckham. Todos o receberam de braços abertos. Isso sempre me impressionou ao longo dos anos. Os jogadores mais talentosos quase sempre são gente muito fina. Não conheço um esportista extremamente talentoso, em qualquer esporte, que se comporte como um boçal ou um provocador. Eles não são assim. As pessoas podem pensar o que quiserem de Cantona ou Beckham, ou dos outros caras que jogavam por lá, mas todos ajudavam os jovens. Isso era muito legal. Muitas vezes, quando você lê os jornais, absorve opiniões ou impressões sobre as pessoas. Mas, quando as conhece na vida real, você simplesmente não reconhece aquelas pessoas que apareceram em tantas histórias negativas. Não conheci um esportista de alto nível que tenha me dito "não" quando pedi um favor.

Nossa família permaneceu em Barcelona, em 1996, então Jordi saiu de baixo da minha asa. Nunca tive nenhuma dificuldade com isso. Nem sequer ia a todos os jogos dele em casa. Pensei muito a respeito e, no final, vi que Jordi tinha se levantado por suas próprias pernas e se libertado de mim. Eu tentava encontrar alguma espécie de equilíbrio, porque sabia que se fosse vê-lo jogar em Old Trafford, as coisas não ficariam por aí. Teria de lidar com a imprensa. Ou com o convite espontâneo do técnico para assistir dos bastidores. Para mim, isso seria perfeitamente normal, mas Jordi tinha passado a ser jogador deles, não meu. Era uma situação curiosa. Eu realmente queria ir, mas não ia.

Claro, estive em algumas partidas em Old Trafford, onde inevitavelmente me deparei com *sir* Alex Ferguson. Às vezes nosso contato era mais profissional do que amigável. Em geral, dependia do fato de o time estar jogando bem ou não, de Jordi ter ido bem na partida ou não e, é claro, de eles terem vencido ou não. Vez ou outra, tive que brincar de esconde-esconde para evitar um encontro constrangedor. Danny e eu tínhamos concordado em não ir a Manchester se parecesse que as coisas no clube não estavam caminhando como deveriam. Nesse caso, esperaríamos até o jogo seguinte em casa.

O mesmo aconteceu em 2000, quando Jordi se mudou para o Alavés. Lá, o treinador às vezes perguntava minha opinião, por puro interesse pessoal. Da mesma forma o presidente do clube, que me convidava para ir me sentar com ele. Isso era normal, mas também não era, porque havia sempre o risco de afetar meu filho. Sempre achei essas situações difíceis, devo admitir. De qualquer forma, Jordi teve quatro anos sensacionais em Manchester. E houve aspectos bons na mudança dele para mim também. Eu tinha parado de atuar como técnico e tinha todo o tempo do mundo para fazer o que queria. Como assistir regularmente ao futebol inglês, que eu realmente adoro. Amo a espetacular atmosfera de futebol que eles criam. Infelizmente, nunca pude jogar na Inglaterra por causa da regra que proibia jogadores estrangeiros, que ainda valia naqueles dias. Por isso, achei maravilhoso Jordi ter essa chance, e justo no melhor time da Inglaterra. Meu filho teve a chance de fazer algo que não fiz. E achei isso fantástico.

A diversão começou assim que coloquei os pés em Old Trafford. Todo mundo se conhecia. Vi pessoas contra quem tinha jogado. Bobby Charlton sempre estava por lá. Eu não conhecia ninguém de fato, mas a sensação era de que conhecia todo mundo. É sempre uma sensação muito louca. Que você está indo para um lugar onde conhece todo mundo. Claro que não é assim literalmente, mas na prática, essa é a sensação.

Também foi ótimo ver meu filho em campo das arquibancadas. E gostei dos torcedores ingleses. Eles têm um respeito verdadeiro por alguém que joga bem. Não apenas por causa desse talento único, mas também porque a pessoa está fazendo seu melhor, seu 100%. Não entendemos isso na Holanda ou na Espanha, exceto no Atlético de Madrid. Lá, as pessoas respeitam quem dá tudo de si na partida. Os torcedores ingleses são igualmente apegados a seus times. Está no DNA deles. Eles estão sempre lá, nos bons ou maus momentos. Por isso também são bons perdedores, desde que todos tenham realmente se empenhado.

Na Inglaterra, Jordi encontrou o irmão que Danny e eu não pudemos dar a ele. É assim que consideramos Roberto Martínez. Naquela época, Jordi estava jogando no Manchester United e Roberto, no Wigan Athletic. Eles se tornaram amigos íntimos, e eu não descartava a possibilidade de jogarem futebol juntos um dia. Mas naquele momento eram só dois jovens admiráveis, no auge de suas habilidades. Essa aproximação acabou tendo consequências. Mais tarde, foi o meu neto que jogou no Wigan sob o comando de Roberto, por dois anos. Jogou na segunda equipe, mas foi bom para desenvolver seu talento, de qualquer maneira. Eu costumava assistir aos jogos lá também e, de perto, dava para sentir que Roberto tinha se tornado um bom técnico. Ele venceu a Copa da Inglaterra, apesar de o Wigan ser um clube relativamente pequeno. Dava para saber de cara que Roberto era um cara legal. Um cara aberto e transparente.

Jordi, então, ia muito bem na Inglaterra. E foi lá que aconteceu a melhor lembrança que tenho dele como jogador de futebol: seu gol pela Holanda contra a Suíça no Villa Park durante a Eurocopa de 1996, um jogo que ganharam por 2 a 0. Foram belos momentos como esse que me deram paz. Eu pensava: "Posso ver com clareza, ele conseguiu, ele conseguiu na hora certa".

Também foi assim quando ele fez o que fez na última partida pelo Barcelona sob o comando de Rexach. Assim que o jogo terminou, saiu do campo e disse: "Tchau, estou fora". Na verdade, isso tem a ver com um algo a mais que ele tem em seu caráter, que vai além de suas qualidades no futebol. Alguém que faz as coisas acontecerem no momento em que têm que acontecer.

É claro que neste ponto reajo de forma emotiva. Claro que sim. É emoção, vem de dentro. Na verdade, não é emoção, é orgulho. Não demonstro muito, mas está lá. As pessoas me viram na arquibancada depois daquele importante gol contra a Suíça, ou quando tentei pular a placa de publicidade depois do jogo contra a Sampdoria. Às vezes eu tenho que fazer alguma coisa.

Se você pega a carreira de Jordi como um todo, ela foi ótima, depois não tão ótima, e depois nada ótima. Mas, em retrospecto, eu estava lidando com uma situação fantástica. Primeiro pensando apenas em mim, e depois em Jordi. É maravilhoso vê-lo seguir o próprio caminho como diretor de futebol do Maccabi Tel Aviv, mostrando o próprio jeito de pensar. E o fato de ele ser direto. Especialmente isso. Se ele diz alguma coisa, vai fazer o que disse.

A seu modo, vem fazendo várias coisas boas. Tudo com honestidade. Essa é sua força extra para estar no lugar extremamente difícil em que se encontra agora. No Maccabi existem três tipos de jogadores: judeus, palestinos e árabes. Todos moram e jogam lá. Jordi está tentando reunir a equipe mais forte possível, mas muitos dos espectadores judeus reclamam se um árabe ou um palestino está no time. Quando isso acontece, Jordi é do tipo que defende a todos. Acho essa uma situação muito educativa para ele.

Apesar de suas dificuldades físicas, Jordi teve uma carreira brilhante. Integrou a seleção holandesa e jogou em grandes clubes, como Ajax, Barcelona, Manchester United, Alavés e Espanyol. Desde então, também teve a chance incrível de fazer o que queria ao atuar sob o comando do treinador holandês Co Adriaanse no Metalurh Donetsk da Ucrânia e terminar a carreira de jogador em Malta, no Valletta, em 2010, para então se tornar técnico. Foi via Malta e Chipre que Jordi chegou a Israel. Isso tudo demonstra que ele tem um caráter muito forte. Por outro lado, costumava ser um cara com bastante cabelo, cabeleira que quase se foi inteiramente agora. Suspeito que o processo todo o consumiu mais do que me dei conta. Por isso é realmente especial para mim que ele esteja onde está hoje.

Pude acompanhar cada passo de Jordi no Manchester United porque, pela primeira vez na vida, não estava mais trabalhando ativamente no futebol. Havia parado como jogador e como técnico. Porém, não tinha tempo para me entediar. Estava determinado a continuar evoluindo; o que sempre procurei fazer. Como jogador e técnico, sempre fui um idealista, então queria aplicar minhas experiências em novos desafios.

Essa ideia funcionou desde o primeiro dia. Quase todas as coisas com que tive contato nesse período tiveram a ver com o universo que eu conhecia bem. Além de acompanhar as partidas de Jordi, eu produzia uma coluna semanal para a seção Telesport do diário holandês *De Telegraaf*, escrevia artigos para jornais da Espanha e comentava sobre futebol na emissora pública de TV holandesa, a NOS. Também recebia pedidos para apoiar clínicas de saúde. Estava ocupado expandindo meus horizontes e me sentia bem. Não precisava fazer mais nada. Nunca senti falta de ser técnico, porque não gostava de fazer coisas que já tinha experimentado antes. Não queria me repetir, queria seguir em frente.

Gosto de olhar para tudo de cabeça aberta, assim, às vezes coisas surpreendentes cruzam meu caminho. Como os treinos de seis contra seis que desenvolvi com Craig Johnston e Jaap de Groot. Craig é um australiano, nascido na África do Sul, que foi parar no time do Liverpool, na Inglaterra. A mãe de Jaap é americana e seu pai havia sido atacante do Ajax, mas ele passou boa parte da juventude no Texas. Então, eram caras que haviam se criado pelo mundo, por assim dizer, e vieram até mim com a ideia de combinar o jogo seis contra seis com diversão. Para isso dar certo, nosso jogo acontecia num campo menor, mas com traves de gol do mesmo tamanho do futebol normal. Com isso, havia muito mais ação na área, mais chutes e maior pontuação.

O futebol era combinado com música, o que garantia um tom americano à atividade. O objetivo era divertir o público e, ao mesmo tempo, inspirar os jovens. Entendi imediatamente. Não era apenas o treinamento de seis contra seis que eu costumava fazer quando jogador do Ajax, parecia mais aquele que mais tarde apliquei como treinador. No seis contra seis, você tem realmente tudo de que precisa: técnica, velocidade e jogo posicional, porque ele pode ser jogado em três linhas e é possível, portanto, transferir a tática para o onze contra onze.

Decidimos dar um toque Cruyff às regras, fazendo o número da minha camisa, o 14, estar presente no jogo de várias maneiras. Por exemplo, a partida contava com dois tempos de sete minutos cada — o campo tinha 56 metros de comprimento (quatro vezes catorze) e 35,32 metros de largura; os 7,32 metros de distância entre as traves somavam mais catorze metros dos dois lados. Também inventamos todo tipo de regras para deixar o jogo mais rápido e atraente. Por exemplo, quando a bola saía do campo, o jogador podia lançá-la de volta com as mãos ou com os pés. Não havia impedimento se a bola era lançada com as mãos, mas se fosse chutada, aí tinha. Todo jogador que recebesse um cartão amarelo precisava deixar o campo por dois minutos, sem ser substituído. Um segundo cartão amarelo tinha o mesmo efeito que o vermelho: expulsão.

Uma regra interessante era que um gandula tinha que devolver a bola ao círculo central em até dez segundos após o gol ter sido marcado. Assim, a outra equipe podia começar imediatamente a atacar, mesmo que as comemorações do gol ainda estivessem acontecendo. Não havia empates. Como o aspecto do entretenimento era muito importante, uma partida que ficasse empatada no tempo integral era decidida por uma disputa de chutes a gol. O jogador começava a conduzir a bola a partir da intermediária e tinha que marcar em cinco segundos. Uma vitória dava ao time três pontos, e uma derrota, zero. O vencedor da disputa nos chutes a gol ficava com os três pontos, o perdedor, com um.

Como se pode perceber, levávamos bastante a sério os jogos de seis contra seis. Não deve ser coincidência, portanto, que o que começou como uma maneira divertida de jogar em 1997 tenha resultado, seis anos depois, na abertura da primeira Quadra do Cruyff; quadras de futebol construídas em diversas cidades pela Fundação Cruyff para dar a chance de mais crianças jogarem futebol. Uma coisa que aconteceu comigo em várias ocasiões: eu começava algo e, anos depois, aquilo servia de inspiração para um plano completamente novo. Como ocorreu com o seis contra seis.

A competição de seis contra seis foi lançada em 27 de janeiro de 1997. Jogamos na ArenA, o novo estádio do Ajax, que fora inaugurado pouco tempo antes, e tivemos o Ajax, o Milan, o Liverpool e o Glasgow Rangers como participantes. O então presidente da Uefa, Lennart Johansson, adorou a ideia e imediatamente nos deu apoio.

Era futebol de nível profissional combinado com entretenimento produzido pelos países participantes. Como bônus, montamos telas grandes atrás de cada gol, produzindo um tipo de imagem tridimensional quando alguém marcava. Dessa maneira, a jogada era reprisada em detalhes. Não queríamos apenas criar um belo evento, mas também transmiti-lo ao vivo para o mundo inteiro. Para esse fim, trouxemos a CNN e a MTV — era o pacote perfeito para um canal musical já que, durante as partidas, jogadores conhecidos como Paul Gascoigne, Paolo Maldini, Steve McManaman e Patrick Kluivert também falavam sobre música.

Foi um grande sucesso. Cerca de 47 mil espectadores no estádio e milhões de telespectadores em mais de cem países viram o Milan ganhar a final do campeonato, depois de apreciar as performances musicais de artistas como Gerry Marsden, Youssou N'Dour, Massimo Di Cataldo e René Froger.

O seis contra seis também me colocou em contato com Peter Brightman, responsável pelos eventos do estádio ArenA. Peter morava em Londres, onde tinha contato com um grupo de empresários que planejava levar o futebol de nível profissional à Irlanda. Toda semana, centenas de milhares de irlandeses se dirigiam à Inglaterra para assistir a partidas de futebol. Isso deu aos investidores a ideia de construir um grande estádio em Dublin. O clube Wimbledon — de Londres, que ainda estava na primeira divisão do Campeonato Inglês na época, mas não tinha estádio próprio — concordou em se mudar para a capital irlandesa se pudesse manter sua licença. Assim, finalmente, os torcedores irlandeses de futebol teriam seu próprio clube no Campeonato Inglês.

O que mais me atraiu na ideia foi a ideologia pacifista por trás do projeto. Isso porque seria um único clube irlandês na primeira divisão do Campeonato Inglês, e a ideia era que católicos e protestantes de ambos os lados da fronteira irlandesa apoiassem a mesma equipe no estádio e torcessem juntos quando um gol fosse marcado. Achei o plano fascinante, a criação de um clube de futebol em nome da paz numa época de muita violência.

Por causa da minha imparcialidade, me pediram para ser a figura pública do projeto. Os católicos e os protestantes estavam em desacordo e, como eu não era de nenhum dos credos, representava o intermediário ideal. Viajei muito para Londres a fim de resolver as coisas com os investidores. Estava feliz. Trabalhando em um único projeto novamente e, ao mesmo tempo, passando pelas minhas cidades favoritas.

Infelizmente, o plano não foi para a frente porque a Associação de Futebol da Irlanda não quis cooperar. Eles se mantiveram firmes na ideia de que, se o time estivesse jogando na Irlanda, também teria de participar das competições irlandesas. Achei uma pena e não entendi. Andorra e Mônaco não jogavam nos campeonatos espanhol e francês? Enfim, o problema não se resolveu, e ainda hoje a Irlanda não tem um clube de nível superior. Mas tudo bem, foi uma experiência rica. De certa forma, isso acontece com frequência comigo. Não sei dizer exatamente o que vai acontecer, mas sei que algo de bom ficará.

Isso também se aplica à decisão proferida por um juiz espanhol em 1999, três anos depois que deixei o Barcelona. Uma das cláusulas do meu contrato determinava que eu tinha direito a duas partidas beneficentes, porém o presidente do clube, Josep Lluís Núñez, não concordava com isso. O tribunal declarou que eu estava certo, porém estabeleceu como condição que ambos os jogos fossem organizados rapidamente após a decisão. Era uma tarefa quase impossível, mas funcionou. A primeira partida ocorreu em 10 de março, em Barcelona, e a segunda, em 6 de abril, em Amsterdã. Duas noites inesquecíveis.

No Camp Nou, 100 mil espectadores puderam, enfim, demonstrar seu apreço pelo *Dream Team* do início dos anos 1990. Algo que os jogadores mereciam muito. Por anos, Núñez tentou destruir a memória desse período fantástico, porém, durante o evento beneficente, os torcedores demonstraram alegremente o que pensavam a respeito. Após o apito final, fiquei todo arrepiado — coisa que não acontece com frequência comigo. Em particular, quando os jogadores se reuniram ao meu redor no círculo central e pude agradecer ao público em nome de todos nós. Naquele momento, não agi com a cabeça, mas com a emoção, e antes que me desse conta estava cantando o hino do clube — e todos no estádio começaram a cantar junto. Um momento fantástico, claro, mas a melhor coisa foi sentir que finalmente se fazia justiça.

Fiquei todo arrepiado novamente um mês depois. Enquanto em Barcelona ainda se falava sobre a celebração do *Dream Team* junto à torcida, em Amsterdã, todo mundo no Ajax se emocionaria também. Jogadores, torcedores, a senhora do chá, o roupeiro, o gandula, todo mundo.

Como o Ajax celebraria seu centenário no ano seguinte, o clube não queria estragar o grande aniversário e decidiu estabelecer como tema do evento "Trinta anos de finais". Todos os jogadores que tinham participado de finais internacionais pelo clube foram convidados. Eram cinquenta: de Piet Keizer a Bryan Roy, de Johan Neeskens a Aron Winter e de Marco van Basten a Dennis Bergkamp. O evento foi cheio de nostalgia. A noite era do futebol, como o Ajax é do futebol. Então, começou com a velha guarda, depois teve meio-tempo de jogo de Ajax contra Barcelona e a noite enfim terminou com 45 minutos do Ajax International, uma equipe formada por ex-jogadores do Ajax que atuavam no exterior, contra os campeões espanhóis.

Como em Barcelona, foi grande a festa em Amsterdã, e o bônus adicional foi o retorno de Marco van Basten aos campos. Depois de ter sido forçado a se aposentar com apenas trinta anos, ainda no Milan, ele se manteve afastado do futebol. Sua frustração com a lesão recorrente de tornozelo que tinha encerrado sua carreira ainda o afetava profundamente. Ele declarou que não queria participar do jogo, mas que estaria presente para o pontapé inicial. Quando chegou a hora, eu não conseguia encontrá-lo em lugar nenhum e o jogo ia começar, até que, de repente, vi Marco parado na linha lateral do campo, vestido para a partida. A química do vestiário aparentemente o tinha convencido, e ele estava pronto para sujar a chuteira. Foi um momento muito especial. Primeiro, todos ficaram em silêncio na ArenA, porque o público não tinha certeza se era mesmo o Marco, mas quando se deram conta de que era ele, os torcedores foram se levantando e ele recebeu uma ovação magnífica de 50 mil pessoas.

Mais tarde naquela noite, no Hilton Hotel, os alicerces para outra ideia seriam cimentados. Muitos jogadores do passado do Ajax vieram até o hotel para conversar uns com os outros. Entre eles, Søren Lerby e Simon Tahamata — dois ex-jogadores que tinham assistido à partida na lateral do campo, porque só haviam jogado finais europeias por outros clubes, não pelo Ajax. Por essa razão, não tinham tido permissão para jogar no evento. Isso me deixou meio chateado, porque jogadores dessa qualidade mereciam estar nos holofotes. Então, algumas semanas depois, eles me ofereceram a solução perfeita. Já tinha falado com meu sogro mais de uma vez sobre criar minha própria fundação. Isso esteve sempre na minha cabeça, desde minhas experiências com as Paralimpíadas em Washington. Muitas vezes me pediam para contribuir com todo tipo de instituição de caridade, mas raramente eu ficava sabendo para que minha contribuição tinha servido ou o que havia sido feito com ela.

Em 1997, criei a Fundação Johan Cruyff e, com os frutos do evento beneficente de 6 de abril, estava determinado a, enfim, fixá-la na Holanda. Em princípio, com a ajuda da agência suíça de assistência à infância Terre des Hommes, para aprender como atuar na área, e parcialmente financiado pela Loteria Nacional Holandesa. Durante uma de nossas sessões de *brainstorming*, foi sugerido que montássemos algo que permitisse ao futebol de alto nível fazer um aceno à sociedade. Uma conclusão bonita e especial para o século xx.

Assim, em parceria com o jornal *De Telegraaf*, decidimos que eu escolheria os jogadores holandeses do século e os leitores poderiam comprar fotos assinadas de cada um dos jogadores selecionados. A receita da venda das fotos financiaria um projeto para jovens em Bijlmer, em Amsterdã, e daria um presente especial para alguns dos torcedores da Laranja Mecânica.

Havia apenas um problema. Ainda que as imagens vendessem bem, não seriam suficientes para cobrir os custos totais do projeto. Assim, precisávamos de algum tipo de evento.

Uma partida na qual o melhor que o futebol holandês havia produzido no século xx fosse apresentado ao público mais uma vez na forma de um "Jogo do Século".

Foi um projeto magnífico. Em 21 de dezembro de 1999, os melhores treinadores e jogadores da história da Holanda se reuniram novamente no Amsterdam ArenA. E foram acompanhados dos melhores jogadores estrangeiros que já tinham jogado no Campeonato Holandês. Um dos times foi liderado por Rinus Michels, que pôde convocar cerca de quarenta jogadores holandeses com experiência internacional, de Dennis Bergkamp ao veterano Faas Wilkes. O mesmo foi aplicado ao time dos "estrangeiros", liderado por Barry Hughes, que contava com Søren Lerby e Simon Tahamata na equipe. A dupla que tinha nos dado a ideia. Foi uma despedida digna do século xx. De Ove Kindvall a Ralf Edström ou Stefan Pettersson; lá estavam todos, jogando com suas camisas do Feyenoord, do psv e do Ajax. Juntos. Três clubes em um time.

A noite terminou com um presente dos jogadores para os torcedores laranjas: a inauguração de doze esculturas dos onze melhores jogadores holandeses do século e do melhor treinador da seleção: Rinus Michels, Edwin van der Sar, Ruud Krol, Ruud Gullit, Frank Rijkaard, Johan Neeskens, Wim van Hanegem, Abe Lenstra, Marco van Basten, Piet Keizer, Faas Wilkes e eu fomos fundidos em bronze — e todos ainda estamos na entrada do centro esportivo da knvb em Zeist. A receita líquida do "Jogo do Século" chegou a cerca de 1 milhão de florins, o suficiente para construir o Complexo Esportivo Multifuncional de Oranjehorst, em Bijlmer. O que restou foi destinado à Fundação Johan Cruyff. Mas o principal foi a mensagem que ficou: mostramos a todos o quanto se pode fazer em nome do esporte.

Estávamos sempre tentando pensar em coisas novas. Um bom exemplo disso foi o evento "Winter Ball". Juntamente com Jaap de Groot e o artista Raoul Heertje, planejei organizar uma partida de futebol dentro de um teatro. A ideia veio no calor do momento, quando falávamos que jogadores de futebol extremamente bons são artistas e, portanto, nada mais adequado que apresentá-los num teatro. No início, rimos da ideia, até que ela foi colocada em prática, em junho de 2003.

O local escolhido foi o Concertgebouw, em Amsterdã, na festa de despedida de Aron Winter, que havia feito sua estreia comigo no Ajax. Frank Rijkaard, o antigo companheiro de equipe de Winter, estava um pouco preocupado sobre como Aron terminaria sua carreira. Prova de que os jogadores não desapontam seus colegas é que quase todos com quem Aron tinha jogado no Ajax, na Lazio, na Inter de Milão e na seleção holandesa acharam um tempo livre para a cerimônia de despedida. De Marco van Basten a Ronaldo, e de Paul Ince a Roberto Di Matteo. A ideia era jogar uma partida, mas não num estádio, e sim em um dos mais belos teatros da Holanda. O pessoal do grupo de tecnologia têxtil Royal TenCate fez a instalação de um tapete de grama artificial de 25 metros quadrados, no qual seria possível jogar uma partida no grande auditório do Concertgebouw. Os quatrocentos convidados ficaram sentados no fosso da orquestra, enquanto os membros da *Dutch Opera*, como se fossem torcedores numa arquibancada, criaram o clima perfeito durante as partidas inspiradas na carreira de Aron.

A noite começou com um jogo entre o time do Ajax de 1987, treinado por mim, contra a seleção holandesa que venceu o Campeonato Europeu de 1988, liderada por Rinus Michels. Depois veio Lazio × Inter de Milão, e o programa terminou com o Ajax de Louis van Gaal contra a "Seleção de Gala". A equipe da "Seleção de Gala" jogava com uma camiseta preta que tinha uma gravatinha desenhada. Outra ideia original perfeita para jogadores muito especiais como Ronaldo, Clarence Seedorf e Patrick Kluivert. Como Aron queria terminar a carreira com um presente para a comunidade, decidimos usar a receita do evento como pontapé inicial para um novo projeto da minha fundação: as quadras Cruyff. A grama artificial usada no Concertgebouw serviu perfeitamente para a primeira Quadra Cruyff na cidade natal de Aron, Lelystad.

O "Winter Ball" foi um evento fantástico. Todos os jogadores que entravam em campo passavam por um tapete vermelho, e o árbitro estava de smoking. O mundo inteiro falou sobre o evento. Ele foi transmitido pela CNN, e até o *International Herald Tribune* escreveu um ótimo artigo a respeito. Mas esses eventos significaram mais do que boas lembranças, eles ajudaram a colocar em prática coisas realmente sérias. Os jogos seis contra seis foram os alicerces para o programa das Quadras Cruyff, e o jogo do Ajax e o "Jogo do Século" colocaram a Fundação Cruyff no mapa. Foi também graças ao "Winter Ball" que a primeira Quadra Cruyff foi montada. Hoje em dia, você pode encontrar essas quadras no mundo todo. Elas estão ocupadas por jovens tentando chegar mais longe. Pode ser simples assim.

Minha experiência com diretores de clubes de futebol tem sido bem menos divertida. Na minha opinião, sempre tive boa vontade com eles, mesmo depois de me tirarem do futebol e me deixarem à margem. Vamos colocar desta maneira: às vezes a conexão com o clube vai bem, outras vezes vai mal. Isso tem muito a ver com a direção de tais clubes. Sempre me dei bem com Michael Praag, no Ajax, e Joan Laporta, no Barcelona, por exemplo. Em 1999, o Ajax me nomeou como sócio honorário. Quando isso acontece, você pode fazer uma de duas coisas: ou desempenha o papel de membro honorário apenas usando seu crachá, ou tentar usar esse status para agregar valor ao clube. Só que, quando você percebe que outras pessoas dentro do clube pensam diferente sobre esse valor a agregar, no final das contas é melhor voltar a usar apenas o crachá.

Durante esse tempo, levei algumas invertidas do conselho do Ajax. A primeira veio com a nomeação de Co Adriaanse, e depois quando Louis van Gaal assumiu como diretor técnico. Por duas vezes fui abordado ostensivamente para dar conselhos, e as duas vezes descobri que tudo já tinha sido decidido.

Quando me pediram, em 2000, que nomeasse um candidato a técnico, mencionei Frank Rijkaard. Frank havia feito excelente trabalho como técnico da equipe holandesa e tinha tudo para conseguir o título da Eurocopa daquele ano. Fomos eliminados na semifinal, tendo perdido dois pênaltis no tempo normal contra a Itália, e mais alguns durante a disputa decisiva de pênaltis. Mas a equipe tinha jogado um futebol fantástico. Daí a minha indicação.

Descobri mais tarde que, algumas semanas antes, um acordo já havia sido arranjado com Co Adriaanse. Deixe-me dizer, antes de qualquer coisa, que não tenho nada em particular contra Adriaanse. Porém, quando protestei, a direção do clube anunciou pela mídia que os interesses do Ajax tinham precedência sobre todo o resto. Mas quem realmente determina o que é do interesse do Ajax? Se os interesses são decididos com a mesma mão autoritária que anulou minha opinião, isso me deixa louco. Três anos depois, o mesmo aconteceu durante a nomeação do novo diretor técnico do clube. Ronald Koeman tinha feito excelente trabalho como técnico, e o conselho me perguntou o que eu pensava sobre o cargo de diretor técnico e quem via como um possível candidato.

Durante essa discussão, o diretor Arie van Eijden e o presidente John Jaakke perguntaram três vezes se eu era contra nomear Louis van Gaal, e as três vezes respondi que não era uma questão de ser contra Van Gaal, a questão era determinar o tipo de diretor técnico de que o Ajax mais precisava naquele momento — e eu não achava que Van Gaal era o ajuste certo. Eu tentei deixar isso evidente com todos os tipos de exemplos. Mas, como a escolha já estava determinada, estavam apenas fingindo levar em conta minhas opiniões.

Van Gaal foi nomeado e, quando ele próprio afirmou ter sido escolhido para o trabalho meses antes da conversa que tive com Eijden e Jaakke, cheguei ao limite. Ele até parecia concordar com alguns dos exemplos que eu tinha usado para explicar minha visão do que era melhor para o clube. Portanto, a questão é: por que os diretores precisam fazer esse tipo de joguinho? Por que, de uma hora para outra, virei consultor? Por que, de repente, me pediam que considerasse os méritos de potenciais diretores técnicos quando a nomeação já estava resolvida?

Fiquei muito furioso ao ouvir que, antes de eu ter sido consultado, a escolha de Van Gaal já havia sido discutida em todos os setores do clube. Todos os homens que tinham que dizer sim já tinham concordado, e tentar colocar na mesa uma segunda opção naquela altura era uma batalha perdida.

O pior erro é que uma decisão puramente técnica estava sendo tomada por pessoas que não tinham a capacidade para isso, mas supostamente agiam em prol do Ajax. Assim como era do interesse do Ajax que Van Gaal e eu fizéssemos as pazes um com o outro. Mas por que eu deveria? Eles tinham me deixado de fora e seguido em frente com o que já estava planejado. Considerando todo o resto, não havia uma única razão para mexer com Koeman, porque ele estava indo muito bem. Mas a administração do clube achava que Koeman e seus assistentes, Ruud Krol e Tonny Bruins Slot, estavam se isolando demais, o que significava na realidade que o conselho não sabia o suficiente sobre o que estava acontecendo dentro do vestiário. Eu só conseguia sentir empatia pela comissão técnica, depois de minhas experiências com Núñez no Barcelona. Era mais um caso de diretores querendo forçar o caminho até o vestiário.

Com a nomeação de Van Gaal, os diretores esperavam controlar mais Koeman, com quem o Ajax se tornou campeão do Campeonato Holandês e da Copa da Holanda em 2002, além de ter chegado às quartas de final da Liga dos Campeões em 2003. Como aconteceu comigo em 1987 depois de vencer a Recopa, algo que era bom estava sendo destruído de cima para baixo. Em um ano, eles conseguiram o que buscavam. Van Gaal renunciou, frustrado, e o mesmo aconteceu com Koeman. Ambos foram vítimas dos joguinhos da sala de reuniões. Tudo orquestrado por pessoas que estão envolvidas com o Ajax mas que, para mim, não são o Ajax. Amo o clube no qual cresci. E isso é o Ajax, para mim, de modo que esqueço todos os problemas e frustrações assim que entro no refeitório do clube. Se vou lá, já sei de antemão que vai ser bom. Isso ainda significa muito para mim. Com o resto eles podem ficar.

O mesmo vale para o Barcelona, onde os diretores estão outra vez envolvidos no jogo político na Catalunha. Nunca entrei nesse jogo. Mesmo assim, particularmente durante a era Franco, participei quando exigiram que eu falasse em favor de Barcelona e contra Madri. Uma opinião como essa é importante. O problema para mim é que continuei me envolvendo em coisas que eram realmente demais para mim. Eu ainda era muito jovem, apolítico, completamente sem instrução, ou seja lá como queiram chamar. Somente no final de 1974 é que comecei a lidar melhor com isso. Graças ao conselheiro Armand Carabén, que tinha uma inteligência superior e era muito bom em explicar como as coisas aconteciam e por que havia diferenças de opinião. Tudo começava com o idioma catalão, que era proibido por Madri. E não apenas a língua falada; os nomes catalães também eram proibidos. Como já contei, descobrimos isso quando nos disseram para não chamar nosso filho de Jordi. Para nós isso era inaceitável. Coisas assim não fazem parte da nossa forma de pensar.

Em Barcelona, não deixei ninguém me forçar nada garganta abaixo. Me comportei exatamente como tinham me ensinado em Amsterdã, quando criança, depois da guerra. Todos na minha geração foram influenciados pelos Beatles, que eram diferentes e faziam as coisas do seu jeito. Fiz o mesmo no campo do esporte e do futebol. Esse tipo de comportamento batia de frente com a situação dentro da Catalunha. Havia muitas atitudes na região que eu queria entender, mas que, mesmo me esforçando, não conseguia.

Carabén foi a primeira pessoa a me dizer para não desistir. Então eu disse a ele: "Mas isso é ridículo". E ele: "É verdade, mas eles foram criados pensando assim". Mais tarde, o ex-ministro holandês do meio ambiente Pieter Winsemius me falou a mesma coisa: "Você não concorda com isso e eu não concordo com isso. Mas esse homem está lá há vinte anos e foi assim que ele foi criado. Está apenas fazendo o que lhe foi ensinado. Nós não concordamos, não é assim que achamos que as coisas são, mas você não pode culpar as pessoas. O que você pode fazer é tentar mudar as coisas". Foram pessoas como Carabén e Winsemius que sugeriram as nuances que, enfim, me fizeram entender esses problemas.

É assim que vejo a situação atual na Catalunha. Assim como há quarenta anos, o debate é sobre se separar do resto da Espanha. São cinquenta a cinquenta. Em outras palavras, no caso de se separarem, a população vai ficar dividida. É isso que querem?

Como holandês, estou acostumado com o modelo *pôlder* de criar consenso entre visões opostas. Sempre discutimos muito para, enfim, nos unir no final. Eles nunca tiveram isso na Espanha. Nunca estiveram dispostos a "drenar" as coisas para secar a terra. Ninguém faz isso. Nem os separatistas, nem os que querem permanecer juntos, nem o pessoal de Madri. Só que, onde não há maioria, é preciso trabalhar junto. E, para conseguir trabalhar junto, é preciso analisar os problemas da outra parte. É por isso que é muito interessante ler o noticiário político. Para ver quem consegue fazer isso no final das contas.

Então, compreendo a lógica da atitude de certos líderes de partidos políticos que pensam "sem mim você não pode formar uma coalizão para governar o país, portanto, quero minha parte do bolo". O errado é querer o bolo inteiro para você. Não dá para ser guloso. Em vez disso, melhor dar um passo atrás e tentar pensar na base. Colocar-se no lugar do povo. Parece-me que, nesse caso, você provavelmente concluirá que os lados opostos não estão tão distantes assim. Bom, eu acompanho a política; mas não entendo profundamente do assunto.

Algumas coisas, no entanto, me parecem ridículas. Aprender muitas línguas é a melhor forma de educação para as crianças, a fim de que possam se comunicar com todos. Para otimizar seu desenvolvimento geral. Porém, geralmente se determina que uma hora de dedicação a isso é suficiente. Por que não duas ou três? É incrivelmente importante ter domínio de outro idioma, pelo menos eu penso assim. Quando eu era criança, sempre me diziam: "Filho, vá e viaje e aprenda outros idiomas para que você possa se comunicar com todos. Porque se você pode falar com todo mundo, pode criar consenso".

Tornei-me treinador da seleção nacional catalã em novembro de 2009. Para mim, não era um compromisso político, porém, foi o que se tornou. Na verdade, era uma grande mistura de coisas. Em primeiro lugar, o cargo nem deveria ser uma função oficial. Trata-se apenas de uma partida entre A e B, e eu era o treinador de uma das duas equipes. Só que, na prática, outras coisas entram em jogo. No fim das contas, quando os políticos começaram a prestar cada vez mais atenção ao nosso time, tudo ganhou peso político. Acho que isso não deveria acontecer. É preciso pensar com muito cuidado sobre como lidar com as diferenças regionais, e foi ótimo reforçar o orgulho catalão. Não há nada de errado nisso. Mas não se deve perder de vista o aspecto esportivo. É ótimo que o estádio fique cheio de catalães, mas eles têm de estar lá também pelo futebol, não só pela bandeira.

Isso porque o time catalão só vai ganhar força de verdade se houver bons jogadores de futebol. Se você perde os jogadores, qualquer efeito positivo que o time pudesse ter sobre o povo repentinamente se reduz. De modo que a política tem importância somente quando o lado esportivo do futebol funciona também. E isso depende de muitas coisas. Basta pegar os jogadores de futebol: durante a temporada, eles ficam imersos em seu próprio clube, e o que mais importa para eles não é a política. Talvez até pensem na política, mas nos dias dos jogos também estarão preocupados em não se machucar. Assim, a coisa toda da política, ou qualquer outra coisa que seja parte do esporte, é válida, mas o que realmente importa para eles é como vão jogar a partida, como vão vencer e como fazer para não se machucar. Era assim que eu pensava como técnico da seleção também. Havia muita falação sobre a importância do orgulho nacional, mas se alguém se quebra ou torce o pé, você passa a ter um problema real nas mãos.

Tenho muita simpatia pela causa catalã, mas sou, em primeiro lugar, um holandês. E continuo sendo. Não consigo ficar de boca fechada, e faço o que gosto. Com todas as minhas limitações. Não faço jogo duplo. Sou razoavelmente claro e, quando algo acontece, não falo sobre o assunto do ponto de vista do catalão ou do holandês, mas do meu ponto de vista. A liberdade de pensamento faz parte da vida de todo cidadão nascido na Holanda. É uma dádiva maravilhosa poder ser livre para pensar da forma que quiser. E não ter medo de que, se disser algo fora da linha, uma coisa ou outra possa lhe acontecer. Mas essa atitude me rendeu problemas com muitos diretores. E me custou meus empregos no Ajax e no Barcelona — porém, os dois responsáveis por isso mais tarde tiveram que enfrentar seus próprios demônios. Ambos colocaram seus clubes em dificuldades.

No que diz respeito a esse tema, o Barcelona deve muito a Joan Laporta. Ele se tornou presidente em 2003 e, enquanto a diretoria do Ajax me esnobava como conselheiro, foi bastante claro comigo sobre o que queria. Perguntou quem deveria nomear como treinador e diretor técnico. Quando as posições foram preenchidas por Frank Rijkaard e Txiki Begiristain, o clube ressurgiu. Muitos ex-jogadores foram contratados como consultores. Nenhum comitê foi chamado para revisar a decisão, o que significou que tudo foi feito de forma rápida e eficiente. E Laporta e eu deixamos o caminho livre para eles. O Barcelona hoje desfruta dos benefícios dessas atitudes.

Sou cria do Ajax e aprendi a amar o Barcelona. Por isso, nos últimos dez anos, estive envolvido na reorganização de ambos os clubes. O Barcelona pediu que eu o fizesse, no Ajax a coisa simplesmente aconteceu. No Barcelona, a reorganização aconteceu durante três anos, mas não no Ajax, porque eles não estavam 100% comprometidos. E esse tipo de coisa não funciona sem compromisso total. Tem uma questão de números também. Uma grande diferença é que o Ajax é um negócio cujas ações são negociadas na bolsa de valores, enquanto o Barcelona ainda é um clube na mão de particulares. Em Amsterdã, você lida com diretores e conselheiros, em Barcelona, com um presidente. O trabalho é muito mais direto, porque não há acionistas a quem responder. O sistema do Ajax envolve muito mais procedimentos — e isso significa que você precisa de mais tempo também.

Incrivelmente, todo o negócio com o Barcelona, até chegar ao *Dream Team II*, começou com o jogador com quem primeiro tive um conflito. Porém, depois de sua perturbadora saída do Ajax em 1987, Frank Rijkaard e eu nos aproximamos cada vez mais. Acho que a formação desse tipo de relacionamento é uma questão de tempo. Eventualmente, você alcança um certo tipo de paz interior, o que significa que se está pronto para a próxima fase da vida.

Em resumo: nós dois aprendemos com nosso desentendimento. Quando tivemos problemas, estávamos ambos começando uma nova fase, ele como jogador, eu como treinador. Porém, depois disso, evoluímos de diferentes maneiras. Frank certamente o fez, tanto como jogador quanto como treinador. Por isso, foi ótimo poder aconselhar Joan Laporta a trazê-lo como técnico do Barça. Não apenas porque tenho muita consideração por Frank, mas também porque sei do que ele é capaz.

E deixe-me ser perfeitamente claro, no nível do Barcelona você não faz concessões. Não faz. Nem ao clube nem à pessoa que está realizando um trabalho, seja qual for o trabalho. Por isso, pensei muito na situação do Barcelona. Do que o clube precisava e o que o novo técnico tinha que trazer para o time? Frank atendia a todos os critérios. Em termos de imagem, da maneira como ele se dirige às pessoas e, o mais importante, pelo futebol de altíssimo nível que havia jogado. Quanto às habilidades futebolísticas de Frank, nunca houve dúvida. Além disso, ele tem carisma e tinha um bom assistente, Henk ten Cate. Henk é um treinador que sempre segui com grande interesse porque, onde quer que ele estivesse trabalhando, algo sempre estava acontecendo. Adoro isso. Henk e Frank mantinham um bom equilíbrio entre si.

A grande vantagem do Barcelona era que, como presidente, Laporta estava sempre incentivando os jogadores e deixando que tomassem as decisões futebolísticas. Laporta foi o presidente do Barcelona de 2003 a 2010 — e em todos esses anos realmente foi uma exceção à regra. Não era o tipo de pessoa que diz: "Eu sou o presidente, então eu tomo as decisões". Era muito claro em seu esquema: "Temos um problema, vamos nos sentar e resolvê-lo". Portanto, era uma pessoa que pensava da mesma forma que nós. Laporta era excelente nesse aspecto e também teve a honra de ter pavimentado todo o caminho do *Dream Team II*. Toda a série de conquistas.

Depois de eu apresentar os nomes de Frank Rijkaard e Txiki Begiristain para as vagas de técnico e diretor técnico, Laporta entrou em ação imediatamente e as coisas foram resolvidas de forma muito rápida. Exatamente como devem ser. Sempre me surpreendo quando vejo como as pessoas julgam os treinadores, e quem são essas pessoas. É por isso que acontecem, constantemente, grandes erros nas escolhas. Porque as decisões são tomadas pelo conselho ou por diretores que não têm a menor ideia de quais devem ser as considerações mais básicas para se decidir uma contratação. Como já discuti anteriormente, essas escolhas são feitas com base em acordos de escritório e lobby nas salas dos diretores.

Um cara pode ser um treinador fantástico de times juvenis, mas um técnico principal desastroso. Ou alguém pode ter sucesso em um clube de segunda divisão, mas escorregar como se pisasse em gelo ao lidar com um clube mais profissional. E vice-versa. Um treinador que acerta num time de primeira divisão pode não conseguir fazer um bom trabalho em um clube pequeno. Assim, também, nem todo bom treinador será automaticamente um diretor técnico qualificado. O que estou tentando dizer é que, no que tange aos técnicos, é necessária uma profunda compreensão da psique humana para colocar a pessoa certa no lugar certo. É por isso que fico sempre perplexo quando vejo a forma como muitos clubes lidam com desafios do tipo. Más escolhas podem ter enormes consequências, por vezes levando a danos cujos efeitos se estendem durante anos.

Cargos diferentes requerem qualidades diferentes. Um treinador de jovens deve ser capaz de atrair as pessoas. O grande perigo desse processo é que o treinador trabalhe apenas para "corrigir velhos hábitos" do jogador, em vez de aperfeiçoar novos talentos. Um exemplo. Se você tem alguém que dribla demais, não deve impedi-lo de driblar, mas sim colocá-lo contra um rival fisicamente forte. Se for desarmado com frequência, logo aprenderá por si só que deve passar a bola. E, claro, meninos no início da adolescência precisam de uma abordagem diferente da dos jovens de dezesseis ou dezessete anos, que estão no limiar do primeiro time. Não dá para simplesmente querer que eles engulam qualquer treinador de juvenis.

Da mesma forma, você não pode simplesmente nomear um técnico principal qualquer. O cara tem que se ajustar ao clube. Clubes que estão no topo da tabela, no meio ou na lanterna, em geral requerem três tipos diferentes de técnico. Não é só pela diferença enorme na qualidade dos jogadores, mas também por uma gama completamente diferente de desafios. Já o diretor técnico tem de ser alguém que promova e preserve as tradições que perpassam o clube — e deve atuar como uma ponte entre os diretores e o campo. É fatal para um clube ter um diretor técnico que ignora isso e segue um plano próprio.

Por isso sempre fico muito irritado quando vejo acontecer uma indicação que claramente não vai funcionar. É comum as pessoas que tomam as decisões deixarem as coisas correrem por tempo demais para evitar parecerem idiotas. Quando a decisão enfim é revogada, em geral já é tarde demais — e o clube é quem tem que juntar os cacos.

Não foi esse o caso no Barcelona, apesar de Rijkaard ter tido um começo difícil. Não era estranho que acontecesse, e não fiquei surpreso. Se você deseja que algo mude completamente, não pode esperar conseguir isso em algumas semanas. Eu estive em contato com ele durante essa fase. É habitual. Amigos sempre tentam se ajudar quando se trata de uma crise. Mas quero ser claro sobre esse tema: não me intrometi nas questões técnicas e de gestão. Apesar do começo difícil, as coisas estavam em boas mãos com Frank. Ele cresceu dentro do sistema de jogo do Ajax e, graças ao que aprendeu enquanto esteve no Milan, foi capaz de criar as próprias ideias. Ele também trazia uma enorme experiência e é um dos jogadores de futebol mais completos que vi jogar. Conseguia defender como o melhor dos zagueiros, organizar o meio-campo e ainda tinha potencial de ataque para marcar gols. Tudo em uma pessoa só, que também tinha a mentalidade adequada e era muito inteligente. O fato de ele ligar de vez em quando para me sondar servia apenas para mostrar seu profissionalismo.

No Barcelona, com Laporta, isso também acontecia bastante. Por conta de toda a política que perpassa o clube por dentro e por fora, o Barcelona sempre foi um vulcão em erupção. Joan fez um grande trabalho ao controlar todas as questões políticas e garantir que os treinadores e os jogadores não fossem afetados. O que significou que eles puderam se concentrar na construção do time.

E veja o resultado. Dentro de alguns meses, o trabalho começou a dar frutos, o público começou a acreditar no time e os resultados apareceram. O mais importante foi que os alicerces do futebol haviam sido cimentados, e o Barcelona pàssou a ser mais uma vez um clube modelo. Essencial para isso foi todos estarmos do mesmo lado nos momentos difíceis, demonstrando lealdade quando ela se fazia necessária. Isso é crucial em clubes como o Ajax e o Barcelona. Tanto em momentos ruins quanto naqueles em que tudo está indo bem.

Cerca de quatro meses após o início da primeira temporada de Rijkaard, a de 2003-04, começaram a aparecer acusações de que eu estaria atuando nos bastidores. Diziam até que eu entrava no vestiário de tempos em tempos e que estaria bombardeando o clube com conselhos. Na verdade, só estive no Camp Nou duas vezes desde que Frank havia sido nomeado, nunca apareci no vestiário, certamente não durante uma partida, e conversei com o diretor técnico somente uma vez. Ainda assim, não falamos especificamente sobre jogadores, então também não palpitei sobre as transferências. Mas essa versão dos fatos apareceu na mídia. E não apenas nos jornais. Primeiro, eles escrevem todo tipo de bobagem, porém, em seguida, o assunto é discutido como notícia factual em programas de rádio e de TV. É sempre a mesma velha rotina, sempre. Mesmo que o time de Rijkaard estivesse jogando cada vez melhor.

A verdade era bem menos interessante. Tanto o técnico quanto o presidente do clube são bons amigos meus. Se tinham questões que os preocupavam, às vezes me ligavam para perguntar minha opinião. Simples assim. Mas parte da imprensa catalã achava isso errado, ruim para o Barcelona, e que as críticas que eu oferecia não tinham nada a ver com futebol, e sim o intuito de me fazer ganhar influência no clube. Então, tentaram nos jogar uns contra os outros. Mas tudo bem, isso faz parte de ser do Barcelona, e o truque é que as partes interessadas mantenham a cabeça fria. Nesse sentido, Laporta sempre estabeleceu um bom exemplo e garantiu estabilidade dentro do clube.

Foi impressionante que, ainda na fase inicial do trabalho de Rijkaard, quando havia o maior risco de as coisas darem errado, o futuro sucessor de Laporta já mostrou ser o elo mais fraco em termos de lealdade. Laporta havia contratado Sandro Rosell como vice-presidente, porém os dois logo entraram em conflito porque Rosell queria se livrar de Rijkaard depois de apenas alguns meses. Como executivo da Nike, Rosell passou algum tempo no Brasil. Lá, desenvolveu um bom relacionamento com o técnico brasileiro Luiz Felipe Scolari, a quem queria trazer para o Barcelona.

Rosell fazia parte de um pequeno grupo que havia decidido que o Barcelona devia tomar uma nova direção e que, para isso, era necessário um determinado tipo de diretor técnico e de treinador. Rijkaard estava lutando, e a escolha que tinha feito era muito clara. Porém, quando o sucesso não veio imediatamente, Rosell tentou mandá-lo embora depois de apenas alguns meses, para escolher um método diferente, um tipo diferente de técnico e outro estilo de futebol. Quando o time começou a se sair bem, ele perdeu seguidores. Rijkaard nunca esqueceu a forma como Rosell agiu quando ele precisou do apoio de cima. Rosell era um ponto de interferência em todo o processo e, após dois anos, jogou a toalha e pediu demissão.

Durante cinco anos, Frank, Henk ten Cate e, mais tarde, Johan Neeskens fizeram um trabalho fantástico. Eles não apenas venceram a Liga dos Campeões novamente em 2006, catorze anos após o *Dream Team*, como também tornaram sua maneira de jogar futebol ainda mais refinada. E o sucessor de Frank, Pep Guardiola, continuou a seguir essa mesma linha a partir de 2008. Em 2007, Pep obteve o obrigatório diploma de treinador e foi imediatamente nomeado técnico do time B do Barcelona. Mais uma vez, o Barcelona estava provando que um futebol atraente também pode levar a bons resultados. O impacto de um jogo de sucesso com estilo é ainda mais poderoso porque milhões de torcedores que amam o futebol gostam de apreciar o jogo tanto quanto o resultado. Eles querem a beleza que o esporte tem a oferecer. Frank e Pep fizeram isso e, ao fazê-lo, deixaram o mais bonito legado em nome do Barcelona.

Em março de 2010, comprovei isso com meus próprios olhos. De uma hora para outra, recebi uma ligação do Barcelona dizendo que eu tinha sido votado, por unanimidade, presidente honorário do clube. Quando uma coisa assim acontece, você se pergunta por quê. A resposta parecia ter a ver com a forma como influenciei e mudei o futebol do Barcelona e da Espanha. Como jogador e, acima de tudo, como treinador. Fui responsável pela introdução de um estilo de futebol que se estendeu à seleção nacional. Tais elogios não são apenas ótimos de se ouvir, eles nos dão orgulho também. E a maneira como o Barcelona era dirigido por Laporta também tinha muito a ver com isso. A administração do clube sempre me fazia sentir que minhas ideias estavam sendo consideradas a sério, mesmo que não fossem adotadas exatamente como propostas. Isso é ser sensato. Ter as coisas exatamente do meu jeito é a última coisa que eu desejava.

Apenas nos tratávamos com honestidade, como adultos. Por isso sempre me coloquei à disposição quando, mais tarde, eles me pediam para conversar. Fosse sobre a atitude de um novo técnico ou sobre oferecer patrocínio grátis na camisa do time ao Unicef. Esse foi um assunto particularmente difícil, mas eu considerava uma excelente iniciativa. Era uma ação que irradiava estilo, uma atitude que combinava com o Barcelona. Uma filosofia similar foi aplicada às nomeações da direção técnica, primeiro com Frank e, depois, com Pep, dois jogadores com quem trabalhei quando era técnico do Ajax e do Barcelona. Quando Laporta me perguntou por que deveria nomeá-los, eu disse que, além de saber que tipo de futebol combina com o clube, eles também projetavam uma imagem de serenidade e gestão inteligente.

É fácil entender o que quero dizer com isso. Guardiola não é apenas um técnico vencedor, é um técnico que vence de forma elegante. Como Rijkaard, é um ótimo exemplo para os jovens. Uma presença enormemente positiva que empresta brilho aos clubes para os quais trabalha.

Durante a presidência de Laporta, me senti muito em casa no Barcelona. Ambos os treinadores — Rijkaard e Guardiola — e o diretor técnico tinham jogado para mim quando eu era técnico, e eu já tinha um vínculo com o presidente antes de ele ser eleito. Eram pessoas que haviam crescido junto com o Barcelona, o que também ficava aparente nas discussões dos contratos. Guardiola se contentou com um salário relativamente baixo, que foi pouco aumentado depois que o time ganhou alguns troféus. O fato de ele estar feliz com isso mostrava que Guardiola sempre foi, em primeiro lugar, um homem do Barcelona, e só depois um treinador. A propósito, aprendi essa fórmula no Ajax. Cresci em Amsterdã, onde se aplicava o princípio de um salário básico baixo e altos bônus em caso de vitória. Assim, o clube não gastava um dinheiro que ainda não tinha ganhado. E é assim que você se mantém financeiramente sólido.

Foi incrível ver que esse sistema poderia ser implementado no Barcelona também. O clube, naturalmente, tinha suas próprias políticas, mas sempre tive a sensação de que minha opinião contava para alguma coisa. De modo que não apenas estava diretamente envolvido com o clube, como também me sentia responsável por ele. Isso também era patente nas atitudes de Guardiola. A base é considerar o clube em primeiro lugar e acima de tudo, sabendo que, se o clube estiver bem, todo o resto segue adiante. Era realmente bacana ser o presidente honorário de uma organização como essa.

Mas não durou muito. Alguns meses depois de minha nomeação como presidente honorário, Joan Laporta chegou ao fim de seu mandato e os membros do clube, os sócios, escolheram Sandro Rosell como seu sucessor. Isso trouxe a política de volta ao clube. Poucas semanas após a eleição de Rosell, em julho de 2010, fui forçado a renunciar ao posto de presidente honorário. Quando li nos jornais que o novo quadro administrativo tinha colocado minha posição na pauta da primeira reunião, logo passei para a defensiva. Então, quando ouvi que o novo presidente tinha persuadido o clube a seguir o conselho de um advogado e checar se minha posição tinha sido concedida em conformidade com as regras internas, imediatamente tirei minhas próprias conclusões e me demiti.

Havia rumores de vingança do novo presidente contra membros anteriores do conselho e, não mais que de repente, lá estavam os fogos de artifício políticos espocando dentro do Barcelona novamente. Mesmo alguém engenhoso como Pep Guardiola nada pôde fazer a respeito, e não me surpreendi quando ele decidiu deixar Barcelona dois anos depois, apesar de seu contínuo sucesso. Porém, felizmente, o estilo Guardiola já estava tão ancorado no clube que continuou dando fruto por alguns anos. Seu sistema de jogo se tornou parte significativa da filosofia do clube.

Foi exatamente o que planejei fazer quando comecei no Barcelona em 1988 — tratava-se na época de um grande clube, com muito dinheiro, mas sem prêmios e com um futebol sem graça. Foi ótimo ver todo mundo passando o bastão. Primeiro eu o passei a Rijkaard, que depois o repassou a Pep, que continuou o processo de forma fantástica, à sua maneira.

Formatamos uma ideologia que transformou o Barcelona em uma instituição. Um clube que simboliza uma filosofia única no futebol.

10.

Claro, seria fantástico se o Ajax tivesse se desenvolvido da mesma maneira que o Barcelona. Particularmente porque o Ajax tinha vários anos de vantagem na filosofia do futebol, graças aos meus antigos técnicos Jany van der Veen e Rinus Michels, que trouxeram uma combinação perfeita de desenvolvimento técnico e profissionalismo para o clube. Mesmo eu tendo sido desprestigiado como consultor pelo Ajax mais de uma vez, em 2008 concordei em reorganizar a configuração dos treinos das categorias de base. Marco van Basten foi trazido como técnico do primeiro time, mas, quando começou o trabalho, não foi capaz de desenvolver sua visão como esperava.

O maior problema que ele enfrentou foi que, para conseguir seu objetivo, teve de substituir vários treinadores auxiliares, que não saíram tranquilamente. Foi sugerido que as relações entre mim e Marco estavam desgastadas, por causa de nossas diferenças de opinião a respeito da melhor abordagem nos treinamentos, embora naquela altura isso não fosse verdade. Os termos da contratação de Marco foram acordados em fevereiro, mas ele não deveria começar até depois da Eurocopa daquele verão. Porém, por motivos práticos e éticos, eu queria resolver as coisas antes do dia 1º de abril, pois era justo que os treinadores em questão soubessem em que pé as coisas estavam. Assim teriam tempo suficiente para procurar outros empregos, e o Ajax poderia atrair as pessoas certas para continuar desenvolvendo a filosofia do clube e evoluindo para o tipo de futebol com estilo que eu achava que deveríamos jogar. Se isso não fosse feito antes do início de abril, as regras diziam que era preciso passar a próxima temporada com a equipe inalterada, o que seria um desperdício de tempo precioso. A opinião de Marco era a de que tudo estava indo rápido demais, e ele não concordou comigo sobre a melhor estratégia ao contratar a nova equipe. Como não fui capaz de convencê-lo, desisti. Obviamente, fiquei muito desapontado, mas seria uma grande pobreza de espírito desistir de nossa amizade por causa disso.

Depois desse fato, meu envolvimento com o Ajax diminuiu. A cada dois meses eu aparecia no Sportpark De Toekomst, a academia de treinamento de jovens do Ajax, em geral para assistir aos reservas ou aos juniores jogarem, ou para fazer uma sessão de treinamento. Antes e depois, conversava com os jogadores no refeitório. Combinávamos de ir "lá atrás", nos referindo ao Sportpark Voorland, área atrás do De Meer Stadion onde as categorias abaixo dos onze anos de idade costumavam treinar, num espaço em que cabia pouco mais que alguns campos e um refeitório. O espaço era realmente muito pequeno e, quando o clube deixou o De Meer e foi para o ArenA, as instalações mudaram junto. Hoje, "lá atrás" significa o De Toekomst, que fica de fato mais ou menos atrás do estádio, embora a alguns quilômetros de distância. Por lá eu sempre encontrava as pessoas com quem cresci no Ajax, as pessoas que são o clube para mim, as pessoas que sinto que apreciam o espírito do clube — desde meus tempos como jogador e como técnico.

Nessa mesa, assim como na do Voorland, no passado, o futebol sempre era o tema central das conversas, às vezes debates acalorados sobre como a situação no Ajax poderia ser melhorada. Foi nessa época que os jogadores e alguns outros profissionais começaram a sugerir que as coisas não estavam indo bem e que cada vez mais a "filosofia do Ajax" vinha sendo abandonada. Já fazia mais de dez anos desde que o clube estivera entre os principais da Europa e, embora o comparecimento da torcida ao estádio estivesse estável em torno de 50 mil pessoas, nenhum de nós conseguia entender como as pessoas dentro do clube tinham criado tanto distanciamento entre elas e os valores fundamentais sobre os quais o clube fora construído.

Em 2008, comecei a ficar cada vez mais irritado com a insistência da comissão técnica da seleção holandesa de que o jogo posicional e a habilidade técnica da Holanda eram fantásticos, considerando que, na verdade, a seleção nacional jogava muito mal e sem imaginação. Às vezes eu ficava com os olhos cheios de lágrimas quando via os recursos pouco inspiradores que alguns jogadores holandeses usavam para conseguir resultados sem dar aos torcedores o que eles queriam. E não eram apenas os jogadores; os treinadores eram igualmente culpados. Eles estavam fazendo da formação em campo um problema cada vez maior, enquanto na verdade é simples: quando você tem posse de bola, tem que tornar o campo grande, quando perde a bola, precisa deixá-lo o menor possível. Isso é um princípio fundamental que você pode aprender desde a infância. Os jogadores podem ir se familiarizando com essa ideia desde muito cedo, porém, se você continua trazendo ao time jogadores que não aprenderam esse princípio nos treinamentos, isso se torna um problema. Você começa a ver os defensores correndo de volta até o próprio gol ao perderem a bola, quando o que deveriam fazer era manter a posição para pressionar o adversário com a posse. Isso pode causar problemas para todo o time: se um zagueiro recua rápido demais, o meio de campo vira uma confusão e, no final das contas, os atacantes também ficam isolados. Esses erros de julgamento criam uma perda de equilíbrio, e toda a formação se desintegra. Esse era o estilo de jogo que eu via no Ajax e na seleção — e era desanimador de assistir.

Passamos muitas horas no De Toekomst discutindo sobre essas questões e as melhores maneiras de reparar o dano que estava sendo causado ao jogo que amávamos.

Até onde eu podia ver, a raiz do problema estava nos métodos de treinamento do Ajax, porque, assim como acontecia antes, quando Michels era o técnico, a seleção nacional se inspirava nos métodos e nas táticas dos campos de treinamento do Ajax. O clube estava se agarrando a uma visão que era ruim e desatualizada — e a equipe nacional vinha sendo treinada nesse mesmo espírito, com pouco foco no desenvolvimento individual dos jogadores. Muito tempo do treinamento era gasto trabalhando o grupo, com base na visão do clube, e pouca ênfase era dada a sessões de treinamento para aperfeiçoar as habilidades individuais. Além disso, o declínio do futebol de rua, do tipo que eu jogava quando criança, significava que um jovem jogador agora trabalhava em suas técnicas fundamentais cerca de dez horas a menos por semana — e isso ao longo de alguns anos realmente faz uma grande diferença O resultado era que jogadores talentosos estavam se tornando cada vez mais raros, algo com um impacto muito negativo no efeito dos jogos aos olhos da torcida.

Os jogadores também estavam sofrendo com a falta de treinamento personalizado, não apenas no Ajax, mas em outros clubes holandeses, o que explica por que muitos jogadores holandeses se viam em dificuldades quando o plano do técnico não dava certo em campo e era preciso resolver a partida com seus próprios recursos. Isso acontecia no time principal e nas equipes juvenis, embora nestas não fosse tão evidente, porque o jogo é mais lento. No primeiro time, a história é diferente. Quando um rival encontra o ponto fraco do time, muitos jogadores não têm ideia do que fazer — e eles são colocados em evidência rapidamente. Essa foi uma das razões por que nem o Ajax nem a Holanda conseguiram estar entre os times mais fortes da Europa durante um bom tempo. Como torcedor, você fica parado, estupefato, vendo jogadores profissionais perderem completamente suas capacidades entre uma jogada e outra. Jogar com espírito de equipe é uma coisa, mas se você também não se concentrar nos pontos fortes dos próprios atletas, a torcida vai perceber. E foi por esse fracasso em se concentrar nas habilidades básicas, e até mesmo no fracasso de reconhecer que havia um problema, que começou a se criar uma rusga entre mim e o clube do qual fiz parte desde que eu tinha dez anos — e que eu já carregava no coração muito antes disso. Como dá para imaginar, isso me machucou profundamente.

No Ajax, a falha no cuidado com as habilidades individuais dos jogadores tinha começado fazia um tempo, por volta do ano 2000, eu diria, mas ficou cada vez pior com o passar dos anos. Em 2008 não se jogava um futebol decente, não havia unidade entre os treinadores e, a certa altura, um agente chegou a ter um escritório próprio no De Toekomst, de onde tentava persuadir jogadores com treze, catorze e quinze anos a assinar com ele. Mas foi somente em setembro de 2010 que a bomba estourou.

Na temporada anterior, o Ajax se classificara para a Champions League por ter sido vice-campeão do Campeonato Holandês e foi sorteado para o mesmo grupo do Real Madrid. Como qualquer torcedor, eu estava ansioso pelo jogo entre os dois times. Real Madrid × Ajax é um clássico, uma partida com grande status histórico. Eu não era o único esperando ansiosamente a viagem de nosso time à Espanha; o mundo inteiro esperava. Contudo, naquela noite, vi o pior Ajax de todos os tempos. O placar foi 2 a 0, mas poderia facilmente ter sido 12 a 0. Extravasei em minha coluna semanal no *Telesport*:

Esse não é mais o Ajax

Na semana passada, vi o Ajax jogando com um rival mais fraco (Willem II) e com um mais forte (Real Madrid). Não vou fazer rodeios: esse Ajax é ainda pior que o time de antes de Rinus Michels entrar no clube, em 1965.

Dois anos e meio atrás, o relatório Coronel, encomendado pelos diretores do clube, trazia todo tipo de conclusões e sugestões para o futuro. Se você der uma olhada no que emergiu desse relatório, é um grande drama. Em termos financeiros, de treinamento, do trabalho dos olheiros, da contratação de jogadores e de futebol. O que o Ajax demostrou contra o Willem II e contra o Real não tem mais nada a ver com os padrões que o clube sempre apresentou.

Antes do jogo, a partida entre Real e Ajax ainda estava sendo anunciada como um evento especial entre dois clubes históricos. Duas equipes que enriqueceram o futebol internacional com suas formas de jogar. Porém, o que o Ajax apresentou foi a maior desgraça da história do clube. Após o resultado, todos ficaram felizes de terem perdido por "apenas" 2 a 0, porque poderia muito bem ter sido 8 a 0 ou 9 a 0. Aí, vieram com uma bobagem sobre garotos versus homens, quando, na verdade, não havia absolutamente nenhuma diferença de idade entre as duas equipes. O futebol e a atitude do Ajax simplesmente não estiveram à altura.

Admito, sinceramente, estar muito triste, porque esse não é mais o Ajax. Esse time não tem condições de tocar a bola mais de três vezes entre si e, em Madri, conseguiu apenas um chute a gol. Tínhamos cerca de seis jogadores treinados pelo clube, quase todos inúteis.

O fato de o Ajax estar no topo do Campeonato Holandês não me diz nada, porque vejo bem o que está se passando. Enquanto o diretor-geral, Rik van den Boog, anuncia que o treinamento está maravilhoso, o clube compra três atacantes do mesmo tipo e nenhum ponta. Assim como, dois anos e meio após seu relatório, o presidente Uri Coronel introduziu uma política que não levou a melhorias em nenhuma área. Chego à mesma conclusão de há dois anos e meio: o Ajax precisa de uma grande limpeza. Naquela época, eu mesmo queria aplicar mudanças rigorosas ao treinamento dos jovens, mas as pessoas com quem eu contava não puderam colocá-las em prática. E aí estão as consequências vistas hoje.

Há ainda o fato de o clube ter se transformado num grande quinta coluna. Isso começa com os membros do conselho, que se esperaria que incluísse especialistas em todas as áreas, mas que hoje consiste principalmente em um grupo de amigos e conhecidos, um esfregando as costas do outro. É entre os membros do conselho geral que se escolhe o conselho de administração, que também tem maioria no conselho de delegados, que, no final, nomeia os diretores.

Portanto, do conselho de membros à diretoria, há um sistema de apadrinhamento de pessoas em funcionamento, enquanto o clube afunda cada vez mais. Todos se apropriam da prata da casa. Então, levando em conta o interesse do clube, deveriam sair. Só assim o clube pode começar de novo, como em 1965. Naquela época, o Ajax tomou duas das melhores decisões de sua história, nomeando Rinus Michels como técnico e colocando Jany van der Veen para acompanhar de perto o treinamento e buscar novos talentos. Duas pessoas que não apenas cresceram com o Ajax, como também sabiam o que o clube representava e o que era necessário para transformá-lo em Ajax novamente. Pouco restou de seus legados. Para um *ajacied** como eu, isso realmente dói.

Eu sabia que haveria grandes consequências por ter me exposto dessa forma, e tudo o que aconteceu depois em meu relacionamento com o Ajax começou como reação a essa partida contra o Real, mas não me arrependo do que disse — era hora de alguém falar alguma coisa e tentar resolver a bagunça que o Ajax havia se tornado. Mais tarde, foi sugerido que se tratava de uma tentativa de tomar o poder, uma tentativa de golpe, o que é um absurdo completo. Não tinha nada a ver com poder, era pura fúria que eu estava sentindo de ver meu clube jogar fora o legado que tinha construído desde que Michels assumiu na década de 1960. Essa sensação de perda desencadeou uma enorme força dentro de mim. Admito, porém, que fiquei impressionado com o efeito que isso causou.

Não consigo nem contar o número de pessoas que tentaram entrar em contato comigo depois de assistirem ao jogo — e todos sentíamos a mesma coisa. Muitos eram ex-jogadores,

---

* *Ajacied* — torcedor ardoroso do Ajax.

então decidi usar minha coluna para lançar um grito de guerra — para juntar forças e tentar consertar a triste bagunça no clube. Isso deu a algumas pessoas a impressão de que eu estava tentando destruir o Ajax. Mas elas não entenderam nada. Minha atitude nada tinha a ver com destruir o clube — muito pelo contrário. A intenção era saná-lo. Por isso tomei uma atitude, porque não reconhecia mais o meu Ajax. Não apenas em campo, mas fora dele também. Em vez de um clube caloroso, tinha se tornado uma trincheira repleta de opositores e rivais.

Obviamente, ninguém precisava me dizer o quanto era complexa a solução para o problema, e comprovei isso mais tarde. Na prática, porém, não era tão difícil. Quando se olhava para quem representava o clube, dava para ver de imediato que havia uma falta de conhecimento futebolístico. Não havia um único ex-jogador da primeira equipe entre delegados, conselho diretor, conselho de sócios ou administração. Nenhum! Portanto, não era de todo surpreendente que o clube não conseguisse jogar um futebol decente — os administradores não tinham a menor ideia das táticas e das técnicas sobre as quais o clube tinha sido construído. Por isso, apelei a todos os *ajacieds* para unirem forças rapidamente e apresentarem candidatos à eleição seguinte do conselho de sócios. Em 14 de dezembro de 2010, oito dos 24 assentos foram disputados, e novos candidatos puderam ser nomeados antes de 30 de novembro. Essa foi uma chance de dar um primeiro passo pela via democrática, nomeando *ajacieds* como Marc Overmars, Tscheu La Ling, Edo Ophof, Peter Boeve, Keje Molenaar e outros. Estou deliberadamente mencionando esses nomes para mostrar que nem todos os jogadores de futebol são estúpidos, como algumas pessoas ainda afirmam.

Um cara como Overmars — que jogou no Ajax, no Arsenal e no Barcelona — ajudou a transformar o Go Ahead Eagles, que estava na segunda divisão do Campeonato Holandês, em um dos três clubes profissionais que, de acordo com a KNVB, estavam em perfeita saúde financeira. Já Ling, na Eslováquia, reorganizou completamente o Trenčín nos moldes do "antigo" Ajax. Ophof, Boeve e Molenaar também fizeram um excelente trabalho — e eu poderia citar vários outros, mas o que importa é que essas pessoas tinham o tipo certo de experiência dentro e fora de campo para ajudar o Ajax a estar novamente onde queríamos que estivesse e levar o clube de volta ao topo do futebol europeu.

Eu não estava preocupado somente em atrair jogadores para a administração do clube. Tratava-se de criar um melhor relacionamento entre ex-jogadores e especialistas no campo de finanças, marketing e relações públicas. Depois de colocar os jogadores na administração do Ajax, esse tinha que ser o passo seguinte, porque a situação é que delegados e administradores não tinham um *background* de futebol de alto nível nem condições de decidir quem poderia ser o melhor treinador ou técnico. Em uma situação como essa, os diretores deveriam recorrer ao conselho dos membros — exceto que, nesse caso, os próprios conselheiros também não entendiam nada de futebol de alto nível. Então, primeiro de tudo, mais "futebol" tinha que ser introduzido ao conselho de sócios, para que pudessem se juntar às várias outras partes do clube. De modo que, toda vez que uma posição no conselho se tornava vaga, tentávamos buscar um ex-jogador com um conhecimento específico que fosse necessário naquele momento e estivesse disponível. Se o jogador não fosse possível, um especialista poderia ser nomeado. Eu não ligava que as pessoas ficassem abaladas com minhas críticas. Como homem de esportes de nível profissional, estou acostumado a criticar, porque a crítica é destinada a tornar as coisas melhores. É assim que funciona no esporte de alto nível; portanto, também deve ser aplicado a um clube de alto nível.

Por acaso, a Lucky Ajax, associação de ex-jogadores do clube, teve uma reunião na época em que estávamos implementando essas mudanças, de modo que pude conversar com todos de forma muito contundente. O melhor foi que, dos mais aos menos famosos, todos os ex-jogadores quiseram ajudar e, no final, sete deles foram eleitos para o conselho dos membros. No entanto, isso foi apenas a ponta do iceberg, porque também precisávamos fazer uso de todo o conhecimento que o Ajax tinha à disposição, o que significava quatro gerações de jogadores de futebol na casa dos trinta, quarenta, cinquenta e sessenta anos, todos querendo fazer o possível para ajudar e apoiar seu velho clube. Com esses ex-jogadores, seria possível formar um grupo que estaria à disposição da administração e dos diretores quando decisões tivessem que ser tomadas. Porém, antes de mais nada, tudo dentro e ao redor do Ajax tinha de ser cuidadosamente analisado para que as decisões certas pudessem ser tomadas, já que, enquanto estávamos ocupados discutindo o futuro, muita coisa acontecia nos bastidores para garantir que todos estivessem atentos ao futebol, porque o time principal continuava jogando.

Embora tenha sido meu artigo o que deu início às discussões sobre como revisar a administração do clube, o movimento foi um esforço conjunto entre todos os ex-jogadores envolvidos. Eu era visto como um líder, evidentemente, alguém que sempre garantia que as pessoas certas acabassem no lugar certo. Esse foi o papel que tive ao longo da minha carreira. Fui a pessoa que ensinou que, se um jogador de futebol não atingia seu melhor como ponta-direita, podia dar um excelente lateral direito. Eu não era o único que me beneficiava disso; todo o time se beneficiava também, por isso era natural que as pessoas me vissem como um líder. Com isso, estive fortemente envolvido no processo de remodelar a administração do Ajax. Quando conseguimos colocar certas pessoas no conselho dos membros, me disseram que eu havia vencido, mas não foi assim que me senti. O objetivo era salvar o Ajax, de modo que o que resultou foi bom para o clube. Não foi o Cruyff quem venceu, foi o Ajax, e é assim que as novas circunstâncias no clube deveriam ser percebidas, não com o foco em mim.

14. Com os filhos, Susila, Jordi e Chantal, na Espanha, em 1981.

15. Em 1985, Cruyff voltou ao Ajax, como técnico. "Algumas vezes, porém, eu apenas me sentava em uma bola fora do campo e assistia. Algumas pessoas diziam que eu era preguiçoso. Pode até ser, mas, quando estou parado, vejo mais do que quando me mexo. Sentado, posso analisar melhor um jogador — e consigo ver os detalhes mais claramente. Inclusive detalhes que 99% das pessoas não conhecem, não enxergam ou não entendem."

16. Em 1987, Cruyff repetiu os passos de seu mentor, Rinus Michels, e conquistou seu primeiro troféu internacional como técnico do Ajax: a Recopa da Europa. Uma vitória por 1 a 0 contra o Lokomotive Leipzig, da Alemanha Oriental.

17. Cruyff fotografado com o filho Jordi, em 1988, minutos depois de ter deixado o posto de técnico do Ajax. O período no Ajax consolidou a filosofia de futebol que passou a ser sinônimo de seu nome.

18. Em 1988, Cruyff, visto aqui com o presidente Núñez, chegou ao Barcelona FC para ser técnico do clube. Sob seu comando, o chamado *Dream Team*, que incluía o jovem Pep Guardiola, conquistou a La Liga quatro vezes, a Recopa da Europa em 1989 e a Copa dos Campeões da Europa em 1992.

19. Cruyff celebra o título da La Liga com Ronald Koeman, em maio de 1993.

20. O jovem Jordi Cruyff foi treinado pelo pai no Barcelona antes de Cruyff deixar o clube em 1996, mudando-se em seguida para jogar no Manchester United sob o comando de Alex Ferguson.

21 e 22. Em 1991, Cruyff passou por uma cirurgia de coração e abandonou o hábito de fumar, substituindo os cigarros por pirulitos. Mais tarde, diria que "o futebol me deu tudo na vida, e o tabaco quase levou tudo embora".

23. Fotografado com Leo Beenhakker e Louis van Gaal (sentado). O envolvimento de Cruyff com a direção e a administração do Ajax FC depois de encerrar a carreira como técnico nunca esteve longe das manchetes dos jornais.

24. A Fundação Cruyff, criada para dar a crianças desfavorecidas e com deficiências uma chance de praticar esportes, foi a paixão que mobilizou Cruyff depois que ele deixou o futebol.

25. Dennis Bergkamp, Johan Cruyff e Wim Jonk, todos ex-jogadores do Ajax, na Amsterdam ArenA, em 30 de março de 2011. A mesa diretora do Ajax se demitiu durante uma reunião especial do conselho do clube de Amsterdã em razão de um conflito entre a direção e Cruyff.

26. Em março de 2016, Johan Cruyff faleceu depois de uma rápida batalha contra o câncer. O jogo amistoso entre Holanda e França, disputado alguns dias depois, foi paralisado no minuto 14 em sua homenagem.

Para começo de conversa, todos dentro do clube deveriam ter ficado orgulhosos de tantos ex-jogadores quererem contribuir para o futuro do Ajax, sobretudo porque essas pessoas traziam muita qualidade a todos os aspectos da administração do clube. Todos queriam trabalhar juntos para trazer o Ajax de volta ao nível em que merecia estar. Não por si mesmos, mas pelo Ajax. O conselho de administração deveria reconhecer que qualquer um afortunado o suficiente de conseguir reunir tanto conhecimento sobre futebol deveria usá-lo, porque, caso contrário, estaria cometendo um enorme desperdício de talento e conhecimento. Porém, não vencemos a batalha, pois as mudanças que fizemos apenas ampliaram a divisão que estava sendo criada entre mim e o clube. Por azar, nem todos abraçaram o processo — e uma facção permaneceu oposta ao plano de desenvolvimento proposto, já que, assim me pareceu, colocavam seus próprios interesses em primeiro lugar e temiam que seu papel fosse diminuído.

Como resultado, logo após as eleições do conselho, houve uma tentativa — de dentro do clube — de dividir o bloco dos futebolistas. Existe um código de honra entre os jogadores de nunca abandonar colegas com quem você compartilhou o vestiário e, durante a reorganização do clube, isso criou um enorme problema emocional. Na nova organização não houve espaço para um de nossos ex-colegas, Danny Blind, que jogou no Ajax por treze anos, entre 1986 e 1999, e que sabia tudo o que havia para saber sobre o clube. Foi uma decisão que todos tivemos que ponderar muito, como acontece com um treinador que precisa cortar um jogador leal e valorizado que não tem mais espaço na equipe. Não porque ele não é um cara legal ou um bom jogador de futebol, mas porque você quer seguir por uma via diferente. Como treinador, esses sempre foram os momentos mais difíceis — então, eu estava muito familiarizado com a situação pela qual passávamos no clube.

Vi em primeira mão, após as eleições, que, na nova abordagem que queríamos para o Ajax, não haveria espaço para

Blind, que seria liberado. Fiquei furioso. Tinha sido o responsável por trazer Blind como defensor para o Ajax, e ele sempre fora um líder fantástico e um cara muito inteligente, mas quando tentamos argumentar que Danny era um ícone do clube, a questão foi simplesmente descartada.

Em seguida, tivemos que lidar com a nomeação de um novo conselho de delegados. Três dos cinco delegados eram novos no Ajax e não tinham conexão direta com o clube. Mais uma vez, tínhamos um conselho composto por uma maioria de pessoas que não haviam sido formadas no clube. Apesar disso, eu ainda achava que, com todas as falhas administrativas do clube, pelo menos existia uma nova disposição de aproveitar ao máximo o conhecimento técnico de todos. Uma das ideias era que eu avaliasse questões técnicas e apresentasse minhas conclusões aos novos diretores. Minha visão seguia, principalmente, a perspectiva de um jogador de futebol, e começou com a composição da equipe. Como técnico, é preciso escolher um assistente diferente de você, assim como é preciso trazer pessoas que conhecem ou dominam determinadas áreas melhor do que o técnico, a fim de delegar responsabilidades. O conhecimento técnico sempre foi meu forte, tanto como jogador quanto como treinador, por isso fazia sentido para mim estar envolvido na escolha da pessoa que supervisionaria os assuntos técnicos do clube. A meu ver, essa também era a forma como se deveria lidar com um conselho de delegados. Você não deixa o preparador físico tomar decisões sobre a escolha dos melhores jogadores para trazer ao clube, então como você pode deixar alguém votar num assunto sobre o qual não sabe nada?

Em 11 de fevereiro de 2011, pensando nos interesses do Ajax, assumi um lugar no conselho de delegados e me tornei membro de um dos "três grupos mais fortes" da diretoria. Depois que apresentei meus planos para reformar o clube, em particular para dar um novo impulso à academia de jovens, o conselho do Ajax e o CEO renunciaram, em 30 de março de

2011. Em 6 de junho de 2011, fui nomeado para o novo conselho a fim de implementar meus planos de reforma. Porém, desde o primeiro dia, tive uma sensação estranha. De acordo com certas regras, tinha que manter a boca fechada sobre o que acontecia no clube para o mundo exterior. Se eu via que algo estava errado, não tinha permissão para dizer nada publicamente sem antes ter apoio da maioria do conselho, mesmo que fosse um assunto sobre o qual eu sabia mais do que os outros delegados e pelo qual eu assumisse total responsabilidade se não saísse de acordo com o planejado.

Era do interesse do Ajax que eu seguisse as regras ou eu deveria falar? Quanto mais eu pensava sobre as normas do conselho de delegados, mais chegava à conclusão de que precisava fazer minhas próprias regras. É como no caso da lei: a legislação não protege você, ela existe para lidar com o ofensor. Se você for espancado, então, sim, alguém será punido, mas ainda é você que fica com as contusões. Para mim era muito simples — quaisquer que fossem as regras e os regulamentos, os interesses do meu clube superavam tudo.

Infelizmente, quase no instante em que entrei para o conselho, me vi enredado em um grande jogo político. Havia três candidatos que eu achava que deveríamos considerar para a nova diretoria-geral: Marco van Basten, Marc Overmars e Tscheu La Ling. Eram três ex-jogadores que atuaram pela seleção, todos com experiência em grandes clubes estrangeiros e cada um deles com as próprias qualidades especiais. Marco seria minha primeira escolha, mas ele não tinha interesse no cargo porque, tendo renunciado como técnico em 2009, ainda não estava disposto a retornar à ativa. Mais tarde, fui informado pelo conselho interino que Overmars e Ling também não estavam dispostos a aceitar o convite. Essa foi a última versão dos fatos que me foi comunicada até que, por acaso, conversei com Tscheu La Ling e descobri que ele nem sequer fora abordado. Naquele momento passei para a defensiva novamente, e logo tive certeza de que minhas suspeitas eram justificadas.

JOHAN CRUYFF 14 A AUTOBIOGRAFIA

Ling tivera um mau pressentimento sobre uma decisão que tinha sido tomada após sua primeira discussão com os outros delegados. Na opinião de Ling, eles realmente não queriam um diretor, e sim um conselho supremo. Essa era uma configuração da qual eu nunca tinha ouvido falar, mas segundo Tscheu seria um modelo inglês de gestão em que os delegados também eram executivos e recebiam um salário.

Ling estava certo e, depois desse episódio, as coisas foram de mal a pior. Como membro do conselho de delegados, apresentei várias perguntas a respeito de como Ling havia sido tratado, mas nunca recebi uma resposta satisfatória. Ao mesmo tempo, começou a aparecer todo tipo de histórias sobre Tscheu na mídia, em que ele era difamado de todas as formas possíveis. Tscheu e eu tínhamos a sensação perturbadora de que tudo estava vindo de alguém intimamente envolvido com o conselho de delegados. Nenhuma acusação contra Tscheu foi comprovada, mas isso não impediu que elas fossem veiculadas. Quem quer que estivesse falando com a imprensa continuou a fazer isso, e ficou cada vez mais claro que essas pessoas estavam dispostas a qualquer coisa para conseguir o que queriam. Ao mesmo tempo, descobriu-se que Steven ten Have, que estava no conselho do *De Telegraaf* e no de delegados do Ajax, havia pressionado para que minha coluna semanal fosse interrompida — mesmo que isso fosse contra as regras, um membro do conselho não podia se envolver nas atividades comerciais de outros delegados. A essa altura a atmosfera era tão tóxica que Ling decidiu sair — encorajado também pelo fato de Van Basten ter considerado assumir a diretoria. Fiquei muito feliz com isso, mas as coisas logo iriam mudar.

Depois de apresentar Marco ao Ten Have, tive que participar de um torneio anual de golfe em St. Andrews. Disse a Marco que ele poderia discutir planos futuros com os rapazes do futebol, apenas para descobrir, alguns dias depois, em St. Andrews, que ele havia chegado a um acordo com o conselho dos delegados e que estava prestes a ser apresentado. Quando me dei conta de que Marco ainda não havia conversado com ninguém da turma do futebol, fiquei com um pé atrás. Eu tinha deixado claro que era essencial que houvesse uma abordagem colaborativa em relação aos assuntos técnicos, na qual todos contribuíssem com algo de sua própria habilidade pessoal. Esse é o tipo de coisa que você precisa resolver com antecedência, não em retrospecto. Como chegar a um acordo com alguém que tem que cumprir um papel principalmente técnico, mas não teve nenhum contato com as pessoas que ajudariam a realizar seus planos?

Antes de eu ir para St. Andrews, tínhamos acordado com toda a equipe dedicada aos treinamentos que era preciso dar um bom exemplo e que, portanto, não deveria haver conflito de interesses ou qualquer coisa do tipo. A esse respeito, a situação no Ajax estava completamente fora de controle. Descobri por acaso que Van Basten estava envolvido na criação de um negócio relacionado ao futebol. Marco foi lançado como candidato a diretor e contou a Ten Have sobre o projeto, mas não a mim. Acho que Marco deve ter subestimado o quanto isso era importante. Ele devia saber que as relações entre mim e o conselho de delegados estavam num ponto crítico e, em uma situação como essa, você não pode fazer parecer que é um deles em vez de um dos nossos. A medida de quão essencial era essa informação se tornou clara uma semana depois, quando Marco teve de se retirar do processo. Tudo numa reunião de membros que começou com ofensas terríveis a Ling.

Eu era o próximo. Durante uma edição do *Studio Voetbal* no canal de TV NOS, em novembro de 2011, fui acusado de racismo por causa das observações que teria feito a meu colega delegado Edgar Davids. Você tem quase 65 anos, já viajou o mundo todo e, de repente, vê-se arrastado para esse tipo de coisa. Deixe-me explicar mais uma vez. O Ajax era um clube multicultural havia anos, mas muitos jogadores talentosos de origem imigrante desistiam do futebol na puberdade. Uma das razões de envolver Davids, que nasceu no Suriname, como delegado era entender melhor esse processo. Durante uma discussão acalorada, falei com ele sobre seu papel no conselho. Conhecendo a mim mesmo, provavelmente não medi as palavras — como sempre aconteceu enquanto fui jogador de futebol e treinador —, porque é assim que funciona no esporte de alto nível. Você diz o que pensa, ainda mais em uma conversa individual, de modo que provavelmente fui bem direto. Os comentários que fiz não tiveram nada a ver com a cor da pele dele, e tudo a ver com seu trabalho como delegado. No entanto, o mais irritante foi que o presidente do conselho de delegados, com quem eu estivera apenas algumas horas antes, foi chamado durante o programa de TV para confirmar a história do racismo. Ele não me disse nada, mesmo sabendo que, na outra sala, as câmeras estavam prontas para gravar uma entrevista com Edgar. Tudo isso estava acontecendo quase quatro meses depois do desacordo entre mim e Davids, embora o conselho de delegados tivesse se reunido várias vezes nesse ínterim sem que o assunto fosse alguma vez mencionado. Se houvesse mesmo acusações genuínas de discriminação, qualquer presidente que se preze teria resolvido o problema antes da reunião seguinte do conselho, não quatro meses depois.

E havia mais. Quando fui convidado para o conselho de delegados, sempre soube que não poderia escrever nada na coluna do meu jornal sobre a política ou os assuntos internos do Ajax, de modo que foi estranho que o homem que me informou sobre essa regra tivesse me telefonado depois do programa da NOS para confirmar o que teria acontecido ou não dentro do conselho de delegados. Era incrível perceber o quanto certas pessoas estavam desconectadas dos fundamentos do que o clube representava. O pior para mim era a forma como desdenhavam de ex-jogadores de futebol que haviam jogado no mais alto nível, porém, sabendo da forma como tinham tratado Danny Blind, eu já deveria prever isso.

Durante os anos de má administração, o Ajax perdeu uma enorme quantia de dinheiro e cometeu muitos erros, mas as mesmas pessoas sobre cujas consciências pesava esse infortúnio ainda estavam tentando colocar as mãos no que podiam — enquanto faziam ex-jogadores como eu e Ling sofrerem uma série de prejuízos pessoais. Mesmo acostumado com esse tipo de coisa, foi a pior experiência que já tive.

Alguns dias depois, no final de 2011, surgiram notícias de que Louis van Gaal havia sido nomeado para a diretoria-geral. Não fiquei sabendo de nada, mesmo sendo do conselho de delegados, e o conselho deveria ser informado sobre esse tipo de movimento. O presidente argumentou que era difícil me encontrar e que eu não havia respondido às suas ligações, mas nada disso era verdade. A forma como eu e Ling tivemos nossos nomes manchados, a atitude de macular a imagem dos jogadores durante as reuniões e o procedimento em torno da nomeação de Van Gaal eram um sinal claro de como, na minha opinião, os jogadores, como o próprio clube, haviam sido saqueados. Para mim, parecia deliberado o ato de eu não ter sido consultado. Consideramos que, ao nomear Van Gaal, o conselho agiu ilegalmente, então os ex-jogadores que faziam parte da administração do Ajax decidiram instaurar um processo judicial coletivo contra os delegados, citando o conselho de delegados em vez do Ajax. Queríamos dar um sinal claro de que os esportistas não seriam mais pisoteados, e o fato de a geração mais jovem de *ajacieds* estar disposta a participar reforçou minha sensação de que nossa batalha contra a injustiça que havia sido cometida contra o clube pelos delegados estava só começando. Eu estava convencido de que era a hora de minha geração dar um passo atrás e atuar apenas como consultora de base para um novo e ambicioso grupo de ex-jogadores de futebol cuja missão era trazer o Ajax de volta ao topo do futebol europeu.

A decisão de iniciar uma ação judicial não era nada pessoal contra Van Gaal, era uma resposta à forma como o clube estava sendo administrado. Van Gaal e eu éramos homens na casa dos sessenta que precisávamos oferecer nossa experiência a essa nova geração, mas cabia a eles usá-la. Não era preciso que caras mais velhos assumissem as rédeas e a administração. Sempre tive muito claro que isso não era bom para ninguém e que não precisava acontecer. Em clubes da Europa, ex-jogadores mais jovens estavam assumindo o controle. Desde o início, meu plano era fazer do Ajax um criador de tendências na Holanda nesse quesito, e eu queria transformar o clube na primeira organização dirigida por esportistas — isso fazia parte do "Plano Cruyff" — comigo à margem, como espectador orgulhoso. Mas nossas boas intenções foram minadas. O fato de que continuávamos acreditando em nossa missão ficou evidente na decisão coletiva de tomar medidas legais. Porque não éramos os únicos que sentiam que tínhamos sido roubados; o clube e os torcedores também se sentiam assim. Quando grandes *ajacieds* como Edwin van der Sar, Dennis Bergkamp, Ronald de Boer, Bryan Roy, Wim Jonk, Marc Overmars e muitos outros se propuseram a defender o clube, pensei que esse era realmente o maior presente que o Ajax poderia receber.

Depois de toda a atenção que ganhamos ao levar o conselho de delegados à justiça, tivemos que esperar ainda dois meses até o veredito do juiz. A essa altura — em conjunto com Louis van Gaal — Martin Sturkenboom e Danny Blind tinham sido apontados como novos diretores. Como nossos planos técnicos haviam ido por água abaixo, essas indicações causaram enormes problemas, porque nenhum deles se encaixava nos planos que tínhamos para o clube.

Nosso primeiro passo, quando começamos a implementar a nova estrutura, tinha sido acabar com o cargo de diretor técnico, porque isso nunca funcionou no Ajax e nunca iria funcionar. Por isso, foi tomada a decisão de substituir o posto por uma "equipe técnica" — um grupo formado por dois ex-jogadores e um treinador principal. Os ex-jogadores eram Wim Jonk e Dennis Bergkamp, ambos com passagens por times como a Inter, o Arsenal, o Ajax e o PSV, que sabiam como era fazer parte de um grande clube internacional. Quando uma questão envolvesse o time principal, Frank de Boer — que assumiu o cargo de treinador do time principal em dezembro de 2010, depois de trabalhar com as equipes juvenis desde que se aposentou como jogador em 2006 — também contribuiria para a tomada de decisão. Esse era o grupo técnico, responsável por tudo o que fosse relacionado ao futebol. Em teoria, o esquema era ótimo, mas na prática foi prejudicado por uma ação da diretoria, que colocou às claras o maior problema do Ajax: falta de confiança. A nomeação de Van Gaal como diretor-geral havia piorado a situação dentro do clube. As coisas pareciam mais insanas a cada dia e, de repente, começou uma falação sobre como eu tinha me sentado com Van Gaal, e como tínhamos resolvido as coisas depois de uma boa discussão. Porém, essa versão ignorava a forma como Sturkenboom e Blind tinham entrado em ação imediatamente após a nomeação.

Sem ter sequer lido nosso plano que estabelecia o funcionamento da equipe técnica, Sturkenboom decidiu demitir um colega que trabalhava com Jonk, além de dar a Jonk um aviso-prévio. Definir esse tom para suas ações me faz pensar que Sturkenboom estava começando uma grande limpeza, como parte de uma política completamente diferente da nossa. Ainda mais perturbador foi o papel de outras pessoas da administração que não faziam parte do conselho de delegados. Como torcedores, treinadores e jogadores de futebol tinham se distanciado dos delegados, o conselho acabou por instaurar dois processos legais contra Ling e um processo coletivo contra os ex-jogadores, em nome do Ajax. Se alguém deliberadamente tentou derrubar o filho mais famoso do clube, identificando-o como racista, sob condições normais deveria expulsá-lo do Ajax. Mas em vez disso, nosso presidente passou a difamar Ling.

No centro desse caos, havia uma luta pelos padrões e pelos valores do Ajax. Na minha opinião, os padrões e os valores do Ajax tinham de ser defendidos, e não varridos para debaixo do tapete pelo conselho de delegados. Era curioso que os defensores desses padrões não fossem imediatamente expulsos — porém, o conselho do clube mantinha essa situação asfixiante. A essa altura, o verdadeiro Ajax tinha realmente perdido todo o poder.

Parece incrível, mas é verdade. Hennie Henrichs, o presidente do conselho, em particular, tentou várias vezes apaziguar a relação entre mim e Van Gaal. Ele nos sondava, embora mais tarde eu tenha vindo a saber que ele havia sido desaconselhado, por todas as seções do Ajax, a seguir tentando. Não fiquei surpreso. Como muitos outros *ajacieds*, eu não entendi quando Van Gaal aceitou o cargo de diretor-geral. Será que não enxergava o que estava acontecendo no clube? Será que não via que, ao dar esse passo, corria um risco enorme?

Algumas pessoas afirmavam que ele estava tentando se vingar de mim. Mas por quê? A história era a de que tínhamos tido uma briga. O motivo? Diziam que fiquei com raiva porque ele não me agradeceu apropriadamente antes de ir embora de uma refeição de Natal com minha família, apesar de, na verdade, ele ter saído abruptamente porque sua irmã tinha morrido. Em geral, não reajo a histórias assim, mas dessa vez os padrões morais da minha família estavam sendo questionados. Se eu fosse do tipo de ficar com raiva de uma pessoa numa situação assim, não seria um exemplo de ser humano. E simplesmente não era verdade.

O que realmente aconteceu foi o seguinte: quando Van Gaal era treinador assistente do Ajax e eu era o treinador principal do Barcelona, ele fez um curso técnico comigo entre o Natal e o Ano-Novo de 1989. Como minha esposa Danny não apreciava a ideia de um colega ficar sozinho em um quarto de hotel durante a temporada festiva, ela o convidou para comer conosco. Foi tão agradável que dissemos a ele que nossa porta estaria aberta durante sua estada. Ele voltou no dia seguinte, mas Danny e eu tivemos que ir a uma festa e deixamos Van Gaal com meu filho Jordi e meu amigo Rolf. Os três tiveram uma noite ótima. Encomendaram pizza, beberam um pouco e conversaram muito sobre futebol. Ele voltou na terceira noite e, enquanto estávamos tomando uma bebida, recebeu um telefonema dizendo que sua irmã estava mal. No dia seguinte, voltou para a Holanda. Nos encontramos na Holanda novamente pouco tempo depois e Van Gaal foi muito amigável. Ele se dava muito bem com minha esposa, que o tinha conhecido na Inglaterra, durante a Eurocopa de 1996. Ele disse a todos que ela era a melhor anfitriã do mundo, por isso não é verdade que eu, ou alguém da minha família, estivesse com raiva porque ele teve que sair sem dizer "obrigado".

Também acho estranho Van Gaal nunca ter explicado por que se deixou usar pelo conselho de delegados do Ajax naquela época. Após dois meses, em janeiro de 2012, o juiz anunciou seu veredito de que as nomeações de Van Gaal e, depois, de Sturkenboom e Blind eram ilegais. Infelizmente, isso não resolveu o problema. Os delegados simplesmente ignoraram a decisão. Isso criou a situação maluca de o Ajax ter pagado pela equipe de advogados de defesa dos delegados e precisar contratar advogados próprios para se livrar dos mesmos delegados. Apesar da demanda pela demissão dos delegados ser apoiada por 73% dos acionistas do Ajax, eles se recusaram a sair, fazendo todo tipo de tentativas de impedir o processo de recrutamento de novos membros. Tudo isso depois de terem ilegalmente nomeado um diretor que não fez o que tinha sido acordado com os diretores técnicos do clube. Até o fim, tentaram manter o poder nomeando os próprios sucessores, mesmo que estivesse claro que não tinham nenhuma aptidão para administrar um clube de futebol. Por fim, concordaram que o conselho seria desmontado, dispensando-se um delegado por vez. Não confiei nesse processo, então, como também era delegado, estipulei que seria o último a sair, para garantir que tudo corresse de acordo com o plano.

Enfim, em 2012, quase dois anos depois de lançar meu artigo-bomba, na sequência da partida desastrosa contra o Real Madrid, um novo capítulo poderia finalmente ser iniciado. Toda a confusão com o conselho de delegados deixou claro que não era apenas o futebol que não ia bem no Ajax. O lado futebolístico do clube era acionista majoritário da AFC Ajax NV, de capital aberto, mas não tinha voz na maneira como o clube era administrado, e diretores e delegados podiam, na realidade, deixar todo mundo fora do processo de tomada de decisão.

A peça mais importante do clube não é o diretor, são seus titulares. Se o time jogar bem, ganhará dinheiro, o treinamento funcionará e todo mundo ficará contente. Todos os âmbitos do clube devem apoiar o time principal. Seja o treinador ou o administrador, o diretor ou o jardineiro, o delegado ou o cara da lavanderia, você é o Ajax. Todos precisam trabalhar de tal maneira que estejam a serviço do time. Dessa forma, todos são indispensáveis por causa do papel que desempenham, e o resultado é um clube unido. Se você não tem esse tipo de mentalidade, não deve se envolver nas coisas do futebol. Obviamente, o time joga sob os holofotes, enquanto os administradores controlam os bastidores, mas esses princípios se aplicam a todas as seções de um clube, e as tarefas de um conselho de membros e de um conselho de administração devem ser cumpridas com o mesmo espírito de equipe. A formação dos jovens, por exemplo, precisa ser conduzida por pessoas que, em primeiro lugar, entendam de futebol, mas que também contem com uma equipe com boas habilidades em outras áreas, como saúde, educação e bem-estar.

11.

Nos dois anos que desperdiçamos tentando organizar a administração do clube, Frank de Boer continuou trabalhando e venceu duas vezes o campeonato nacional com o primeiro time. Ele tinha tido um começo fantástico como técnico, depois de seu sucesso com a equipe juvenil, e o time principal mostrava grande potencial. Por esse motivo, o conselho do Ajax tinha o dever moral de garantir que ele não se afogasse em burocracia, como havia acontecido com seus predecessores, e que recebesse carta branca para seguir com seu trabalho. Já tinha ficado óbvio que, no passado, quando a organização do clube não estava funcionando, o técnico do time principal sempre acabava batendo com a cara no muro. Não queríamos que isso acontecesse com De Boer. O sucesso de Frank e seus jogadores precisava ser o começo de um longo período em que o Ajax voltaria a se estabelecer no futebol de alto nível. Isso posto, a realidade foi que, embora o time estivesse indo bem no Campeonato Holandês, a qualidade de seu futebol era irregular — e estava claro que ainda havia um longo caminho a percorrer para alcançar nosso objetivo comum. Infelizmente, o sucesso tende a ofuscar as críticas bem-intencionadas.

Fiel à minha palavra, fui o último delegado a deixar o conselho. Deixei de ter um cargo oficial no Ajax, mas isso não me preocupava. Toda a confusão dos últimos dois anos tinha promovido uma mudança considerável em mim. Segundo Danny, eu tinha passado mais tempo no telefone em um ano do que nos vinte anteriores. Além disso, havia os constantes deslocamentos entre a Espanha e a Holanda, pagos do meu próprio bolso. Mas eu estava disposto a encarar a situação e me sentia completamente motivado porque, se perdesse a luta, o Ajax estaria acabado como clube de alto nível.

Michael Kinsbergen foi nomeado CEO do Ajax em novembro de 2012. Sua mãe era amiga de Danny e eu conhecia Michael desde que era um menino, de modo que fiquei feliz por ele ter sido o escolhido para o novo conselho de delegados — era claramente o melhor homem para o trabalho. Durante seu mandato, Kinsbergen trouxe a emissora esportiva Ziggo como principal patrocinadora do clube por um valor recorde na Holanda. Também foi um mentor para Edwin van der Sar, que se juntara ao Ajax depois de seis excelentes anos no Manchester United. Van der Sar foi nomeado gerente comercial e fez um ótimo trabalho para o clube. Também foi importante, a meu ver, que Michael tivesse colocado Edwin nos holofotes, como uma figura de proa, enquanto ele próprio permanecia nos bastidores. Para mim, isso era um sinal de que os interesses do clube tinham precedência sobre seu ego.

A única mosca na sopa foi que, por conta das regras da bolsa de valores de Amsterdã, onde o Ajax estava listado, Michael teve de deixar de lado o plano original que tínhamos elaborado (de uma equipe técnica de três pessoas que ajudaria o clube a voltar a jogar um futebol atraente de novo). Por causa das regras da bolsa, a equipe técnica tinha de incluir um diretor, então Marc Overmars foi adicionado como quarto membro ao anterior triunvirato de Jonk, Bergkamp e De Boer, e nomeado para o conselho como diretor de futebol.

O papel de um diretor de futebol é significativamente diferente do papel de um diretor técnico. A partir desse momento, Overmars estava encarregado de comprar e vender jogadores, era formalmente responsável pelos olheiros, pelo grupo médico e por tudo que pudesse influenciar diretamente o "futebol" do clube. Ele tinha que discutir tudo com Wim, Dennis e Frank, cada um deles com as próprias responsabilidades, mas Overmars era o responsável geral, o que não fazia parte do nosso plano original. O acordo foi que, embora em teoria houvesse uma hierarquia dentro dessa estrutura, na prática todos trabalhariam em bases iguais. No conselho de delegados e no de administração, os ex-jogadores Theo van Duivenbode, Dick Schoenaker e o antigo administrador Tonny Bruins Slot permaneceriam disponíveis como consultores e se manteriam atentos e participativos. Com as qualidades gerenciais trazidas pelo ex-ministro Hans Wijers, já novo presidente do conselho de delegados, e Leo van Wijk, ex-presidente da KLM e membro do conselho, tive um bom pressentimento sobre o novo começo do Ajax.

Infelizmente, as coisas não saíram como eu esperava. Na nova estrutura organizacional, meu papel como consultor não fazia mais sentido, pois eu não tinha influência e não havia nada com que pudesse contribuir formalmente. Como resultado, não consegui mudar as coisas quando elas começaram a dar errado mais uma vez. Nesse meio-tempo, certas pessoas foram se posicionando de maneira estratégica, a fim de promover suas próprias causas. Para mim, o que deveria acontecer era simples: você está numa boa posição, tem certas qualidades, então deve usar essas qualidades para colocar tudo em ordem para todos. Na minha experiência com a administração, sempre conversei abertamente com minha equipe sobre o que precisava acontecer, antes de decidir o que todos tinham de fazer. Agora não podia agir dessa forma.

JOHAN CRUYFF 14 A AUTOBIOGRAFIA

Por outro lado, na reorganização do Barcelona, que tinha começado cinco anos antes sob o comando de Frank Rijkaard, sempre houve uma conversa mais direta sobre as coisas. Quando tudo ia bem, eles me telefonavam com menos frequência do que quando as coisas não funcionavam direito. É assim que deve ser. Um telefonema é tudo que a pessoa precisa fazer se alguma coisa tem de ser acertada. Porém, no Ajax, tudo era motivo para reuniões. Quase a partir do momento que assumi o papel de conselheiro, nunca tive contato com ninguém da administração, embora, mesmo à distância, sentisse que cresciam as diferenças de opinião sobre qual deveria ser meu papel no clube.

É claro que o Barcelona tinha Rijkaard, cuja metodologia de futebol e experiência gerencial representavam uma enorme vantagem. E depois, havia Guardiola, que assumiu o primeiro time do Barcelona em 2008. Eu tinha treinado os dois. Já na geração de futebolistas do Ajax, ninguém tinha sido treinado por mim. Mesmo do ponto de vista da tática, tinham sido educados em um país que, na verdade, não se destacava nesse quesito: Van der Sar, na Inglaterra, Overmars, na Inglaterra; tudo do jeito inglês. E os ingleses nunca foram muito interessados em tática, de modo que não dava para esperar que minha mensagem tática fosse incluída a bordo. Tudo considerado, isso significava que, em termos de futebol, o que estava acontecendo no Ajax não tinha muito a ver com a minha visão do jogo.

Havia ainda outros aspectos que não estavam em sintonia com o que tínhamos imaginado no Plano Cruyff — uma nova visão técnica para o Ajax, à qual meu nome estava vinculado. Porém, na realidade, o plano não era só "Cruyff", porque minha ideia se baseava numa visão de jogo que eu tinha aprendido pelas experiências adquiridas com caras como Rinus Michels e Jany van der Veen e em ideias que acumulei como técnico. Para o Ajax ter sucesso, primeiro os alicerces tinham que ser sólidos, o que colocaria o clube numa posição de engatar a primeira, melhorando seus resultados. Mas, na minha opinião, o clube não conseguiu implementar os princípios básicos do futebol de alto nível, de modo que, com plano Cruyff ou sem plano Cruyff, a ideia estava condenada desde o princípio.

Quando comecei a jogar sob o comando de Michels, durante a preparação para uma competição, jogávamos uma partida todos os dias, em vez de fazer treinamentos extras. A intenção era analisar o maior número possível de situações e, ao mesmo tempo, aumentar nossa aptidão de jogo. Seguindo esse procedimento claro e simples, o Ajax desenvolveu dezenas de jogadores de classe mundial, por isso sempre trabalhei de acordo com princípios básicos semelhantes. Como Michels, eu acreditava que era melhor realizar mais partidas do que fazer mais exercício físico — eram partidas com vistas a desenvolver melhorias específicas. Por exemplo, no Barcelona, eu colocava o goleiro Andoni Zubizarreta para jogar como ponta-esquerda. Isso servia para fazê-lo ter mais contato da bola com os pés. Dessa maneira, esperava ainda melhorar sua conexão com o resto do time. O Ajax moderno nunca teria sonhado em fazer algo assim.

Essas tinham sido regras básicas sobre as quais o Ajax se firmara para se transformar em um grande clube europeu de futebol, e agora esse legado de sucesso estava simplesmente sendo ignorado. A propósito, esse não é um ataque pessoal a Frank de Boer, que estava no fim de seu contrato e tinha enfrentado todo tipo de obstáculos em seu trabalho.

Michael Kinsbergen foi informado, em 2015, de que havia falhado em oferecer uma liderança adequada ao clube e que seu contrato não seria estendido. Achei muito injusto. Ele não apenas tinha concluído um dos maiores contratos de patrocínio da história do clube como tinha também redefinido a posição de Van der Sar, que se tornara um trunfo do Ajax. Kinsbergen estava sendo injustamente culpado, entre outras coisas, pela tensão entre os membros da equipe técnica, Jonk de um lado e Bergkamp e Overmars do outro. Nunca entendi muito bem essa disputa, mas coisas assim acontecem, e Kinsbergen tentou lidar com isso da melhor maneira que pôde. Na minha opinião, especialmente Theo van Duivenbode, sendo um delegado com experiência em futebol de alto nível, tinha que ter sido ouvido. Em vez de contar com ele, tive de pedir ao conselho que trouxesse o pragmático Tscheu La Ling para realizar uma análise aprofundada da situação do clube e tentar resolver o que era claramente um problema de fundo.

Eu não estava sozinho em minhas preocupações. Recebi pedidos para estar mais envolvido na administração do clube, mas isso era impossível do ponto de vista prático, porque eu morava no exterior e teria que ficar fora três ou quatro dias por semana. De qualquer forma, isso nunca foi o que me propus a fazer. O objetivo com o qual me comprometi quando me tornei parte da administração do Ajax foi tentar criar condições básicas de trabalho para os que estivessem no comando. Depois disso, cabia à nova geração de *ajacieds* moldar o futuro do clube com base em uma visão compartilhada por todos. Sempre disse que era essencial que outra geração realizasse isso. Sabia que não ia viver para sempre e já estava tendo problemas de saúde.

O relatório de Ling, que vazou no final de 2015, revelava que as qualidades fundamentais dos ex-jogadores envolvidos com o clube eram excelentes, mas que também havia deficiências com as quais eles não estavam prontos para lidar, porque lhes faltava experiência até para entender o problema, quanto mais para corrigi-lo. O melhor que podiam fazer era reconhecer que às vezes precisariam de ajuda. Isso não existia no passado, mas agora, com base nas informações do relatório de Ling, meios adicionais de assistência poderiam ser criados.

Embora Tscheu tivesse escrito um excelente relatório, logo ficou evidente que alguns dos envolvidos achavam que tudo ia muito bem. Uma vez mais, foram lançadas dúvidas sobre a contribuição e o caráter de Ling. Infelizmente, dessa vez isso veio do próprio Ajax, e não apenas de um grupo individual de administradores. O agravante foi que algumas críticas injustas a Ling foram usadas como desculpa para manter as coisas como estavam. Enquanto isso, Ling tinha impedido que os ex-jogadores que faziam parte da organização fossem demitidos em massa. O quadro de delegados estava completamente em desacordo com um indivíduo em particular e, por conta disso, não queria estender os contratos dos outros. Tscheu contornou a situação, porque queria começar sua investigação em lousa limpa, e com isso salvou o emprego de muitos. Esse detalhe tornou a forma como alguns dos ex-jogadores reagiram ao seu relatório, tanto em privado como em público, ainda mais detestável.

Esse tipo de coisa atrapalhava a diversão de assistir e torcer pelo clube. Sem contar que o futebol em si estava se tornando cada vez menos atraente e, como torcedor, eu me sentia cada vez mais entediado. Os jogadores gastavam muito tempo recuando, em vez de pressionar a bola e, quando tinham a posse, passavam muito para o lado. A preparação para uma jogada era tão lenta que os meios-campistas e os atacantes acabavam se amontoando em campo.

Algo precisava ser feito, porém, antes de se gastar uma fortuna em novos jogadores, primeiro era preciso estabelecer se o time atual estava atuando conforme todo o seu potencial. Esse deveria ser o trabalho da equipe técnica, porém o que continuou sendo dito era que havia a necessidade de fortalecimento do time e de colocá-lo de novo em mãos experientes, sem qualquer clareza sobre o que poderia ser feito dentro do clube para lidar com os problemas técnicos fundamentais que os jogadores enfrentavam. Isso não significava apenas um treinamento melhor, mas também um sistema de olheiros mais refinado com colaboração mais estreita de clubes afiliados, como o Ajax Cape Town e o Trenčín.

O constrangedor foi que, até o final de 2015, apenas um time do Ajax jogava de maneira próxima à da minha visão: o

A1 de Wim Jonk, o primeiro time dos juniores. Isso deixava claro que o problema do futebol no Ajax era uma consequência de uma política técnica ruim. Eu falava com os jogadores sobre passe e posse de bola, controle, jogo posicional, desempenho, mas era demais para eles absorverem. Tinha certeza de que nossa configuração defensiva e a maneira como construíamos uma jogada precisava mudar. Um jogo de passes laterais e linhas que se cruzam, sem deixar espaço entre os jogadores, não era o nosso futebol. Tínhamos que encontrar, o mais rápido possível, um novo modelo em campo. A maneira como jogávamos era chata, não trazia resultados e estava destruindo nossos jogadores talentosos. O público também não estava gostando.

Um melhor treinamento era necessário para produzir o tipo de futebol divertido e de habilidade que sempre esteve associado ao Ajax. Todos tínhamos de trabalhar para isso, mantendo a paz dentro do clube e monitorando de perto o desenvolvimento de todos os envolvidos, determinando quem podia melhorar e quem precisava fazer as coisas de maneira diferente. E todos tinham que ter em mente que, o que quer que fizessem, tinha que ser feito no interesse do Ajax.

Nesse meio-tempo, comecei a ter mais e mais dúvidas sobre as intenções do delegado Leo van Wijk. Em 11 de setembro de 2015, antes do vazamento do relatório, Van Wijk, Ling e eu tínhamos repassado todo o conteúdo juntos. Leo concordou entusiasticamente com cada palavra do relatório, razão pela qual, quatro dias depois, Tscheu e eu ficamos perplexos quando o conselho tomou medidas que eram mais ou menos o oposto do que tínhamos discutido com Van Wijk. Por exemplo, Van der Sar pediu que Kinsbergen fosse trazido de volta, porque ele estava tão atarefado que quase não tinha mais vida pessoal. Em vez disso, Leo deu a ele ainda mais trabalho, promovendo-o a diretor de marketing e, ao mesmo tempo, declarando que ele deveria dirigir a equipe técnica do clube. Enquanto isso, Overmars foi transferido do cargo de diretor de futebol para o de diretor de transferências, com exclusiva responsabilidade pela compra e venda de jogadores e pela elaboração de contratos, posição que requer muita cautela, porque se alguma parte do acordo é mal explicada, podem facilmente ocorrer mal-entendidos. As contratações do ano anterior tinham sido indicativas disso. Com muita frequência, a voz de Jonk, especialista em garotos talentosos, não era considerada quando um jogador era transferido. Dolf Collee foi nomeado diretor-geral. Ele era banqueiro, mas, como delegado, tinha deixado os especialistas em futebol orientarem as coisas durante anos. No começo, achei que ele seria capaz de manter tudo sob controle e que apoiaria os ex-jogadores. Porém, logo o oposto se provou realidade.

No início de novembro de 2015, cheguei ao meu limite. Por anos, percebi que minha visão para o Ajax estava sendo ignorada. Suspeitei que fosse deliberado, e não jogo esse tipo de joguinho. Finalmente, meu eu pragmático chegou à conclusão de que era inútil tentar colaborar quando não recebia absolutamente nada em troca. Na minha idade, não preciso mais de medalhas nem homenagens. É triste que, aos dezesseis anos, eu tivesse participado da rápida ascensão do clube e então, com quase setenta, fosse forçado a testemunhar seu declínio. Ninguém queria ouvir. Ou melhor, quase ninguém queria ouvir. Todo mundo tem seus próprios interesses. Se o problema fosse apenas o Ajax, alguém até poderia dizer que foi minha culpa, porém, se você olha o futebol holandês como um todo, o fracasso do time nacional em se classificar para a Eurocopa em 2016, você começa a se perguntar quem diabos está fazendo algo para mudar isso. Estamos todos ocupados nos lamentando, porém é só checar os resultados para concluir: a jornada que fizemos levou ao nosso fim, e isso é muito triste.

Duas semanas depois que deixei o clube no final de 2015, Collee demitiu Wim Jonk. Assim, em seis meses, o CEO e o chefe de treinamentos do clube foram mandados embora, justamente as pessoas que tinham dado fôlego às finanças do Ajax. Quando conheci Collee, ele me disse que não entendia absolutamente nada de futebol. Tscheu e eu dissemos a ele que o ajudaríamos com isso. Só que ele jamais entrou em contato. É verdade que esteve com Tscheu umas três vezes, mas sem resultados concretos. Mesmo quando o relatório de Ling mostrou claramente onde estavam os problemas, ele não fez nada a respeito.

Collee veio do ABN Amro, é um banqueiro, alguém que talvez não saiba nada sobre futebol, mas sabe muito sobre números. Desde que Jonk foi chamado para o clube, cerca de 85 milhões de euros foram ganhos na venda de jogadores que treinamos — o time dele esteve sempre à frente e não tinha perdido um único ponto na Liga dos Campeões dos juvenis. Se havia prova concreta de que a recuperação financeira do Ajax se devia em grande parte à colaboração entre Jonk e De Boer, como alguém podia jogar 50% de uma fórmula de sucesso porta afora?

Theo van Duivenbode, outro delegado, era visto como um de nós. Como ex-jogador, poderia ter atuado como figura-chave para os outros ex-jogadores, porém concordava praticamente com tudo o que o conselho apresentava. Tome a atividade dos olheiros, que foi criticada porque o time principal e as pessoas envolvidas no treinamento não trabalhavam juntas e não estavam recomendando bons jogadores. No entanto, o melhor olheiro que já conheci, Tonny Bruins Slot, com quem eu havia trabalhado por onze anos, estava no conselho. Se os treinadores não se dignaram a pedir ajuda, pelo menos Van Duivenbode deveria ter dito que estava disponível para orientá-los. Talvez algumas pessoas da equipe técnica fossem orgulhosas demais para pedir orientação a um membro do conselho, mas se o tivessem feito, teriam mais qualidade, seus padrões estariam mais elevados e a vida ficaria mais fácil para todos. Ainda me lembro de uma discussão que tive com Van Duivenbode depois que o conselho de delegados sugeriu a compra de determinado jogador. Theo disse que a transferência envolvia uma enorme quantidade de dinheiro da qual não dispúnhamos. Duas semanas depois, o jogador foi contratado de qualquer maneira, e Van Duivenbode foi um dos delegados que assinaram a transferência. Então, fiquei me perguntando: o que ele fez nas duas semanas anteriores? Tentou convencer as pessoas? Se achava que o jogador não valia a pena, mas outra pessoa pensava o contrário, por que não foi até Bruins Slot e perguntou a ele: "Olha, será que devemos pagar essa quantia toda?".

Van Duivenbode se envolveu demais, por isso as coisas não deram mais certo na equipe técnica e Jonk acabou demitido. Eu o culpo por isso. Como representante dos jogadores no mais alto órgão de administração, sinto que ele deveria ter feito muito mais para proteger os jovens.

Infelizmente, ninguém parecia compreender que o Ajax não podia ser dirigido por pessoas que tinham ido parar no clube acidentalmente e não entendiam nada de futebol. Porque essas pessoas não se davam conta de que o item mais importante da pauta era fazer o Ajax voltar a ser o Ajax. Talvez fosse necessário recomprar todas as ações ou sair da bolsa de valores ou qualquer outra coisa, desde que voltássemos à nossa própria cultura de clube. Até essa altura, eu já tinha tentado negociar com duas pessoas do conselho — e minhas experiências tinham sido muito negativas. Além disso, sentia que tinha sido enganado, em grande medida, pelos dois presidentes.

Todos cometemos erros, todos tentamos fazer algo de novo, e, inevitavelmente, algumas coisas não vão sair bem logo de início. O importante é aprender com os erros e nos ajudar mutuamente a melhorar. Porém, nesse caso, a cooperação estava fora de questão. A prova disso estava bem diante dos nossos olhos, e sempre achei que essa fora uma das razões pelas quais fui descartado. A maneira como o conselho trabalhava produzia muita energia negativa, o que não combina com futebol. Membros e torcedores devem poder ir ao estádio para se divertir e torcer pelo clube. Infelizmente, no Ajax ainda há muita política feita à custa do futebol e do clube.

Se me sinto decepcionado com os ex-jogadores mais jovens? Sim, embora ache que tudo teve a ver com a forma como foram treinados, que incutiu neles uma maneira particular de jogar futebol, de ver o jogo. É por isso que o lugar onde um jogador atuou e o técnico que o comandou são coisas tão importantes, porque essa orientação define o legado que você deixará para trás e permite que você faça a distinção entre o que é bom e o resto. Tome como exemplo o Bayern de Munique. Há cinquenta anos, eles jogavam na segunda divisão, porém hoje são padrão de futebol de qualidade. Ao escolherem diretores e técnicos que estabeleceram certos padrões em campo, tornaram-se o clube que as pessoas imaginam quando pensam no futuro do jogo. Eles mostraram que a maneira de melhorar não é copiar o que acontece na Espanha ou na Itália, e sim olhar para si mesmos. E olhar para si significa reconhecer suas habilidades e trabalhar suas deficiências. Você não pode exigir que um alemão jogue futebol como um holandês. Ou um italiano. Simplesmente não pode. Portanto, não se mire neles. Resolva-se internamente antes — essa sempre foi minha filosofia. As desculpas para não seguir esse caminho são previsíveis e giram em torno de dinheiro, mas no final das contas, é uma partida de onze contra onze. Mesmo os clubes mais ricos não podem colocar doze homens em campo. É sempre uma questão de ter qualidade no básico — e que ninguém venha me dizer que não temos qualidade básica na Holanda atualmente, seja no Ajax ou na seleção nacional. Como poderíamos ter tido tanta qualidade durante quarenta anos e agora, de repente, passarmos a não ter mais nada? Isso é loucura, mas é uma consequência lógica do fato de, nos treinamentos, os jogadores não aprenderem mais o que precisam desenvolver.

Felizmente sempre há exceções, como Wim Jonk, por isso ele é meu amigo. Quando ninguém mais no Ajax estava desempenhando seu papel, ele seguia trabalhando esse aspecto no time juvenil, fazendo-os refinar a técnica. Porém, mesmo seu sucesso sendo óbvio, ninguém lhe perguntou como estava conseguindo e, em vez de configurá-lo como modelo, decidiram transferi-lo para áreas em que tinha pouca experiência. Ele me contou sobre reuniões intermináveis das quais teve de participar, sabendo que não levariam a lugar nenhum. E ele estava absolutamente certo a esse respeito, porque o futebol do Ajax não é uma questão de reuniões, tem a ver com marcar gols, saber como ter o domínio dos jogos e garantir que o time passará sempre de fase. Há pessoas demais no processo decisório do Ajax, e elas estão ocupadas em fazer acordos e sobreviver no clube, enquanto as habilidades necessárias para dominar e vencer as partidas são completamente esquecidas.

Este é precisamente o meu argumento. O Ajax, na verdade, são dois clubes em um — de um lado os profissionais e de outro os amadores. E os amadores, que não deveriam ter nenhum poder, são capazes de demitir os chefes do profissional. De modo que há muito jogo equivocado de influências, que não tem nada a ver com o futebol. O futebol consiste em diferentes especialidades, e todo especialista tem suas próprias particularidades, portanto, dentro de certos parâmetros, é preciso deixar que os especialistas façam seu trabalho. Você nunca deve dizer a um especialista o que fazer. Quanto às reuniões, se tem algo a dizer, mas sabe de antemão que vão ser três contra um, por que falar? É inútil. Muito melhor discutir as qualidades de um jogador ou outro, como o talento pode ser aprimorado ou como as deficiências podem ser resolvidas. Em vez de realizar reuniões, melhor fazer algo positivo tanto no nível individual quanto no da equipe. Nesse caso, sim, falar faz sentido.

A Holanda é um país pequeno, então é preciso ser criativo e manter os olhos abertos para novos talentos locais, além de buscar jogadores em lugares onde é possível contratar antes que outros clubes ou técnicos cheguem e os levem para longe. Existem dezenas de detalhes nos quais todos do clube precisam trabalhar juntos. Às vezes funciona, às vezes não, mas é preciso estar numa posição de reconhecer as possibilidades, para começo de conversa.

É por isso que as coisas que estou dizendo sobre futebol agora são as mesmas que eu dizia há vinte anos. Não mudei de ideia. Porém, tem uma coisa diferente; algo novo e que eu não sabia naquela época. As pessoas não devem apenas oferecer suas qualidades, elas precisam estar prontas para compartilhar conhecimento e aprender com as outras. Apliquei essa mesma filosofia no Instituto Cruyff. Há estudantes de toda parte do mundo lá, mas quando estão estudando, é preciso que atuem como um grupo. É preciso criar um forte senso de coletividade, da qual o esporte se beneficia.

Essa também era minha atitude quando, depois de toda essa confusão, finalmente pudemos trabalhar no Ajax com o objetivo de fazer o clube crescer para chegar ao topo do futebol europeu. Era uma ideia realista. Quando se trata de técnica, tática e desempenho, sei do que estou falando, porque funcionou nos anos oitenta no Ajax e, depois, no Barcelona. Com um futebol atraente que misture o talento caseiro a algumas aquisições de estrelas do esporte, as grandes conquistas viriam em dois anos.

Consideremos novamente o Bayern de Munique. Eles conseguiram fazer o que ninguém pensou que poderiam: transpuseram o abismo que os separava dos melhores times da Itália, da Espanha e da Inglaterra — e isso vindo de um clube que nem sequer está na capital do país. Mas, para chegar lá, o clube sempre investiu em pessoas com conhecimento. Tudo e todos, em qualquer posição que ocupem, devem colocar suas qualidades a serviço dos outros, os quais devem corresponder.

Wim Jonk é um excelente exemplo. É um cara que tem a cabeça aberta para novidades, mas precisa ser convencido. Não adianta chegar para ele e dizer: "Eu não concordo com você, sai fora". Isso não pode ser feito porque ele é o melhor no que faz, portanto deve estar no comando. Claro que ele vai cometer erros, que devem ser discutidos de forma a convencê-lo de que outras pessoas têm contribuições a oferecer. O problema surge quando alguém que sabe muito é atacado por alguém que sabe menos. Muitos CEOs e diretores pensam que precisam controlar aqueles abaixo deles, enquanto, na verdade, deveria ser o contrário. Eles deveriam se permitir ser guiados por quem conhece mais do assunto. Seus egos inflados os impelem a estabelecer a lei, quando não têm o conhecimento necessário para fazê-lo.

Dá para identificar imediatamente esse tipo de pessoa ao se fazer uma pergunta, seja lá qual for. Ou você recebe uma resposta de alguém que se coloca no seu lugar, ou de alguém que tenta convencê-lo de que está certo e sua solução é a única possível. Quando faço uma pergunta, só quero saber o que preciso saber, porque, em última análise, a informação é mais importante do que a inteligência. Eu não tenho que saber tudo; contanto que receba as respostas certas das pessoas certas, estou um passo à frente de alguém que pode ter mais conhecimento, mas menos informação. Por isso, quando era técnico, montei uma equipe tão grande quanto possível, responsável por todos os elementos de treinamento e preparação. Não tinha a ver com ser o chefe e distribuir tarefas: tratava-se de garantir que outras pessoas que eram melhores do que eu em alguma coisa pudessem fazer seu trabalho. Criei uma situação em que essas pessoas podiam se dedicar a sua especialidade sem precisar me dizer o que estavam fazendo. Os especialistas que escolhi não eram meus assistentes, eram pessoas encarregadas de uma área específica — assim como eu era encarregado da parte técnica e tática.

Infelizmente, poucos diretores têm cabeça suficientemente aberta para trabalhar desse modo. Muitas vezes, você percebe em alguns o desejo de estar sob os holofotes enquanto outros fazem o trabalho — e em todos os meus anos de futebol, isso é uma coisa que eu nunca entendi. Sempre disse: deixe os especialistas fazerem seu trabalho. Afinal, se você tiver dor de dente, vai ao dentista, porque ele entende de dentes. Se não estiver enxergando bem, vai ao oftalmologista, porque é o cara que sabe de olhos. Devia ser exatamente assim no futebol. Portanto, se você tem o problema A, precisa de alguém no clube que entenda de A e que possa resolver. Se você não tem essa atitude como chefe ou como administrador, ficará bem atarefado.

É o mesmo com os assuntos médicos. O Ajax tinha médicos, mas o que o clube precisava mesmo era de alguém com uma boa agenda de contatos médicos, a fim de chamar, a cada vez, alguém que soubesse lidar com o problema em questão. Alguém que mandasse o jogador para o tratamento correto e o monitorasse durante o processo. Não alguém que quisesse fazer a operação sozinho. A qualidade mais importante seria saber quem era o melhor especialista para resolver o problema, marcar uma consulta para o jogador e garantir que ele tivesse a melhor solução para o problema. Mas quem entre os delegados, presidentes ou qualquer outro título do tipo, verifica se o médico atua assim? Se ele é bom em gerenciar a saúde dos jogadores? Isso não se aplica apenas ao pessoal médico.

Davy Klaassen, uma das atuais estrelas de futebol do Ajax, e eu tentamos demonstrar como agir. Davy estava com problemas e ficou um tempo sem poder jogar, mas ninguém sabia o que havia de errado com ele. Então, eu trouxe um conhecido meu do Barcelona para ver se ele conseguia descobrir o que estava acontecendo. Ele imediatamente chamou todos os tipos de especialistas, inclusive de olhos e de dentes. Até que um deles disse: "Opa, essa é minha área, eu entendo desse problema". Enfim, Klaassen foi tratado e conseguiu jogar novamente pouco depois. Essa é a ideia, e é assim que deveria ser. Porém, isso só é possível se a pessoa estiver preparada para engolir seu orgulho e reconhecer que há profissionais melhores e mais capacitados.

Isso também vale para alguém como Frank de Boer. Ele não recebeu orientação, ajuda ou apoio, por isso se agarrou com força excessiva a uma visão que não dizia nada, nem para mim nem para muitos torcedores. Porém, numa organização que não consegue tirar o melhor das pessoas, é difícil, mesmo sendo técnico. Minha referência hoje é o estilo de jogo do Barcelona e do Bayern, e vejo muito pouco disso no Ajax no momento — o que é irônico, porque esses dois clubes, mais do que quaisquer outros, foram inspirados pelo Ajax, e foram bem-sucedidos. Se o próprio clube não tem mais vontade ou visão para seguir esse caminho, é preciso ser honesto e se afastar.

Chego à conclusão de que foi uma boa decisão cortar meus laços com o clube. E pesou para isso a forma como o Ajax tratou Wim Jonk e Tscheu La Ling, duas pessoas de quem tenho muito orgulho. Como chefe de treinamento, Wim fez comprovadamente um bom trabalho e foi demitido. Ele foi o único que seguiu a essência do Plano Cruyff e era um homem que queria falar sobre futebol, mas teve que sair porque não quis fazer parte do que acontecia na administração. Ling tentou ajudar, tentando tornar o Ajax mais um clube de futebol e menos um negócio, mas quando vejo como as pessoas reagiram a seu relatório, com todo o tipo de insinuações estranhas, isso me diz tudo.

No final, há de chegar o momento em que o clube vai perceber que as coisas precisam mudar. Se chegarem a entender isso, existem suficientes pessoas para fazer as coisas darem certo, como membros e apoiadores verdadeiramente comprometidos — e, quando isso acontecer, farei minha parte, porque sempre estarei à disposição do Ajax. Se houver um problema e minha saúde permitir, estarei sempre pronto a ajudar, mas apenas se tiver o apoio de todos. Porque agora adotei uma atitude positiva — acredito que tudo vai dar certo e que a revolução que começamos há tantos anos com Michels provará ter servido para alguma coisa. Os obstáculos que tivemos que enfrentar no caminho vão nos deixar mais unidos. Pode levar um ano, dez anos, quem poderá dizer? De qualquer forma, vai acontecer quando as pessoas certas começarem a ser ouvidas. Pessoas que mantêm o clube em seus corações e que sabem o que o Ajax representa. Se isso acontecer, nossa luta não terá sido em vão.

12.

Fiz quase de tudo no futebol. Fui jogador, técnico e executivo. A única coisa que me faltou foi ser técnico da seleção nacional. Acho que foi o único fracasso real da minha carreira. À medida que envelhecia, fui ficando cada vez mais descontente por ter sido preterido por Rinus Michels, em 1990, para treinar a equipe holandesa durante a Copa do Mundo. Fiz as pazes com Michels, mas isso ainda me deixa um gosto amargo na boca, porque não tive a chance de fazer uma coisa que seria muito especial, uma tarefa para a qual eu estava pronto. Nossos jogadores internacionais estavam no auge da carreira e, depois de vencer a Eurocopa de 1988, estavam no ponto para o maior sucesso da história do futebol holandês. O mesmo se aplica a mim como treinador e, dada a minha história em clubes e na seleção, eu esperava ser nomeado. Era de conhecimento geral que tanto eu quanto os jogadores queríamos que acontecesse, porque isso nos permitiria reunir nossas forças para enfim nos tornarmos campeões mundiais, como deveríamos ter sido em 1974 e 1978. Mas não foi o que aconteceu, porque Michels tinha outras ideias. Contra a vontade de grandes jogadores internacionais como Ruud Gullit, Marco van Basten, Frank Rijkaard e Ronald Koeman, ele me deixou de lado.

Como membro do conselho técnico, descobri mais tarde que ele não quis arriscar seu pescoço na KNVB, pois teria ouvido que eu, aparentemente, tinha a intenção de acabar com a organização. Bobagem. Claro, eu gostaria de poder montar minha própria equipe técnica e meu próprio pessoal de bastidores, para que pudéssemos ir com tudo em nossa tentativa de ganhar o título, mas isso não significaria derrubar a KNVB. Eu pagaria com a minha cabeça se falhássemos, então queria estipular os termos sob os quais a equipe toda seria escolhida, e foi isso que sempre fiz como técnico. Em posições-chave, eu queria pessoas que estivessem acostumadas a treinar em alto nível e sob enorme pressão toda semana, e não pessoas que enfrentassem algo assim a cada dois anos.

Michels e eu conversamos a respeito mais tarde. Logo depois da Copa do Mundo, ele veio ao campo de treinamento do Barcelona para me dar uma explicação. A conversa toda foi muito amigável, mas ainda não entendo o que motivou sua decisão. Talvez tenha sido ciúmes, vai saber. Afinal, ele esteve em toda parte e obteve muito sucesso em cada lugar pelo qual passou, e isso sempre afeta o ego de uma pessoa. Talvez, ao ouvir todos os dias que eu era realmente muito bom, que poderia funcionar muito bem, ele tenha se colocado na defensiva.

Acabei concluindo que não era surpreendente que Michels tivesse desenvolvido problemas cardíacos, porque muitas vezes tinha que fingir ser alguém que não era. Posso dizer isso porque sei o homem que ele de fato era. Michels podia ser muito duro, mas, como eu sabia muito bem, se necessário, ele levaria o jogador ao médico pessoalmente ou lhe faria uma massagem ele próprio. Era uma pessoa que se importava. Sempre que estávamos em um restaurante ou numa festa, ele começava a cantar no meio do jantar, e eu me pegava pensando: como, em nome de Cristo, ele consegue fazer isso quando acaba de quase nos matar no treino?

Quando estávamos juntos no Los Angeles Aztecs, em 1979, descobri que ele era supersticioso. Uma vez ganhamos o jogo quando Michels estava usando um par de sapatos bem distintos — branco com borlas pretas; do tipo usado por golfistas. Os sapatos eram horríveis, mas ele continuou usando nos dias de jogos por um longo tempo, porque achava que tinham trazido boa sorte. Nunca teria feito isso na Europa, onde já gozava de uma imagem estabelecida, e acho que desejava mantê-la. Às vezes tinha de fazer força para manter essa imagem. Nesse sentido, Michels era um homem de extremos, que não facilitava as coisas para si mesmo. Mesmo ele tendo estragado a Copa do Mundo de 1990 para uma grande geração de jogadores de futebol e para mim, ainda sinto carinho por ele. Michels esteve presente em minha vida depois que meu pai morreu, quando eu às vezes achava difícil até ficar de pé. Não consigo esquecer isso.

Essa situação se repetiu muitas vezes em minha vida — pessoas com quem eu tinha um vínculo especial, de repente, me decepcionaram. Foi assim com Michels, mas também com Piet Keizer, Carles Rexach e, mais tarde, com Marco van Basten. Olhando em retrospecto, talvez tudo não passe de uma coisa humana. Também parece ser algo que acontece com os grandes; de repente, parece emergir uma espécie de sentido de competição e, como são supostamente grandes, decidem parar de ouvir. Ao longo dos anos, tentei me colocar no lugar deles, sobretudo de Michels, Keizer e Rexach. Quando penso a respeito, vejo que aprendi muito com todos eles, mas eles nunca estiveram dispostos a aprender comigo. Acho que isso diz muito. Tome Piet Keizer. Quando o conheci, eu era um jovem rapaz, e ele, três ou quatro anos mais velho do que eu. Eu não tinha pai, então Piet me colocou sob sua asa. "Vai para casa, parceiro, vai dormir, você tem uma partida amanhã", dizia. E aí, logo após dizer isso, ele próprio provavelmente ia dar uma saída, mas foi um cara que cuidou de mim. Eu tinha dezesseis ou dezessete anos, e às vezes pegava a moto dele ou a bicicleta de outra pessoa. De qualquer forma, eu fazia um monte de bobagens, e era bom ter um cara mais velho para me controlar um pouco. Isso é importante, até o momento de ruptura. Como foi na votação — na qual Piet foi eleito novo capitão do time — que me fez mudar para Barcelona. Mais tarde, ele não concordou comigo sobre a melhor forma de reorganizar o Ajax. Porém, como eu disse antes, talvez faça parte de ser humano. De qualquer forma, não sinto rancor em relação a ele. Ainda penso sobre o assunto, mas nunca esquecerei a ajuda que ele me deu.

O caso com Carles Rexach, que foi meu assistente no Barcelona até que fui demitido, é mais uma questão de mentalidade. Michels era teimoso, e eu provavelmente também sou, mas não Rexach. Ele nunca ia contra a maré, embora quando eu o fizesse ele se abrisse e manifestasse sua opinião. Quando isso acontecia, Rexach costumava ser até mais duro do que eu. No fim das contas, atribuí nossas diferenças ao fato de ele ter uma mentalidade catalã. Se isso veio de sua educação ou de sua formação, não sei, mas Rexach nunca se conectou com a mentalidade dos holandeses ou com minha forma de pensar. Ele me dava sua opinião, mas nunca entrou em ação. Não conseguia me acompanhar nisso — e eu sempre fui o tipo de pessoa que não consegue ficar de boca fechada quando as coisas não estão funcionando. Ao contrário dele, me certificava de falar o que estava pensando e de oferecer uma solução possível. Pelo menos ninguém nunca teria dúvidas sobre minha opinião a respeito das coisas, enquanto Rexach se movia conforme o fluxo — essa era a principal diferença entre nós dois.

Marco van Basten foi um grande jogador de futebol, e um cara muito inteligente em todos os sentidos. Ele não precisava de mim e não tinha necessariamente o que aprender comigo. Isso é diferente de como as coisas funcionaram com Pep Guardiola, por exemplo. Quando Pep era jogador do Barcelona, queriam se livrar dele, porque o consideravam um poste que não conseguia defender, não tinha força e não conseguia fazer nenhuma jogada aérea. Então, eles focavam em todas as coisas que ele não fazia bem, enquanto eu pensava que eram todas coisas que ele podia aprender. O que essas pessoas não viam é que Guardiola tinha as qualidades fundamentais necessárias para ser um jogador de alto nível: velocidade de ação, técnica, visão. Essas são características que poucas pessoas têm e, no caso dele, estavam presentes em abundância. É por isso que agora estou seguindo o desenvolvimento de Sergio Busquets com grande interesse. Todo mundo no Barcelona fala sobre todo mundo, eles são todos bons. Mas quero ver o que vão fazer quando Busquets não estiver mais no time. Acho que todo mundo ficará chocado com a mudança que isso trará. Também acho que Busquets vai se tornar um bom treinador. Como Guardiola, ele teve que trabalhar muito para chegar onde está. O sucesso não veio facilmente para nenhum deles.

Além de suas qualidades futebolísticas, Guardiola tem uma personalidade muito forte e é muito inteligente. É um cara com quem você pode falar sobre qualquer assunto. Ele lê muito e conseguiu aprender alemão rapidamente quando se juntou ao Bayern de Munique. Pessoas desse tipo não se importam de pedir conselhos e, embora Guardiola não seja do tipo que confiaria cegamente na minha opinião, com certeza estaria curioso para ouvi-la.

Ainda lembro quando ele foi nomeado técnico do time B do Barcelona. Queria saber o que eu achava disso, e falei que, na minha opinião, havia uma regra que era necessário aplicar. Ele precisava dizer ao presidente: "Dê o fora do vestiário, eu tomo as decisões aqui". Só assim seria capaz de ser técnico do primeiro time. Se não fizesse isso, ficaria com o segundo mesmo. O que quis dizer era que ele precisava ser o chefe, aquele que decide o que vai acontecer, com todas as consequências que advenham dessa postura. Mas nunca, sob hipótese alguma, deveria se deixar demitir por causa de iniciativas de outras pessoas. Você precisa poder dizer, em retrospecto: "Fui um idiota, mas sou responsável pelo que fiz". Ou: "Fui muito bem, e se tiver a chance de fazer isso mais uma vez, vou fazer igual. Não importa o que digam ou pensem". Pep percorreu um longo caminho nessa direção, aprendeu algumas coisas e as combinou com sua própria visão do jogo.

Apesar de Van Basten também ser muito inteligente, meu relacionamento com ele sempre funcionou de maneira diferente. Pensei a respeito e concluí que há uma diferença essencial entre Pep e Marco. Como eu já disse, sem mim no Barcelona, Guardiola provavelmente teria sido vendido. Com Van Basten era uma história completamente diferente. Ele teria sido um jogador de futebol de classe internacional com ou sem mim. Não precisava de mim para isso. Porém, para Marco, talvez eu tenha virado o cara que o colocou em campo contra o Groningen, no início de sua carreira no Ajax, quando seu tornozelo estava em condição duvidosa. Aquela partida agravou tanto sua lesão que, anos depois, ele foi forçado a terminar a carreira de maneira prematura. Tentei me colocar na posição dele e compreendi por que Marco não respeitou todos os meus conselhos mais tarde. Era uma espécie de vingança por tê-lo convencido a jogar a partida que ofuscaria o resto de sua carreira. Pensando dessa forma, a reação dele é compreensível. Vejo os problemas com Michels, Keizer, Rexach e Van Basten como causados por quem somos. Nossas personalidades. Não tenho rancor de qualquer um deles. Com Michels eu me acertei mais uma vez, antes de sua morte, em 2005, e tenho contato com Piet também.

Ainda penso muito nesses assuntos, mas atraí uma quantidade incrível de energia positiva de ex-colegas de equipe e jogadores que treinei desde que fiquei sabendo, em outubro de 2015, que tenho câncer de pulmão. Até mesmo dos que não posso dizer que tratei com luvas de pelica. Isso mostra um tipo particular de respeito, porque, apesar de discordarmos, todos chegaram à conclusão de que essa reconciliação era o único caminho que valia seguir. Foi um aprendizado importante depois de todos esses anos, porque eu me perguntava como reagiriam; se eles pensavam como eu. Sempre fui capaz de falar as coisas de forma respeitosa, mas algumas vezes simplesmente não consegui.

No futebol de alto nível, todos estávamos sempre sob pressão, e de vez em quando chegávamos a brigar. Isso acontecia no vestiário, porém, assim que estávamos do lado de fora, todas as discussões ficavam para trás — pelo menos para mim. É bom ver que os jogadores daquele tempo cresceram e passaram a entender melhor as coisas, o que significa que, em vez de incompreensão, há respeito. Às vezes vai além disso, descobri que coisas que eu mal notava eram consideradas excepcionais. O fato de ter vindo de Ronald Koeman ou de algum dos juniores é extremamente gratificante.

Isso vale para a observação que Guardiola fez sobre meu trabalho no Barcelona: "Johan construiu a catedral, cabe a nós mantê-la". Não se trata apenas de escolher bem as palavras, essa fala dele foi também muito comovente. Simplesmente fiz o que achei que era melhor para todos, tanto no Barcelona quanto no Ajax. Felizmente, deu certo no Barcelona, em especial graças a pessoas como Frank Rijkaard, Henk ten Cate, Pep Guardiola e Txiki Begiristain, que mantêm a catedral, como Pep colocou tão bem, ainda de pé. Sou muito grato a eles por isso. Porque esse não é apenas o futebol que amo; é o futebol que os torcedores amam. É o futebol como deve ser.

Sinto esperança pelo futuro do futebol, embora ache que ainda haverá um período de caos considerável. Quem manda, por enquanto, é o dinheiro — e isso está ainda mais óbvio na Inglaterra. O dinheiro faz parte do negócio e é bom, mas tudo tem seu lugar. Nesse sentido, não são os futebolistas ou o dinheiro que causam os problemas, e sim diretores que não deixam o lado esportivo seguir seu rumo. Pegue o desenvolvimento dos talentos nativos da Inglaterra, que, por sua vez, influenciam a seleção nacional. É um risco ter muitos jogadores estrangeiros jogando na Champions League. Uma solução poderia ser limitar os jogadores estrangeiros a no máximo cinco por time por temporada. Mas quero ser claro a esse respeito, não tenho nada contra jogadores estrangeiros. No que tange a esse assunto, fui inclusive pioneiro ao jogar pelo Barcelona. E trouxe algo que estava faltando ao time, assim como Velibor Vasović e Horst Blankenburg fizeram com o Ajax quando lá joguei.

Certa vez, aconselhei a associação holandesa de futebol a recomendar um acordo de cavalheiros entre os clubes profissionais, com todos prometendo incluir pelo menos seis jogadores de passaporte holandês entre os titulares. Isso forçaria os clubes a darem mais atenção aos seus jovens. Uma política de bem-estar é uma coisa excelente, mas você tem que cuidar de si também. Não estou discutindo o mérito, ou se isso é positivo ou negativo, estou sendo objetivo e levando em conta unicamente o interesse do futebol — uma arena onde as coisas com frequência funcionam de forma diferente de outras esferas da vida e têm diferentes efeitos. A ideia era esquecer por um momento a imagem europeia mais ampla e, dentro do escopo holandês, convidar todos os clubes para esse acordo de colocar ao menos seis jogadores de passaporte holandês em campo, tendo, portanto, no máximo cinco estrangeiros. Não me interessava o que estavam fazendo na Espanha ou na Inglaterra; deveríamos pensar assim, deveríamos cuidar de nós primeiro, assim como os americanos fizeram. Ninguém tem influência política desproporcional na Major League Baseball, na NBA ou na NFL. São organizações que tomam as próprias decisões levando em conta o esporte. Desse ponto de vista, a Europa está desatualizada. Além disso, os donos de clubes muitas vezes não têm mais dinheiro. A grana vem de fora, o que significa que as decisões que afetam os jogos domésticos são cada vez mais tomadas nas salas de reuniões da América, da Ásia e do Oriente Médio. Isso cria uma falta de equilíbrio; seria essencial que cada país pudesse pensar com base em sua própria situação. Se não for assim, a coisa toda vai ficar ainda mais desordenada. Houve um tempo em que clubes na Holanda, na Bélgica e na Escócia ajudavam a definir o tom das competições europeias de alto nível, e hoje nem contam mais. Será que nosso interesse pelo jogo ficou tão para trás de todo o resto, ou apenas fomos flanqueados porque não temos dinheiro suficiente? É uma pergunta em aberto. E é muito importante perguntar o que pode ser feito a respeito.

O futebol de alto nível tem a ver com técnica, tática, treinamento e finanças — e tem sido assim desde sempre. As circunstâncias de um clube ou de um país podem mudar, mas os fundamentos de seu futebol permanecem. Nos Países Baixos, a técnica sempre foi a base do futebol. É preciso jogar com isso em mente, porque se não for assim o público holandês não vai gostar. É o mesmo na Catalunha. E espero que continue assim, porque por lá técnicos e treinadores baseiam suas escolhas no estilo do time. Iniesta e Xavi, por exemplo, não são "dois meios-campistas rápidos", e sim "dois jogadores". No Barcelona, um jogador de futebol tem que ter a bola nos pés, tem que correr o mínimo possível porque, quanto mais cansado, pior sua técnica vai ficar. Por isso, é necessário lidar com a questão de limitar os efeitos prejudiciais dos rótulos a determinado jogador. Porque, no final, depende do estilo do time. Qual opção escolher? Um jogador de melhor nível de preparo físico, melhor técnica, mais velocidade? A resposta é: aquele que agradar aos torcedores. Porque o jogo é para o público, afinal. Sendo holandês, não posso aparecer na Inglaterra ou na Itália jogando futebol do jeito que me agrada. Não, você joga futebol para agradar o público. O público tem que ir ao estádio, e esse estádio tem que estar cheio. O Barcelona é um exemplo disso. Lá, eles fizeram sua escolha e se apegaram à mesma visão por quase trinta anos. O treinador que quiser mudar isso terá um problema, porque o público gosta do que tem.

Assim, o *éthos* é sempre o mesmo. A grande diferença entre o *Dream Team* do Barça nos anos 1990 e a equipe de Guardiola, por exemplo, é a agilidade. A questão nunca foi alterar a visão do clube, e sim refinar o que já estava sendo feito. Então, a pergunta que se apresentou foi: será que dá para fazer o que fazemos com mais velocidade? Se esse princípio (a velocidade) era algo importante, como manter a posse da bola e, por exemplo, acelerar o jogo sem sacrificar a precisão? Se a velocidade não fosse tão importante, nem valeria a pena mexer na forma de jogar da equipe. Também é preciso saber avaliar o que é ser veloz. A análise de determinado aspecto no futebol de alto nível é a coisa mais difícil de fazer. A capacidade de analisar uma jogada não se baseia só em um movimento, porque, às vezes, a situação que tem de ser observada acontece duas ou três jogadas antes. Como é recebida uma bola e como é passada? A jogada exigiu um toque ou dois? O controle por parte do jogador que recebeu foi bom? Depois é preciso observar o defensor. Alguém que joga em um bom time tem a tendência de relaxar um pouco contra equipes mais fracas. Aí o ritmo cai e as bolas não chegam ao gol. Ou chegam tarde demais. Esses são alguns típicos detalhes que precisam ser analisados, e, hoje, esse é o problema da Holanda. O mundo inteiro ainda fala com admiração sobre nossa maneira de jogar futebol, todavia existem muito poucos treinadores holandeses que ainda sabem como treinar para jogar assim. Percebi que isso estava acontecendo cerca de quinze anos atrás. Diferentes escolhas na formação estavam sendo feitas, o que significava que o espaço no campo estava sendo usado de maneira diferente.

Quando a gente come, usa uma faca e um garfo. Foi assim cem anos atrás, e daqui a cem anos ainda vai ser assim. Algumas coisas simplesmente não mudam. O mesmo se aplica ao futebol. Primeiro, o básico deve estar funcionando bem, para só então se fazer melhorias. Na Holanda, o básico foi comprometido. Nossas comidas são preparadas pelos melhores cozinheiros, mas estamos esquecendo como segurar a faca e o garfo. Um bom exemplo é o goleiro. Quando, em 1992, as regras mudaram e os goleiros não puderam mais pegar com a mão uma bola recuada, eles foram obrigados a melhorar seu jogo com os pés. Até então, a maioria tinha uma técnica de chute muito ruim, hoje em dia, 90% deles têm um chute de longa distância melhor do que o de 90% dos jogadores de linha. Isso prova que essa habilidade pode ser adquirida por meio de treinamento. Hoje em dia, os goleiros também conseguem chutar igualmente bem com os dois pés. Como é que todos eles conseguem fazer isso, mas apenas um quarto dos jogadores de campo é capaz de chutar bem com os dois pés? Os goleiros sabem que chutar bem com ambos os pés é uma habilidade essencial na qual precisam trabalhar, e o treino dá certo. Por que os jogadores de campo não fazem o mesmo?

As sessões de treinamento em grupo são importantes, mas os jogadores também precisam entender como suas habilidades individuais podem ser aprimoradas em benefício da equipe. Como técnico, você dá lição de casa aos jogadores? Depois de uma sessão de treino, você coloca alguns deles de lado e explica a diferença entre um passe aéreo e um rasteiro — que a bola que vai rasteiro é mais lenta? A bola lenta pode parecer fácil, mas na prática é mais difícil de controlar e requer muita concentração de quem recebe. É por isso que muitas vezes vemos a falta de controle de bola de um passe que veio lento, porque quem recebeu não estava suficientemente concentrado. Já se o jogador com a bola dá um chutão, a concentração de quem recebe geralmente é maior, e a chance de acontecerem erros no momento do domínio se reduz. Ao menos dois jogadores estão envolvidos em qualquer jogada, e muitos se concentram nos movimentos de cada um individualmente, quando, na verdade, trata-se de compreender como eles jogam juntos.

Além disso, a condição física e mental dos jogadores tem que sempre estar subordinada ao futebol. Claro que ambas precisam ser consideradas, porém sempre do ponto de vista do futebol. Se alguém está fora de forma, comece trabalhando o futebol antes de tentar analisar o estado mental do jogador, porque quando o jogo flui, há tanta energia positiva sendo gerada que os lados mental e físico podem muito bem deixar de ser um problema. Pense em quando você era criança. Ao jogar futebol depois de um dia inteiro na escola, você ficava cansado? Não. Você simplesmente dormia bem naquela noite.

Influências externas também podem afetar a forma como os jogadores se apresentam em campo. Jornalistas estão sempre procurando algo para escrever no jornal, e quando um jogador começa a acreditar no que lê, corre o risco de enganar a si mesmo. A única opinião que importa é a do técnico. Matérias de jornais são escritas para vender jornais. É legal ler a matéria quando o tom é positivo, mas pode ser bem complicado quando o tom é crítico — só que, em geral, a avaliação do repórter não é a mesma do técnico. As duas coisas precisam ser mantidas separadas. As matérias sobre os jogos do Barcelona quase sempre se concentram em Messi, Neymar e Suárez, mas são Iniesta e Busquets que fazem o trabalho de fundo. Todo grande jogador depende do seu time.

Às vezes, erros da parte da equipe que joga mais atrás podem causar problemas na frente, porque o sucesso no futebol muitas vezes está condicionado por margens pequenas — uma diferença posicional de menos de um metro, por exemplo. Então, se a bola está lenta, o rival tem tempo de se aproximar um pouco mais. Se a bola estiver sendo passada rapidamente, há uma boa chance de o rival chegar tarde demais. Esses são os tipos de detalhes a que me refiro. No futebol de alto nível, eles são incontáveis e determinam o estilo de jogo de um time. Poucos técnicos têm a capacidade de ensinar isso aos jogadores e, como resultado, eles ficam mais estressados. Isso por vezes compromete seu talento. Eu gosto de jogadores técnicos que conseguem pensar também em termos do interesse do time. Já mencionei Iniesta e Xavi, que refutam a teoria de que apenas jogadores fisicamente fortes e velozes podem jogar em suas posições. Muitos treinadores pensam assim e acabam escolhendo músculos em vez de técnica no meio-campo. Isso também vale para o sistema 4-3-3. O esquema é talhado para o futebol holandês, mas muitos treinadores não conseguem dar conta desse estilo de jogo ofensivo. Então, o que se vê são times jogando mais e mais recuados, esperando uma chance de partir para o contra-ataque. Qualquer pessoa que tenha coragem de usar o 4-3-3 da forma correta será recompensada no final. Contanto que sejam escolhidos os jogadores certos para jogar nesse sistema.

Hoje em dia, tudo é visto a partir da solução. Todo mundo usa vídeos, análises e sei lá mais o que para tentar explicar as coisas aos jogadores. Ora, deixe ele resolver sozinho! Isso é o que sempre digo. Por exemplo, num contra-ataque com um defensor contra dois atacantes, o que os atacantes devem fazer para evitar o impedimento? Deixe que eles resolvam isso por si próprios. Ter qualidade também envolve conseguir ver além. É o mesmo com as soluções. Se você é técnico, não seja condescendente, deixe os jogadores encontrarem a solução sozinhos. Isso é um problema dos treinadores também. Ainda me lembro de quando o Barcelona jogava contra o Atlético de Madrid. Manolo, que não era exatamente um jogador de futebol de alto nível, era o atacante deles. Não importava o que fizéssemos ou como nos organizássemos em campo, ele sempre conseguia uns três chutes a gol. Quase fritamos nossos cérebros para tentar resolver essa situação. Tentamos nos colocar na posição de atacante. Conversamos por um tempo. Até que alguém mencionou que Manolo era muito bom em enganar o marcador. Mas, claro, ele só poderia fazer isso se estivesse sendo marcado. Então eu disse: "Sabe o que vamos fazer? Vamos parar de marcá-lo". Eles me disseram que eu estava louco. Porém, essa foi a solução. A maneira típica de Manolo jogar era atraindo um defensor em sua direção, o que tornava mais fácil deixá-lo para trás em seguida. O pensamento dele estava à frente do nosso. Na partida seguinte, deixamos Manolo por conta própria e paramos de correr com ele. Alguém disse: "Sim, mas e se ele marcar dois gols?". Eu disse: "Nesse caso, estaremos sem sorte".

Depois disso, não tivemos mais problemas com Manolo. Sem um marcador, ele não sabia o que fazer. Ficava desorientado, porque seu marcador acabava sendo seu ponto de referência. Resolvemos isso pensando de maneira diferente. No início, todo mundo entrou em pânico, mas é preciso experimentar esse tipo de coisa para chegar à raiz de um problema. É por isso que o futebol é sempre o alicerce para mim e, em princípio, sou contra todas as inovações sobre as quais temos ouvido falar hoje em dia. Como as câmeras na linha do gol. Futebol é o único esporte praticado exclusivamente com os pés. É por isso que a chance de erros é muito maior. Não há intervalos, o que significa que passar orientações durante a partida é muito mais difícil. E a probabilidade de erros é, de novo, maior.

Isso está presente nas regras do jogo também. Elas envolvem elementos subjetivos, como confirmar ou não um gol quando a bola não cruzou a linha. Por conta disso, depois que o jogo termina, todo mundo quer ir a um bar discutir a respeito. Coisas assim criam um clima e um debate. Dá vontade de falar sobre a partida e tomar uma bebida. Isso faz parte do futebol. Ao usar a tecnologia de câmera na linha do gol, a discussão morre. O melhor de discutir sobre futebol é que todos têm chance de dizer o que gostaram ou não, e mesmo que alguém possa estar errado, ainda assim sempre pode ter certa razão. Claro que é terrível que no jogo entre Inglaterra e Alemanha, na Copa do Mundo de 2010, um gol válido de Frank Lampard não tenha sido marcado. Porém, em vez de falar sobre câmeras, seria mais produtivo debater se o juiz e o bandeirinha são bons o suficiente. A pergunta que deveríamos estar fazendo é se eles também não poderiam ser mais bem treinados.

Futebol envolve tanto acertos quanto erros. Grandes e pequenos erros são frequentemente cometidos em campo. O jogador que está sozinho diante do goleiro, mas não marca o gol, o jogador que perde um pênalti — é assim que o jogo funciona. Ainda me lembro de uma partida do Campeonato Inglês, anos atrás, em que o goleiro pegou três pênaltis. O que fazer nesse caso? Demitir o técnico? Mandar embora os jogadores que perderam os gols? Claro que não — essas coisas acontecem, e todo mundo entende que há momentos em que surgem grandes oportunidades em todo jogo. Em geral, elas são aproveitadas, mas às vezes são perdidas. Então é certo ser compreensivo com um jogador que erra um chute a gol, mas não com um árbitro que julga mal uma situação? Ou será que deveríamos dizer: "Eles estão todos em campo, deixe que trabalhem, é isso aí".

Obviamente, todos precisam cumprir os mesmos critérios básicos. Se os jogadores em campo recebem treinamento de ponta, os juízes também deveriam receber. Porém, como o futebol é um jogo de erros, os juízes às vezes erram, assim como os melhores atacantes perdem chances de gol e os melhores goleiros deixam a bola passar por entre as mãos. Esses erros viram assunto de conversas de milhões de pessoas por vários dias, meses e até anos. Isso é uma coisa fantástica no futebol — e precisamos que continue dessa maneira. Também por isso é tão importante que o futebol fique nas mãos de jogadores, desde as decisões de campo até as tomadas em salas de reuniões. Talvez soe um pouco primitivo, mas penso assim, por isso me desentendi com diretores com tanta frequência. Eles querem decidir, de suas salas de reunião, o que acontece em campo, e eu acho que as pessoas em campo é que devem determinar o que os diretores fazem. Na minha visão, os diretores sempre deveriam estar em segundo lugar. O que presenciei com frequência entre os dirigentes é que eles gostam de mandar. Como já mencionei, pessoas assim muitas vezes se sentem superiores e compelidas a convencer os outros de que só elas estão certas. Se, em vez disso, as decisões fossem tomadas de baixo para cima, eles veriam as coisas funcionando de outra forma, e as posições seriam trocadas. Em vez de ter diretores explicando algo a você, você poderia explicar algumas coisas a eles. Só que aí é, geralmente, onde os problemas começam. Eles acham que os jogadores só falam bobagem, porque nunca aprenderam que as coisas podem funcionar dessa maneira.

O que os dirigentes não entendem é que pensar nas coisas tomando como base o futebol é a essência do que fazemos e a razão pela qual as pessoas amam o jogo. Também faz parte da ideia base do esporte treinar pessoas dentro do clube. No meu sistema, aqueles no nível de direção estariam, em essência, orientando processos que outras pessoas já teriam colocado em ação. Um CEO ou presidente não deveria ser quem toma as decisões. Esse é o papel do responsável pela equipe — o técnico. Ele é quem deve decidir se alguém precisa correr mais, ter um arranque mais potente, ou se um jogador não sabe o que está fazendo. Esse não é o trabalho de um diretor. Um diretor precisa ser capaz de analisar do que o clube precisa como entidade comercial, e encontrar as melhores soluções com esse fim. Esse é o trabalho dele. É de dentro do campo que se pode sentir o que o público quer. O cliente é o rei. Não se deve esquecer que o futebol, mesmo de alto nível, é principalmente um entretenimento. Essa sempre foi minha filosofia, e isso nunca vai mudar. Quando aparecem estádios vazios na Itália ou quando há poucos gols sendo marcados na primeira divisão do Campeonato Inglês, é de se perguntar se essas duas grandes nações do futebol estão no caminho certo. Dois países onde a parte comercial ganhou uma influência bastante particular.

O potencial de tais problemas só aumentará no futuro, sobretudo agora que a China despertou seu interesse pelo futebol de alto nível. Isso me parece um desenvolvimento natural, porque o futebol se espalhou pelo mundo todo. E se um país deseja destaque mundial, precisa se envolver em esportes mundiais, seja nos Jogos Olímpicos ou no futebol. Mas é preciso manter certa dose de equilíbrio. Os chineses podem pensar que só precisam comprar e comprar que os torcedores virão, mas se eles não tiverem bases sólidas, por onde vão começar? É preciso ter uma visão geral de como a coisa funciona. Acompanhei o desenvolvimento do futebol no Japão com grande interesse. Por lá, há muitos paralelos com os Estados Unidos. Nos Estados Unidos, vinte anos após a fundação da MLS, eles ainda estão esperando um jogador de futebol que faça a diferença para que possam, enfim, se juntar às equipes de maior destaque do mundo. A cada dia aparecem jogadores melhores, que jogam em níveis cada vez mais altos, até mesmo na Europa. O mesmo vale para o Japão e a Liga japonesa.

É fabuloso que nos últimos 25 anos todos os continentes tenham se encantado com o futebol de alto nível. O recente envolvimento chinês é a última fase de um grande movimento, mas a coisa mais importante nos territórios emergentes do futebol, assim como nos estabelecidos, é que o jogo em si seja central, tanto em termos de visão quanto de execução. Somente assim os recém-chegados poderão construir suas identidades próprias e evitar serem meras cópias do que já existe. Um torcedor americano deve ser capaz de se identificar com seu time, assim como o chinês, a seu devido tempo. No Barcelona, no Ajax e na seleção holandesa, aprendi o quanto é importante que as pessoas possam se identificar com o time. As pessoas querem fazer parte de algo especial, que lhes convenha emocionalmente. Acima de tudo, esse processo deve ser orientado partindo de dentro do campo. Se isso acontecer de maneira boa e profissional, as atividades comerciais e a política dos clubes inevitavelmente seguirão o exemplo.

13.

Provavelmente já está claro que sou, acima de tudo, um apaixonado por esse esporte magnífico. Tenho um olhar crítico em relação ao futebol holandês, porque me preocupo com a forma como estamos lidando com o esporte e com alguns de nossos talentos. É por isso que vou tentar explicar, da maneira mais simples possível, como acho que o futebol deve ser jogado: de uma forma na qual os próprios jogadores se divirtam, o público se identifique, e respeitando a filosofia central do Futebol Total. Todo mundo sabe que eu gosto de um estilo "ofensivo" de futebol, porém, para poder atacar, é preciso defender indo à frente, e para conseguir isso é preciso sempre fazer pressão sobre a bola. Para tornar essa tarefa mais fácil aos jogadores, é necessário criar o máximo de linhas possíveis. Dessa forma, o homem com a bola sempre terá um jogador à sua frente e outro ao seu lado. O espaço entre o homem com a bola e esses dois companheiros de time nunca deve ser de mais de dez metros. Muito espaço apenas aumenta os riscos.

Em princípio, gosto de usar cinco linhas, excluído o goleiro: quatro zagueiros, um meio-campista central jogando a partir da defesa, outros dois meios-campistas à frente dele e atuando mais abertos, um atacante central recuado ou avançado e dois pontas. Na formação de ataque, o campo vai da metade de baixo do círculo central até a área de pênaltis do time rival. Isso significa uma área de 45 metros de comprimento e sessenta de largura, com um espaço de cerca de nove metros entre as linhas.

Por que essas distâncias são tão importantes? Porque, assim, todas as lacunas podem ser cobertas com mais facilidade e eficiência, e sempre haverá jogadores suficientes atrás da bola. Repare que, assim que o Barcelona pressiona quando perde a bola, você nunca vê ninguém a mais de dez metros de distância de um companheiro de equipe. Além disso, todos estão em movimento, o que significa que a tentativa de ganhar a bola de volta acontece de forma rápida e proposital. O exemplo do Barcelona revela um erro cometido por muitos clubes holandeses que, em diversas ocasiões, colocam o meio--campista central para jogar mais à frente, em vez de mantê-lo recuado, fazendo-o jogar muito perto do atacante. Se um dos dois outros meios-campistas vem para o meio para fechar a brecha, então um dos laterais, da esquerda ou da direita, ou o ponta, vai ter que defender um espaço de vinte a trinta metros, em vez de dez. Os jogadores não conseguem se conectar e a equipe perde o controle do jogo.

Na frente, joga-se com um atacante e dois pontas. Se o atacante recua para participar mais do jogo ou permanece à frente, não faz diferença, desde que se esteja jogando com cinco linhas. Marco van Basten e eu, geralmente, somos reconhecidos por termos sido os melhores jogadores da Holanda e, enquanto eu joguei como um atacante que chegava de trás, Van Basten foi um centroavante mais genuíno.

As linhas devem estar próximas umas das outras para que um atacante com a posse da bola possa tentar algum movimento, existindo sempre seis ou sete companheiros de equipe para dar cobertura. Além disso, quando joga assim, você evita passar sempre a bola a um jogador que está muito próximo. Dessa forma, é possível se livrar do falso sentimento de controle da partida, mal de que os clubes holandeses também sofrem frequentemente.

Quando as cinco linhas funcionam corretamente e todos fazem o que têm de fazer, são criadas triangulações no campo, essenciais para a parte tática. Um jogador se concentra em passar a bola, um em receber a bola e um terceiro em se posicionar para receber o passe seguinte. Em resumo, as pessoas muitas vezes tornam o futebol incrivelmente complicado, mas ele funciona melhor quando jogado com simplicidade. Atacar com eficiência é, sobretudo, uma questão de aplicar a técnica com correção, bom uso do espaço, defender avançando e fazer pressão sobre a bola.

Indo um pouco além no raciocínio, as cinco linhas são meu ponto de partida. É essencial que todos percebam que a construção da jogada começa quando o goleiro está com a bola. Ele é o primeiro jogador do ataque e, na maior parte das vezes, nessas situações, os defensores reagem mais rápido que os atacantes, com um dos laterais já se deslocando para receber e, quando a bola lhe é passada, o primeiro movimento do ataque está sendo definido. Então, o ponta tem que avançar para abrir espaço para o lateral. Nesse meio-tempo, a primeira linha de defensores, em outras palavras, os atacantes adversários, já foi superada e você está montando o ataque. O adversário tem que fazer escolhas que impeçam o lateral de seguir adiante, e o truque é se antecipar a esse movimento.

Vou dar dois exemplos simples de como as linhas precisam atuar em sintonia. Primeiro, quando o centroavante cai pela direita, um dos zagueiros do outro time tem que sair para marcá-lo e o outro zagueiro precisa fazer a cobertura para neutralizar a vantagem de um homem, criada pelo avanço anterior do lateral. Nesse contexto, o ponta pela esquerda e o centroavante estarão em situações de um contra um. A segunda possibilidade é o lateral esquerdo aprofundar o jogo com um lançamento de vinte metros para o atacante, que, fazendo o pivô, devolve a bola para um meio-campista direito avançado. Se o meio-campista tiver calculado seu avanço corretamente, terá uma vantagem sobre o marcador, o que por sua vez cria uma situação mano a mano no setor direito do ataque.

A ideia dessas táticas é surpreender o time adversário e criar incerteza. Por exemplo, quando o lateral esquerdo em jogada com um meio-campista faz a bola chegar rapidamente ao ponta-esquerda, e caso este consiga superar seu marcador, será criada uma ótima situação de gol. Quando ele cruzar a bola, o centroavante correrá em direção à primeira trave, criando assim espaço para o meia que está chegando à área. Johan Neeskens marcou muitos gols usando essa tática. Nesse movimento de ataque, três quartos da equipe estão atrás da bola, e todos os jogadores estão de frente para o gol. Isso elimina o risco de um contra-ataque e coloca o time em boa posição para cuidar da segunda bola e defender pressionando agressivamente.

É importante que, quando o lateral esquerdo tiver a bola, o goleiro e os outros defensores estejam organizando a equipe. Enquanto o ataque está sendo construído, os zagueiros e os meias têm que estar prontos para agir caso a bola seja perdida. Você pode levar essa ideia mais adiante fazendo o centroavante pressionar o goleiro quando este estiver com a bola. Isso acelera a jogada, o goleiro é forçado a agir mais rápido e, se os seus defensores e meias estiverem na posição certa, você dificulta ainda mais a vida do time adversário. O atacante é agora o primeiro zagueiro, quando, apenas momentos antes, o seu goleiro era o primeiro atacante. O que isso tudo mostra é que é preciso sempre pensar à frente, tanto como indivíduo quanto como equipe. Essa maneira de jogar futebol pode ser ensinada com razoável facilidade, por isso fico surpreso quando vejo que as equipes holandesas não são capazes de criar esse tipo de movimento. Passam a bola para o lado em vez de para a frente, o que não resolve o problema; somente o transfere para o outro lado do campo.

O espaço em campo é o fator essencial, sobretudo a criação do próprio espaço — e, para fazer isso, é crucial ter segurança em relação ao movimento ou ao conjunto de movimentos. Muitas vezes, é preciso começar fazendo o contrário do que se deseja alcançar. Por exemplo, quando o ponta quer a bola, precisa dar um pique para a frente e depois voltar para recebê-la, assim como, às vezes, é necessário antes recuar a bola para se conseguir depois um bom lançamento longo para a frente. Ou com escanteios, quando o jogador corre em direção à bola antes de o escanteio ser batido para atrair os zagueiros para fora da área.

Jogadores em todas as posições, em particular os que ficam à frente, precisam lidar com esse tipo de situação, que afeta a jogada em si e a forma como todo o resto da equipe se antecipará ao lance. Realizar um movimento no futebol nunca deve ser uma ação autônoma — e a beleza do esporte é que toda ação, em qualquer das posições, está sempre, de alguma forma, ligada a outras ações ocorrendo em outros lugares do campo. Considere o exemplo acima em relação ao ponta. Para receber a bola no pé, ele precisa, primeiro, criar uma situação que o permita avançar, porém, se o atacante central de sua equipe também correr para o mesmo lugar, o ponta não poderá mais executar a ação pretendida. É por isso que fico irritado quando, numa situação como essa, as pessoas culpam o ponta, quando, na verdade, o problema foi causado pelo centroavante. Nem lembro quantas vezes discuti com repórteres que se concentravam nas ações de um jogador, sem perceber que sua jogada tinha sido comprometida pelo desempenho de outros. Os companheiros de time é que não tinham permitido que ele fizesse uso de suas habilidades. Em especial para os pontas, a relação entre a preparação da jogada e o lance em si é essencial. Dá para perceber o quanto esse problema é sério hoje em dia quando um dos times fica com dez jogadores. A situação deveria representar uma vantagem, porém, cada vez mais, o que se vê é que o time com o homem a mais de repente se vê em dificuldade, sem saber o que fazer com o espaço adicional surgido quando o adversário recua. Muitas vezes, seus jogadores ficam passando a bola na defesa em vez de fazer mais pressão.

A única maneira de evitar isso é forçar o mano a mano no campo todo. A primeira vantagem que isso traz é o aumento no ritmo do jogo, porque todos os jogadores adversários estarão sendo pressionados e, quando eles perderem a bola, você imediatamente terá mais espaço e estará em superioridade numérica. Nesse momento, toda a equipe precisa ter consciência dos espaços criados, dando ao seu jogador extra as melhores possibilidades para que ele possa realizar a jogada decisiva. Quando se joga assim, o adversário não pode cometer erros. Mas você pode, porque terá um jogador extra entre sua defesa e o meio-campo. Ele tem que estar posicionado nessa área para ter maior chance de interceptar a bola e manter a pressão. Jogar assim não garante a vitória, mas garante que você criará cinco ou seis chances de marcar um gol.

Também é importante perceber como fazer um companheiro de equipe jogar bem e seu adversário jogar mal. Você pode, por exemplo, ajudar um companheiro de equipe passando a bola para seu pé dominante. Isso pode parecer simples, até sem importância, mas em um bom time, você não vê com frequência um jogador canhoto recebendo a bola com o pé direito. Da mesma forma, quando você sabe que o jogador que está marcando prefere driblar de determinada maneira, pode se posicionar de forma que ele seja forçado a fazer a jogada pelo outro lado, ou seja, com o pé mais fraco. Tudo isso pode parecer elementar, porém, infelizmente, até no mais alto nível se veem jogadores — e até treinadores — que não pensam em detalhes como esses. Todo mundo adora falar sobre estilo de jogo e táticas, mas na maioria dos casos elas são usadas da maneira errada. Vamos pensar nas formações. Para mim, não se trata de 4-3-3, ou de 4-4-2 ou 5-3-2, mas de se adaptar a um estilo de jogo em que seja possível retirar a vantagem do rival, transformando a força dele em fraqueza.

A arte de fazer o adversário jogar mal tem a ver com o tipo de jogadores que estão em campo. Os times ingleses, em geral, costumam defender usando a marcação homem a homem, e os zagueiros centrais se destacam no jogo aéreo; portanto, contra eles, é preciso um atacante mais móvel, que saiba fazer passes curtos. Também dá para colocar dois pontas jogando recuados, porque os ingleses não são acostumados a isso. É preciso pressionar na marcação, para que os ingleses não possam construir a jogada com calma, como estão acostumados. Em casos como esse, mais uma coisa vem à tona: a diferença entre alguém com técnica boa ou ruim é a agilidade. Colocando-se mais pressão, o adversário tem que reagir com agilidade e rapidez, e a maioria dos defensores ingleses tem um problema com isso, porque na Premier League, quando seu time recupera a bola, eles estão acostumados a ver o adversário correndo para a defesa, e não avançando sobre a bola.

O que me leva a falar da qualidade extra do Barcelona. Ela está não apenas na presença de alguém como Messi, que assusta os adversários, mas também na maneira como o time joga quando não tem a bola. Assim que perde a posse, todo o time se concentra imediatamente em recuperá-la. Como jogam sempre perto do gol do adversário, a formação permanece firme, e quando eles recuperam a bola, representam uma ameaça imediata.

Essa forma de jogar, de defender pressionando, também já foi a marca registrada do futebol holandês. Infelizmente, nos afastamos do nosso próprio estilo de jogo, o que é uma pena, principalmente porque o Barcelona e o Bayern de Munique continuam nos mostrando como ele funciona bem. Além disso, é fácil de fazer. Requer apenas que, como equipe, você saiba como reagir quando perde a bola. Não tem tanto a ver com a técnica ou com ter um jogador como Messi. É mais sobre ter uma atitude que os jogadores do time aprendem desde a mais tenra idade, e o fato de o Barcelona executar isso tão bem se deve à qualidade do treinamento de seus juvenis. Era assim quando fui treinador lá, e ainda é o caso. Considere que escolha inteligente colocar Ronald Koeman e Pep Guardiola, dois jogadores com mentalidade voltada para o ataque e boa capacidade de finalização, na defesa! Nenhum deles era um defensor de fato, mas, ainda assim, funcionou, porque defender é uma questão de posicionamento, agilidade e capacidade de atacar. Se você tiver esses três elementos em sua equipe, nem precisa se defender.

No futebol, você sempre precisa estar à procura de artifícios que forcem o desequilíbrio do adversário. Por exemplo, pensando de forma não convencional, o que tira o rival da zona de conforto, ou jogando de maneira abertamente ofensiva, o que também costuma resultar em um futebol mais bonito. Como vimos, um bom exemplo disso é a aceleração do ritmo quando se perde a bola, principalmente se seu time é forte no ataque e mais fraco na defesa. Em uma equipe assim, é preciso conseguir que os atacantes pressionem na saída da bola, colocando à prova a agilidade dos zagueiros adversários, para aumentar a possibilidade de eles errarem o passe. Nesse caso, os atacantes agem como os primeiros defensores, e defender nessa situação significa criar proximidades entre os jogadores que seja de apenas quatro a cinco metros. Existem inúmeros outros exemplos de como os problemas em campo podem ser reduzidos — não por meio de táticas ou intervenções complicadas, mas apenas pensando-se logicamente.

A esse respeito, notei nos últimos anos que os jogadores de equipes que têm um espírito mais ofensivo geralmente são maus cabeceadores. Na minha época, o ponta-direita Sjaak Swart marcou um número muito elevado de gols para sua posição, porque conseguia cabecear por cima do ombro direito. Essa é uma habilidade necessária quando o ponta-esquerda cruza a bola, o centroavante corre para o primeiro poste e o ponta-direita fica com o segundo poste. É por isso que, nessa situação, é comum ver atacantes perdendo chances simples: porque tentam cabecear com o lado "bom", em vez de dirigir o movimento para o lado certo — um ponta-direita cabeceia a bola em direção ao gol por sobre o ombro direito. O mesmo vale para os zagueiros que costumam marcar gols contra nessas situações.

Como jogador de futebol, você sempre precisa procurar o ponto fraco do adversário, e ele provavelmente fará a mesma coisa. Se você souber qual ponto fraco o seu rival pretende explorar, é possível fazer um contramovimento. Assim como nas situações que discuti acima, os exemplos que venho mencionando são de como reduzir problemas em campo. Na Holanda, deixamos esse modo de pensar se esvair e, bom, ficamos para trás do resto da Europa. Ao fazer o futebol mais complicado, perdemos a noção do básico. A coisa mais importante para um jogador é que ele saiba fazer o fundamental. Com isso, estou querendo dizer: passar, receber, controlar a bola com o peito, conseguir fazer uso do pé mais fraco e cabecear. Em suma, as técnicas básicas. Essas são todas habilidades em que qualquer pessoa pode ser treinada.

Aprender a passar bem a bola é simplesmente uma questão de repetir o movimento várias vezes. Isso pode ser chato, mas o jogador estará aprimorando o aspecto mais essencial do jogo. O mesmo vale para receber a bola — é tedioso treinar, mas o progresso é rápido. Aí é só combinar essas técnicas básicas com o jogo posicional. Por isso, promovi torneios de seis contra seis nas Quadras Cruyff, que medem 42m por 28m. Em alguns contextos, não me importo se são quatro contra quatro, sete contra sete ou quinze contra quinze. Contanto que atraia as pessoas, especialmente crianças, para jogar futebol, está valendo. No entanto, quando a proposta é "desenvolver" talentos, o seis contra seis funciona melhor, porque meninos e meninas conseguem aprender as regras básicas do futebol "de verdade" sem nem perceber.

Primeiro, porque há um goleiro e cinco jogadores de campo, ou seja, você pode jogar com três linhas. Essas linhas são tão próximas que você precisa passar a bola corretamente para permitir a um companheiro de equipe fazer uma jogada. Não há líbero, porque todo mundo é forçado a jogar no um contra um, tanto no ataque quanto na defesa. Nessa situação, um jogador aprenderá automaticamente a ficar de olho no adversário e ao mesmo tempo dar cobertura a seus companheiros de equipe. Sem saber, a criança já estará aprendendo o jogo posicional. Isso também se aplica ao goleiro — ele não tem apenas que defender a bola, precisa também servir como cobertura aos companheiros e, às vezes, contribuir para a construção do jogo. Em torneios de futebol de rua, esse jogo é perfeito para crianças de doze anos ou menos e, depois dessa idade, você sempre pode usá-lo como exercício de treinamento. Explicando de forma mais simples, o jogo obriga você a se virar em espaços pequenos, sempre no um contra um, e a usar técnicas simples. Não tem como ficar tocando a bola com facilidade entre os defensores. Só o ato de passar a bola para o jogador ao seu lado já ensina a evitar os erros que muitos jogadores holandeses cometem atualmente.

O que estou tentando explicar é o quanto é importante que os novos talentos sejam ensinados a jogar dentro das regras básicas. Quanto mais cedo eles dominam isso, mais vão aprender mais tarde, e, para ser sincero, não há muito sentido em seguir em frente se o jogador não conhece o básico. Só depois dessa etapa é que se pode começar a pensar em formar o time ideal, com jogadores que não precisam ser extraordinariamente talentosos, mas que dominam o básico do futebol.

Em geral, acho bobagem brincar de escalar uma equipe com os melhores jogadores de todos os tempos, simplesmente porque, na maioria dos casos, quase não há diferença de qualidade. Quase todos os jogadores de futebol da mais alta classe, antigos e atuais, são excelentes e preenchem todas as condições necessárias para estar no topo da pirâmide. Eles são também, sem exceção, talentosos, o que significa que podem jogar no mais alto nível em outra posição que não a sua. Eu acho que Marco van Basten poderia ter sido um jogador excepcional como lateral direito. Esse é o tipo de coisa que muitas vezes me perguntam...

Bom, a essa altura, provavelmente já está claro a que tipo de jogador eu presto atenção. Jogadores com excelente técnica, muita visão de jogo e, em geral, um alto grau de especialização. Essa última qualidade em particular é a que assegura a qualidade extra que diferencia os melhores jogadores de futebol. E é preciso usá-la, em vez de subordiná-la ao coletivo. Deixe-me colocar de outra forma. O interesse coletivo é atendido se um jogador excepcionalmente talentoso for usado para o bem da equipe, e o truque é tirar a maior vantagem possível dos talentos individuais e, ao mesmo tempo, formar uma boa equipe. Se isso funcionar, o time escapa da mediocridade devido ao valor agregado que contém. Para o time ideal, tento encontrar uma fórmula na qual todo esse talento seja usado ao máximo em todos as situações. As qualidades de um jogador têm de complementar as qualidades do outro. Assim, atrás de pontas como Piet Keizer (à esquerda) e o brasileiro Garrincha (à direita), eu colocaria no meio de campo Bobby Charlton (à esquerda) e Alfredo Di Stéfano (à direita). Ambos jogadores de futebol que não apenas são técnica e taticamente brilhantes, mas que também combinam bem do ponto de vista físico. Isso os coloca em excelente condição para fazer o trabalho extra em benefício de estilistas como Keizer e Garrincha. Laterais como Ruud Krol (à esquerda) e Carlos Alberto (à direita) também contribuem com sua visão, técnica e velocidade, oferecendo apoio a Charlton e Di Stéfano, para que esses dois meios-campistas não fiquem sobrecarregados.

Ao formar esse time dos sonhos, também pensei em figuras como Franz Beckenbauer, Pep Guardiola, Diego Maradona e Pelé. Pelé e Maradona, em particular, fazem uma combinação perfeita, porque o enorme senso de responsabilidade de Pelé se conecta muito bem ao individualismo de Maradona. Tenho certeza de que, durante a partida, Pelé funcionaria como uma espécie de guia para Diego, porque jogadores de futebol têm um senso perfeito para esse tipo de coisa, e Maradona daria algo em troca a Pelé, o que lhe permitiria ser devidamente valorizado. No meu time ideal, eu escolheria o lendário Lev Yashin para o gol, já que, com essa impressionante coleção de talentos, dificilmente faria mal ter uma figura paterna reconfortante capaz de trazer todos esses astros de volta para a terra.

Em todas as discussões sobre futebol, evito dizer que alguém é um ótimo "corredor" e falar sobre a resistência física de um jogador, especialmente porque, nos últimos anos, a coisa ficou completamente fora de controle. Iniciou-se um processo em que o jogador de futebol precisa correr mais e mais, e passar menos tempo jogando bola, sendo que o truque é usar o espaço em campo de maneira que seja a bola — e não os pés — quem faz o trabalho. Isso nos leva à transição natural da análise individual de cada jogador para o desempenho coletivo. Técnica, visão e, acima de tudo, talento estão presentes em cada um dos jogadores, e os onze indivíduos juntos têm de usar o espaço no campo da melhor forma, para que o jogo funcione como um todo. Então, é preciso visão — a capacidade de julgar quem deve se posicionar onde, de forma que a equipe permaneça integrada. Ainda fico muito chateado quando vejo linhas jogando separadas, o que significa que uma parte da equipe é forçada a cobrir distâncias enormes. O truque é manter os jogadores juntos. Só então você cria a situação em que a bola pode fazer todo o trabalho. E além disso, evidentemente, o sucesso depende da técnica, necessária para fazer um bom uso da bola e do espaço, e é por isso que, em teoria, isso é a coisa mais simples do mundo. É preciso visão para manter as linhas próximas, técnica para permitir que a bola faça o trabalho com eficiência e, finalmente, talento — que não tem nada a ver com correr, e sim com manter os olhos abertos e jogar. Quem consegue dominar isso, domina a essência do Futebol Total.

14.

As pessoas costumavam me dizer que eu era burro, porque nunca completei minha educação formal, mas a vida me ensinou muito mais do que qualquer livro. E, no fim das contas, experiência de vida é conhecimento. A Fundação Cruyff é uma das coisas que desenvolvi a partir de tudo o que vi e fiz, e das pessoas que conheci. A fundação trabalha com escolas, federações, governos, empresas e outros parceiros, e seu objetivo é dar a cada jovem a chance de praticar esportes e se exercitar todos os dias, seja qual for seu *background* ou suas habilidades.

Tenho muito orgulho do sucesso da fundação e acho até que ela me deu mais do que eu dei a ela. Alguém numa cadeira de rodas é frequentemente visto como uma pessoa de menor valor. O que não surpreende, no entanto, é que a pessoa que está na cadeira de rodas tenha uma visão diferente: ela simplesmente toca a vida. Graças às pessoas que a fundação ajuda, sinto que nunca estarei velho demais para nada, e que não existe nada que eu não possa fazer. Também é ótimo observar os efeitos que o projeto teve sobre colegas, voluntários, embaixadores, pais e até famílias inteiras — todos se dedicando para fazer algo de bom acontecer. Meu papel hoje é principalmente estar presente para receber buquês e elogios, porque a maior parte do trabalho não está mais em minhas mãos, e é assim que deve ser.

A ideia começou com o pedido de Eunice Kennedy Shriver para que eu me tornasse embaixador das Paralimpíadas nos Estados Unidos, quando eu morava lá. Sua organização também tinha uma filial em Barcelona, na qual a esposa do presidente da Catalunha estava envolvida, de modo que continuei em contato com a iniciativa mais tarde, quando retornei à Espanha. Havia muitas coisas que eu não podia fazer naquele momento específico, porque ser técnico do Barcelona ocupava muito do meu tempo, porém isso mudou quando deixei de estar ativo no dia a dia do futebol. Muitas vezes me pediam para contribuir com todos os tipos de instituições de caridade. Às vezes as coisas corriam bem, às vezes não, então aprendi algo importante, por meio de experiências difíceis, e consegui passar a falar com as pessoas sobre o que eu enfrentei. Percebi que, no fim das contas, faça você o que fizer em qualquer nível, sempre precisará de ajuda. Isso fez brotar em mim a ideia de fazer algo a partir de uma organização própria, com base nas minhas próprias experiências. Quando meu sogro descobriu que eu estava interessado nesse assunto, fez as coisas acontecerem.

Em 1997, Cor Coster me colocou em contato com a entidade de assistência a crianças Terre des Hommes. As pessoas dessa organização me ajudaram a montar a Fundação Johan Cruyff de Bem-estar Social, embora mais tarde tenhamos decidido chamá-la apenas de Fundação Cruyff. Quando chegou a hora de contratar uma diretora profissional, Carole Thate entrou em cena. Ela era a capitã do time holandês de hóquei e fez contato comigo depois de ler alguma coisa sobre minhas novas ambições. Estava interessada. Depois disso, deixei tudo seguir seu curso, como fiz muitas vezes na vida, porque sempre fui curioso por natureza e sempre gostei de deixar as coisas rolarem. A Terre des Hommes criou a organização e as *Loterias da Holanda* deram uma contribuição financeira muito generosa. Assim, fomos capazes de abrir nosso próprio escritório no Estádio Olímpico e, mais tarde, em Barcelona. Antes que eu pudesse me dar conta, estava ocupado trabalhando em algo novo que me enriqueceu em muitos aspectos. Antes de tudo, como já mencionei, sempre me senti atraído pela vivacidade espiritual que muitas pessoas com deficiência demonstram. Muitas vezes, elas têm de dar um passo atrás até que consigam começar a fazer qualquer coisa. Os esportes e os jogos são duas coisas que podem dar impulsos motivacionais de forma descontraída aos que têm outras grandes batalhas para lutar.

No começo da fundação, visitei a Índia, e aquilo foi como levar uma bofetada na cara. Vi de perto como milhões de crianças viviam na rua, literalmente — uma visão muito difícil de digerir. Como sou do jeito que sou, imediatamente já estava pensando: "O que vamos fazer aqui?", porque sentia que tínhamos de fazer alguma coisa. Me via diante de um problema gigantesco que parecia insolúvel. Esse tipo de processo mental me levou de volta para onde tudo começou e percebi que precisava me redefinir, perguntando quem eu era, o que poderia fazer e como poderia fazê-lo.

Num contexto desafiador como esse, acabei cercado por pessoas que não me viam como uma celebridade — e que queriam entender quais eram minhas qualidades e como eu poderia ajudar a fazer a diferença. A fundação começou a funcionar e, tentando participar, descobri algumas de minhas próprias deficiências. Foi um sentimento libertador estar em evidência por tentar fazer algo assim, ter que provar meu valor novamente para um grupo de estranhos — e, pela primeira vez, poder comprovar que as pessoas não olhavam para mim como líder só por causa da minha reputação. Após cerca de seis meses, percebi que a estrutura da fundação precisava ser melhorada, mas eu realmente não tinha poder para definir o que viria a seguir, e me vi em desacordo com minha própria organização. A coisa com a qual concordávamos era que tínhamos de ganhar controle mais rígido sobre o projeto, nos tornarmos mais autossuficientes, para que não precisássemos fazer tanta coisa por meio de contratos — e foi assim que a ideia do Instituto Cruyff e das escolas surgiu. Estávamos lidando com pessoas com deficiência, com jovens desfavorecidos na sociedade, e precisávamos usar o esporte e os jogos para ajudá-los. Nesse contexto prático, a experiência é muito mais importante do que o conhecimento acadêmico. Quando descobrimos que esse tipo de treinamento prático para crianças ainda não existia, tivemos que inventá-lo nós mesmos. Foi quando começamos a procurar um modelo para dar sustentação a essa ideia que me olhei no espelho e concluí que eu deveria ser o modelo. Tenho muito conhecimento sobre o que sempre fiz na vida. Não é conhecimento acadêmico, mas experiência prática.

Então, fui verificar se, entre as formas existentes de treinamento em negócios, havia uma que me conviesse. Não existia, e ficou muito claro que muitos dos cursos de treinamento em gestão de negócios no esporte ensinados nas universidades partem da perspectiva da sala de reuniões para o campo, o que era exatamente o que eu não queria. Eu queria ensinar alguma coisa para os jovens que miravam a sala de reuniões a partir do campo. Eles precisavam aprender as coisas que a universidade ensinava, mas, como deve ser no futebol, a visão tinha que partir de outro ponto, do campo para cima. Para resolver essa situação, decidimos estabelecer o Instituto Cruyff para ensinar gestão esportiva a atletas, esportistas e administradores. Começamos em Amsterdã, em 1999, e agora temos sedes em Barcelona, no México, na Suécia e no Peru, e nossos cursos on-line estão disponíveis em cada vez mais países ao redor do mundo.

A Terre des Hommes me ajudou a montar a Fundação Cruyff. Já o Instituto Cruyff, graças ao meu sobrinho, Todd Beane, foi fundado inteiramente de acordo com minhas próprias ideias. E Todd merece muito crédito, porque, sobretudo no começo, parecia haver grandes discussões sobre tudo e entre todos. Tivemos que brigar com todo tipo de autoridades educacionais e ministérios. Queríamos coisas novas na parte acadêmica também. Os jogadores não podiam vir até a escola, o que significava que a escola tinha que ir até eles — e isso resolveu um dos grandes problemas que os atletas que desejam se educar enfrentam. Vamos pegar os Jogos Olímpicos de Inverno de 2014, que foram realizados em Sochi, em janeiro. As provas do instituto, em geral, eram realizadas em novembro, porém estipulamos que os alunos primeiro deveriam competir, para então voltar em fevereiro e fazer as provas. Eu disse a alguns dos alunos: "Depois dos jogos, vamos tirar o couro de vocês, mas primeiro vão lá e tragam umas medalhas". No Instituto Cruyff, o desempenho no esporte tem precedência sobre os horários das provas, porque nos baseamos na filosofia de que é dessa maneira que você tira o máximo proveito do atleta. Eles sabem que depois da competição vão precisar se dedicar completamente a seus estudos, e isso dá certo, porque o Instituto Cruyff de Estudos do Esporte tem um nível incrivelmente alto tanto de medalhas quanto de boas notas.

É a mesma coisa nas *masterclasses* para técnicos que oferecemos. Um dos aspectos mais importantes do programa é que o aluno conheça a si mesmo muito bem para começo de conversa. Então, não é apenas uma questão do que os palestrantes podem oferecer a respeito de cada assunto, mas também do que os alunos sabem sobre si mesmos, do que são capazes. Não se pode analisar outra pessoa se você não puder analisar a si mesmo, caso contrário, vai acabar usando seus próprios padrões para tratar com os outros quando, na verdade, deveria estar usando os padrões deles. É preciso chegar ao ponto de ser capaz de sair de si para julgar alguém, em vez de julgar a pessoa com base nas próprias experiências. Isso não ajuda o jogador: é a sua bagagem, não a deles. O atleta é soberano, mas surgem problemas quando os técnicos olham para as coisas de uma perspectiva completamente diferente da de seus jogadores.

Como técnicos, é nosso trabalho adaptar o processo de treinamento em benefício do atleta, e isso geralmente significa certo confronto. Não estou aqui criticando a profissão de professor em geral, porque os professores costumam ser prejudicados pelo fato de precisarem seguir um currículo decretado por alguém lá de cima. Nós, por outro lado, temos a liberdade de viver a aventura que é inverter essa lógica. Quando montamos nosso programa, perguntamos aos atletas o que eles gostariam de saber, qual aspecto deveríamos abordar. É impressionante que muitos de nossos professores se sintam bem com esse estilo de ensino. Para moldar o Mestrado em Gestão Esportiva e cursos para técnicos, isso foi essencial. Mas, agora, o que precisamos é revolucionar toda a abordagem em relação ao treinamento esportivo. E está funcionando — pouco a pouco, pessoas no esporte vêm começando a pensar do campo em direção à sala de reuniões, e não no caminho contrário. Estou convencido de que o quanto mais as coisas seguirem nessa direção, mais bem gerenciado poderá ser o esporte e melhores serão os resultados que alcançaremos.

O Instituto Cruyff ainda está crescendo, assim como — tão importante quanto — as opções de cursos on-line, espalhadas por todo o país e pelo mundo, alcançando milhares de estudantes e associações nas principais universidades, clubes e federações. Na Holanda, o projeto continuou a se expandir, primeiro com as Universidades Cruyff, que oferecem cursos de graduação, e, mais tarde, com as Faculdades Cruyff, que oferecem treinamento vocacional. Quando penso em retrospecto, é sensacional ver que as escolas surgiram por causa de problemas dentro da minha própria fundação, resolvidos quando decidimos construir nós mesmos nosso sistema de ensino. Por isso fico feliz que minha filha Susila faça parte do conselho da Fundação Cruyff há anos, porque ela é alguém que pensa e sente como eu. Isso me deixa tranquilo em relação ao futuro, porque consegui fazer as coisas do meu jeito, e elas vão durar por muito tempo depois que eu não estiver mais por perto.

A fundação hoje é administrada na Holanda por Niels Meijer, estrela do basquete profissional que preparamos, dentro da Universidade Cruyff, para suceder Carole Thate. Carole desempenhou seu papel tão bem que achei que era hora de ela assumir toda a gestão dos meus negócios — mais um exemplo de como resolver um problema de dentro para fora. Carole trouxe todas as minhas atividades para uma organização guarda-chuva, a World of Johan Cruyff, que inclui não apenas a fundação e as escolas, como também a Cruyff Classics, a Cruyff Library e a Cruyff Football. Uma coisa que começou quase vinte anos atrás, como um projeto pequeno com crianças portadoras de deficiência, se transformou em uma organização com uma incrível variedade de atividades.

As Quadras Cruyff são outra ideia que se desenvolveu a partir de experiências variadas. Tudo começou com o seis contra seis, depois veio a despedida de Aron Winter e a partida de futebol em grama artificial no Concertgebouw, seguida da quadra doada à cidade natal de Winter, Lelystad. A reação a esse gesto foi enorme, e nos demos conta de que os antigos campinhos de futebol que costumavam existir em todos os bairros tinham sido engolidos pelo desenvolvimento das cidades. Então, decidimos fazer algo a respeito. O que começou em 2003 em uma das melhores salas de concerto da Holanda se espalhou até chegar, em 2016, a 208 minicampos distribuídos por todo o mundo. Um bônus inesperado foi que outros jogadores de futebol patrocinaram várias das quadras. É por isso que acho tão especial que o vencedor do prêmio Johan Cruyff de jogador holandês do ano possa escolher um local para uma das quadras, e que ela receba seu nome. Dessa forma, estou tentando dar aos mais talentosos jogadores, que atuam como modelo mesmo sendo tão jovens, um tipo diferente de responsabilidade.

Ultimamente temos tido problemas para encontrar locais adequados para as quadras Cruyff, sobretudo na Holanda, que, por ser um país pequeno, não conta com muitos espaços não utilizados. Porém, ocorreu-nos que havia um lugar aonde os jovens tinham de ir todos os dias, a escola. Assim, visitamos várias escolas que achávamos que poderiam se beneficiar e descobrimos que a área mais negligenciada pelos estudantes eram, em geral, as quadras esportivas. Assim, conversamos com as crianças e os funcionários para tentar encontrar maneiras de tornar esse ambiente mais atraente. A partir disso, iniciamos o *Playground 14*, com a ideia de desenvolver um local perto da escola onde as crianças pudessem brincar e praticar esportes sempre que quisessem. Hoje em dia, mal conseguimos dar conta das demandas, tantas são as escolas que querem se envolver, mas vamos resolver isso também, porque é o que queremos que aconteça.

Algumas escolas até deram um passo adiante, usando o projeto como um trampolim para organizar todos os tipos de competições e torneios com outras escolas. Tornar as crianças mais ativas não reduz apenas a probabilidade de diabetes ou obesidade, também ajuda a resolver o problema dos pais que trabalham fora. Os pais podem deixar seus filhos mais cedo na escola para que pratiquem esporte por meia hora antes do início das aulas, assim, todos ganham. Esse é outro exemplo de como o pensamento lógico pode produzir soluções simples para problemas complexos e duradouros. É assim que funciona no esporte. Eu já disse muitas vezes que jogar o futebol simples é a coisa mais difícil que existe, porém, se você tiver as habilidades básicas — os fundamentos — poderá sempre ter um desempenho melhor. É por isso que o mundo dos esportes é o mais bonito que existe. O único problema é que hoje em dia o futebol está nas mãos de pessoas que nunca jogaram, e os problemas do esporte foram se avolumando de tal forma que é quase como se estivéssemos apenas esperando tudo entrar em colapso, para podermos começar de novo.

As experiências que tive no esporte me deram um vasto conhecimento que precisa ser compartilhado — e tudo o que aprendi foi colocado na Fundação Cruyff, para que outros possam tirar proveito de minhas experiências. Permitir que as crianças tenham acesso a esses tipos de instalações esportivas abertas é comum nos Estados Unidos, ao contrário da Europa, onde, tradicionalmente, se as crianças querem praticar esportes, precisam fazer isso por meio de um clube. É por isso que tenho um respeito enorme por Guus Hiddink, que conseguiu reunir todas as vertentes que ensinamos nos cursos em um treinamento especial reduzido para ex-jogadores internacionais na KNVB, quando era o treinador da seleção da Holanda. Em vez de fazê-los estudar por quatro anos, nomeou Frank Rijkaard e Ronald Koeman como seus assistentes e os fez seguirem o curso também. Depois da Copa do Mundo de 1998, quando a equipe holandesa chegou à semifinal, eles receberam seus diplomas. Essa estratégia evitou toda a burocracia e permitiu que esses jogadores brilhantes pudessem fazer o que fazem de melhor, que é ensinar a jogar futebol. Phillip Cocu e, mais tarde, Frank de Boer também se beneficiaram do mesmo programa. Pessoas como Guus são vitais para mudarmos os padrões clássicos de pensamento dentro do esporte. Pessoas como ele nunca perdem de vista o campo, mesmo quando estão sentadas na sala de reuniões.

Essa filosofia não se aplica apenas ao futebol: durante os Jogos Olímpicos de 2012, acompanhei Sebastian Coe com admiração. Era fascinante ver alguém ensinando as pessoas a pensar da pista de atletismo para a sala de reuniões. Coe tem um senso aguçado das coisas que ele próprio sabe, de quais são suas habilidades, e, ao mesmo tempo, entende quais áreas precisam ser melhoradas. Tendo visto o que Coe fez em Londres, foi uma honra enorme ser convidado por ele para os Jogos Paralímpicos. Foi uma experiência inesquecível, e pudemos usar cursos de treinamento para vários atletas com deficiência envolvidos com a Fundação Cruyff, que participaram dos jogos de 2016 no Rio. No mundo dos esportes, muitas vezes reclamamos de uma crise, mas em Londres vi atletas que, apesar de todos os problemas, deram tudo de si e tentaram ao mesmo tempo continuar melhorando. Esses paralímpicos são meus modelos. Eles mostram como é possível unir forças para melhorar as situações. Não dá para fazer nada por conta própria, é preciso trabalhar em equipe, e essa é a conexão que eu gostaria de ver entre todas as atividades em que estou envolvido, assim como aconteceu com as Quadras Cruyff e o projeto *Playground 14*. Os governos também poderiam contribuir, dando maior ênfase às aulas de ginástica e esportes nas escolas. Eu daria um passo adiante: os esportes deveriam ser obrigatórios. Isso beneficiaria todos e pouparia uma fortuna ao Estado, pois as pessoas viveriam vidas mais saudáveis. A diabetes ameaça se tornar uma epidemia porque os jovens se mexem muito menos hoje em dia. As crianças gastam muitas horas sentadas na escola ou debruçadas sobre a lição de casa, e hoje em dia também passam muito tempo sentadas em seus computadores e assistindo à TV em vez de correr ao ar livre. Todos precisamos nos responsabilizar e orientá-los, não apenas deixando claro que o que estão fazendo é ruim para sua saúde, mas também oferecendo soluções.

No que diz respeito ao futuro, provavelmente sou um idealista em relação ao futebol, à fundação ou às escolas; sempre tento fazer as coisas de maneira positiva e, acima de tudo, deixar claro que nada é impossível. Aprendi isso nas minhas aulas de Ensino Religioso na escola. Eu tenho crenças, mas não tenho uma religião. Para mim, é mais uma questão de como pensar e se comportar, e não de aderir a detalhes de uma fé particular. Em última análise, é uma questão de filosofia. A fé cristã tem os dez mandamentos como orientação; tenho minhas próprias catorze regras que eu classificaria como minha sabedoria fundamental. Como você trata as pessoas, o que faz para ajudá-las? Acho importante ter algum tipo de crença, para criar um conjunto de regras, sem chegar a extremos.

Vale ser influenciado por pessoas que solucionam as coisas. Ou pensar em como algo pode ser alcançado. Ou tentar melhorar. Ou dar algo que você pode oferecer.

Li certa vez um artigo sobre a construção das pirâmides do Egito. Alguns dos números empregados coincidem completamente com as leis naturais — a posição da lua em certos momentos e assim por diante. Isso me fez pensar: como é possível que aqueles povos antigos tenham construído algo tão cientificamente complexo? Eles deviam conhecer algo que não conhecemos, embora pensemos sempre que somos muito mais avançados do que eles eram. Pegue Rembrandt e Van Gogh. Quem pode chegar ao nível deles hoje em dia? Quando penso nisso, fico cada vez mais convencido de que tudo é realmente possível. Se os egípcios conseguiram fazer o impossível quase 5 mil anos atrás, por que não podemos fazer hoje? Isso se aplica igualmente ao futebol, mas também a coisas como as Quadras Cruyff e os campos de esportes nas escolas.

Minhas catorze regras foram estabelecidas para serem seguidas em todas as quadras Cruyff e em todas as aulas de esportes das escolas que apoiamos. Elas foram pensadas para mostrar aos jovens que os ensinamentos dos esportes e dos jogos também podem ser traduzidos para a vida cotidiana. Para colocar essas regras em funcionamento, não é preciso muita matemática, basta colaborar com os colegas à sua volta. E pensar que sempre há uma forma de melhorar. Trabalhar com esportes dessa maneira me dá uma sensação fantástica.

As catorze regras de Johan Cruyff

1. Espírito de equipe — "Para realizar as coisas, é preciso trabalhar junto"

2. Responsabilidade — "Cuide das coisas como se fossem suas"

3. Respeito — "Respeite os colegas"

4. Integração — "Envolva as outras pessoas em suas atividades"

5. Iniciativa — "Ouse tentar algo novo"

6. Cooperação — "Sempre ajude o outro dentro de uma equipe"

7. Personalidade — "Seja você mesmo"

8. Envolvimento social — "A interação é crucial, tanto no esporte quanto na vida"

9. Técnica — "Domine o básico"

10. Táticas — "Saiba o que fazer"

11. Desenvolvimento — "Esporte fortalece corpo e alma"

12. Aprendizado — "Tente aprender algo novo todos os dias"

13. Jogar junto — "Parte essencial de qualquer jogo"

14. Criatividade — "Crie beleza no esporte"

Os conflitos que vivi tanto no Ajax quanto no Barcelona me ensinaram como a vida às vezes nos apresenta reviravoltas estranhas e inesperadas. É por isso que aceito as coisas como são, e minha família desempenha um papel central nisso. Apesar de mudar de casa com muita frequência, continuamos a ser muito unidos, e isso me manteve são nos momentos mais difíceis. Sou grato pelo apoio constante que tive, principalmente da minha esposa, Danny, e pelo fato de que na Holanda, na Espanha e nos Estados Unidos sempre tive uma visão clara do que pretendia realizar. Danny, meus três filhos, meus três cachorros e o gato. Onde quer que estivéssemos, o fato de estarmos todos juntos sempre me deu a sensação de realmente estar em casa. Não faz sentido, portanto, me perguntar o que teria acontecido se eu não tivesse deixado o Ajax em 1987. Quando olho para meus netos nascidos na Espanha e vejo meus filhos felizes em Barcelona, fica mais claro que era assim que tinha que ser.

Mas ainda sinto falta da Holanda. E continuo tendo orgulho do meu país, com todas as suas vantagens e desvantagens. Pode ser um país pequeno, mas é cheio de qualidades. Você não encontra tantas multinacionais por metro quadrado em nenhum outro lugar do mundo. Até Nova York foi nossa antes de a vendermos. Por outro lado, nem sempre somos as pessoas mais legais de se conviver, e eu sou parte disso — se você precisa de alguém para reclamar de algo, eu sou seu homem! Porém, acima de tudo, os holandeses são um povo único, e sigo sempre dizendo isso a meus filhos e netos.

Por conta da vida que vivi, Chantal, Susila e Jordi não tiveram uma infância normal. Minha fama trouxe pressão à nossa família. Sempre que eu jogava uma boa partida, era o rei, tanto nas arquibancadas quando no pátio da hora do recreio, mas se eu tinha um desempenho ruim, meus filhos sofriam as consequências. Sempre tentei garantir que, jogando bem ou mal, eu não mudasse enquanto pai; sempre fui o mesmo pai. Por isso sou muito grato a Danny, que teve uma criação bastante espartana. Ela se assegurou de que nossos filhos recebessem padrões e valores corretos. No Natal, incentivávamos nossos filhos a comprarem presentes para crianças pobres e, todos os anos, depois de embrulharem os presentes da família para colocar debaixo da árvore, eles entregavam pacotes na casa de várias crianças. Danny foi o cérebro por trás dessa iniciativa e de outras que ajudaram a manter os pés dos nossos filhos firmes no chão. Também ensinamos nosso filho e nossas filhas a sempre seguirem suas próprias emoções, porque é importante ouvir seus próprios conselhos, principalmente para tomar decisões que precisam ser bem ponderadas. E sim, mesmo fazendo isso, você pode ganhar ou perder; às vezes você colhe tijolos e às vezes buquês, e precisa aprender a lidar com ambos.

Depois de encerrar a carreira no futebol, Jordi entrou numa nova fase de sua vida. Acho divertido o fato de ele também ser cabeça-dura e cometer os próprios erros. Temos uma relação aberta, discutimos sobre qualquer coisa, mas é ele quem sempre toma as próprias decisões importantes. Danny, no entanto, foi quem me forneceu o equilíbrio do qual sempre precisei e ao qual sempre fui grato. Ela faz a compensação em relação a todas as coisas que não consigo ver, mas que são importantes para a situação no meu círculo íntimo. Quando chego em casa, está lá um vaso de flores. Mesmo que não tenha sido eu quem comprou, é ótimo ver e sentir o aroma quando abro a porta. É o tipo de coisa que mantém nossos pés no chão, e isso é fundamental. Uma balança que nunca se inclina para um lado ou para o outro.

No que diz respeito às crianças, sempre as deixamos livres para fazerem suas próprias escolhas de esporte. Um pendeu para o futebol, outra montou cavalos. Minha filha mais velha, Chantal, provavelmente era a mais dotada, mas acho que é a menos atlética dos três. Quando praticava cross-country ou nadava, estava sempre entre os melhores; mas bastava alguém mencionar a palavra "treinamento" para ela perder o interesse. Susila, por outro lado, é muito mais disciplinada e alcançou um alto padrão no salto a cavalo. Certa vez, chegou a saltar 1,45 m, o que é bastante. Ela começou a montar quando voltamos dos Estados Unidos para Amsterdã e se especializou depois que nos mudamos para Barcelona — chegou muito perto de entrar para a equipe olímpica espanhola. Susila treinou com o grande saltador inglês Michael Whitaker, com quem ainda mantém contato. Porém, quando estava prestes a chegar ao auge, teve problemas nos músculos que sustentam suas rótulas. Foi muito triste e chato, mas Susila ainda é louca por cavalos. O filho de Chantal a substituiu até certo ponto, e agora está pulando 1,40 m.

Em termos de futebol, em certa medida passei o bastão para Jordi. Não sei se Jordi vai fazer o mesmo com um dos meus netos, mas eles têm personalidade e são tecnicamente excelentes. Então, quem sabe? As crianças ainda têm um longo caminho a percorrer. Um longo caminho.

Meus filhos se tornaram adultos com personalidades fortes. Trabalham duro, falam várias línguas — Chantal fala sete — e construíram a própria vida deles. Mesmo tendo um vínculo forte com a família, damos espaço uns aos outros. Todo mundo está constantemente viajando pelo mundo, fazendo suas próprias coisas. Mas onde quer que estejamos, mantemos contato. Sempre. No momento, tenho oito netos. Seis meninos e duas meninas adotivas. Sinto-me abençoado por ter sido capaz de conhecer todos eles, o que tem sido uma experiência fantástica, tão boa quanto a paternidade, e sinto como se fossem meus filhos, embora haja uma geração entre nós. Quando olho para eles com certo distanciamento, vejo a vida que segue, e isso me deixa muito feliz e sinto que tudo valeu a pena. Se me pedissem para citar a melhor coisa que já me aconteceu, eu responderia minha esposa, meus filhos e meus netos. Graças a eles, me sinto rico. Muito rico.

Tive uma vida intensa e posso olhar para trás com orgulho. Na verdade, a vida tem sido tão incrivelmente intensa que sinto como se já tivesse vivido cem anos. Vivi com autenticidade; aceitei a vida, incluindo os belos momentos e os contratempos, desde que era garoto, e aprendi que os contratempos nem sempre são causados por erros. Um revés é provavelmente um sinal de que você precisa fazer alguns ajustes. Se aprende a pensar assim, todas as experiências são traduzidas em algo positivo. Isso vai enriquecê-lo como pessoa. E você aprende a ficar desapontado, mas nunca triste. Felizmente, superei todos os contratempos. Isso não aconteceu por acaso. Sempre fui um atacante, não tenho medo de ninguém e estou acostumado a criar coisas. É por isso que nunca senti vergonha de nada. Nem mesmo quando perdi milhões naquela fazenda de porcos, porque vi muito rapidamente o quanto eu tinha sido estúpido. Afinal, por que alguém tão bom no futebol e que sabe tanto sobre isso precisa, de repente, virar um especialista em porcos? Se você se atreve a olhar para si mesmo no espelho, não há espaço para vergonha, desde que você tire a lição certa da situação, e contanto que possa usar seus erros para prosseguir no caminho. Aí, é uma questão de se vingar da situação, e felizmente sempre fui muito bom nisso.

Tive muita sorte com as pessoas que cruzaram meu caminho. Parece inacreditável, mas por conta dessa minha vida louca, ninguém é inacessível para mim. Uma das primeiras pessoas que conheci foi o engenheiro Frits Philips, presidente da empresa de eletrônicos que leva seu nome. Anton Dreesmann foi outro cara para quem eu podia ligar a qualquer momento. Como Horst Dassler, da Adidas. Quando o conheci, conversamos, e ele explicou coisas sobre as quais eu não tinha nem ideia. O mesmo com o ex-ministro Pieter Winsemius. Sempre nos demos bem e ele nunca falou comigo da perspectiva de sua posição, mas sim com base em seu conhecimento. Lee Hollander, um dos consultores da fundação, tem essa mesma qualidade. Assim como o ex-presidente do COI, Juan Antonio Samaranch, que morava em Barcelona. Essas são pessoas capazes de improvisar e, mais importante, não são governadas por seus egos. Também são os melhores especialistas em suas áreas.

Eles representam um grande contraste com muitas pessoas supostamente importantes que conheci e que sempre me impressionaram pelo tamanho de seus egos. Essa é a grande diferença entre pessoas que pensam com simplicidade e falam honestamente e aquelas que precisam seguir um padrão de expectativas. Eu mesmo já fui assim. Não há ninguém no futebol que saiba mais sobre tática, técnica e treinamento de jovens do que eu, então por que você vem discutir comigo? É totalmente inútil, não leva a nada, me escute e tire proveito. Seu ego deve estar muito inflado para não perceber isso. Eu, felizmente, ouvi as pessoas especiais que tinha ao meu redor, e elas me colocaram na direção certa.

Sou alguém que permanece fiel às pessoas que me são caras. Todo mundo que me conhece sabe que amizade é muito importante para mim. Eu conheci meu melhor amigo, Rolf Grootenboer, aos cinco anos de idade e, quando estamos juntos, eu sou "Jopie" e ele é "Dooie". Sempre fui Jopie, quando éramos crianças, e ele era Dooie ("garoto morto"), porque nunca abria a boca para dizer nada. Sabemos exatamente o que somos um para o outro. Diferentes tipos de pessoas significaram algo para mim, e me sinto feliz de ainda conseguir me comunicar com os jovens. Aparentemente, me mantive bem atualizado, graças a todos os novos desenvolvimentos tecnológicos de que pude tirar proveito.

Não chegamos nunca à versão perfeita de nós mesmos, por isso é muito importante continuar pensando de forma criativa e progredindo. É claro que isso não significa que todas as ideias são boas, mas a sua poderia ser o germe que inspira outras pessoas a aperfeiçoá-la. Mas se você a deixar guardada, nada irá acontecer. Absolutamente nada. Se você é obrigado a pensar da mesma maneira que os homens que estão no topo, nada vai mudar. Na minha opinião, nada jamais foi inventado por uma única pessoa. Acho que, quando a lâmpada estava sendo criada, Thomas Edison assumiu o comando de um grupo de pessoas muito capazes. É como fazer um cálculo, quando números individuais são combinados para fornecer um único resultado. As grandes ideias começam com pequenas iniciativas, nunca vêm prontas. Também foi assim com o Futebol Total. Primeiro, havia jogadores, cada um com suas próprias qualidades específicas, que foram reunidos para formar uma equipe. O truque é perceber essa harmonia potencial e então usá-la.

Hoje em dia, essa é a maior falha de pessoas em posições importantes, tanto no esporte quanto fora dele. Elas não veem o que precisam ver, porque só olham para si mesmas. Se você trabalha com pessoas assim, pode estar no comando, mas seu poder é muito limitado. Sei o que estou falando, porque tive a sorte de ter crescido em um tempo de inovação. Havia os Beatles, os cabelos longos, a revolta contra a conformidade, o Flower Power — é só escolher. Muitas coisas incríveis que aconteceram durante os últimos cinquenta anos têm suas raízes naquele tempo. Por meio da música e também por meio do esporte. Basta pensar em como os Beatles definiram um movimento tanto na música quanto na sociedade. E nada disso teve algo a ver com estudo acadêmico.

Agora as coisas estão voltando ao normal. A criatividade está sob ataque porque as máquinas estão fazendo cada vez mais e pensando por nós. Veja o futebol. Muitos jogadores de alto nível têm milhares de seguidores nas mídias sociais. Isso é incrível, é especial. Se alguém tem tantos seguidores, é porque as pessoas estão interessadas e talvez queiram aprender com esse jogador. É por isso que o seguem. Portanto, a pessoa com todos esses seguidores deveria continuar se desenvolvendo, mas quem ela segue? Ou será que está apenas ocupada em ser seguida, assim como muita gente hoje em dia é famosa por ser famosa? No fim das contas, essa popularidade se torna apenas mais uma limitação para o que pode ser feito na vida. É por isso que pessoas como Cor Coster, Horst Dassler, Pieter Winsemius e tantos outros foram tão importantes para mim. Eles não me ajudaram apenas a evitar erros, mas também a pensar de forma diferente. Isso me ajudou a continuar desenvolvendo ativamente minha carreira no futebol e a ter tanta satisfação quanto na época de jogador e treinador.

Perguntaram-me uma vez como eu gostaria de ser lembrado daqui a cem anos. Felizmente, não preciso me preocupar muito com isso, porque não vou mais estar aqui. Porém, se tivesse que dar uma resposta, eu diria algo como "Um esportista responsável". Se eu fosse julgado apenas como jogador de futebol, minha vida seria definida por um período de entre quinze e vinte anos, e, sinceramente, acho isso muito limitado.

Meu talento no futebol me foi dado por Deus. Não fiz nada para merecer isso. Tudo o que tive que fazer foi jogar um pouco de futebol e trabalhar exatamente com o que eu queria. Enquanto outros diziam que estavam saindo para trabalhar, eu saía para jogar. Tive sorte. É por isso que as outras coisas que fiz na vida têm mais peso para mim. Eu nem sempre fui entendido. Como jogador de futebol, como treinador e, também, pelo que fiz depois de tudo isso. Mas tudo bem, Rembrandt e Van Gogh também não foram entendidos. É isso que você precisa ter em mente: as pessoas vão seguir criticando mesmo que você seja um gênio.

POSFÁCIO

Do tributo em memória a Johan Cruyff no Camp Nou

Na quinta-feira, 24 de março de 2016, meu pai faleceu, cercado por sua família. Seu desejo era ter uma cerimônia privada, então sua cremação ocorreu apenas com um pequeno círculo familiar presente. Johan afirmou claramente que desejava uma passagem sóbria e, acima de tudo, íntima.

Mas nossa família entende que Johan não pertencia somente a nós: ele é de todos. Por isso, somos muito gratos ao Barcelona por ter estado ao nosso lado e por realizar este tributo aqui no estádio. Isso permite que hoje possamos agradecer publicamente ao médico, ao hospital e a todas as pessoas que cuidaram tão bem do meu pai durante os últimos meses de sua vida.

Percebemos que foi uma boa decisão compartilhar a perda de Johan com todos. O amor e o respeito enfim demonstrados foram muito especiais. Agradecemos pela energia que vocês ofereceram à família.

Também estamos orgulhosos e felizes por todos vocês terem respeitado nossa privacidade. Entendemos que isso às vezes pode ser difícil quando se trata de alguém famoso. Em relação a isso, gostaríamos de agradecer novamente ao Barcelona. Tudo o que foi feito teve aprovação de nossa família, e nossos desejos foram levados em consideração. Por tudo isso, é particularmente incrível que a última assinatura de Johan tenha sido para ratificar a colaboração entre o clube e a fundação dele.

Eu nem consigo enfatizar o suficiente o quanto meu pai tinha orgulho disso. Ele amava o Ajax, o Barcelona e a seleção holandesa, mas a fundação era sua filha especial, à qual dedicou toda sua energia e atenção durante os últimos anos. É por isso que nós, como família, faremos de tudo para honrar seus valores e desejos, e realizá-los todos os dias.

Johan pertencia a todos e foi uma fonte de inspiração para muitos. É assim que ele deve ser lembrado.

Jordi Cruyff
Terça-feira, 29 de março de 2016

Créditos das imagens

1 e 3: cortesia da Cruyff Management

6, 11, 19, 21, 22 e 23: © VI Images via Getty Images

4, 14 e 18: © Hollandse Hoogte / rex / Shutterstock

7: © agip / Bridgeman Images

8: © Peter Robinson / Empics Sport

9: © AP / Press Association Images

10: © Allsport uk / Allsport

12: © Bettmann / Getty Images

13: © Bob Thomas / Getty Images

15: © efe / pa Images

16: © Colorsport / rex / Shutterstock

17: © De Telegraaf / Jan Stappenbeld

20: © Giuliano Bevilacqua / rex / Shutterstock

24: © Koen van Weel / afp / Getty Images

25: © Olaf Kraak / afp / Getty Images

26: © Julian Finney / Getty Images

1ª reimpressão

Este livro foi composto na fonte Aleo Regular em corpo 11 pontos,
impresso pela gráfica Rotaplan em papel Pólen Natural 80g
e diagramado pela BR75 texto | design | produção.

Rio de Janeiro, 2023